Martina Meuth
Bernd Neuner-Duttenhofer

Bitte zu Tisch!

das Begleitbuch zum

WDR

Ratgeber Essen + Trinken

Redaktion:
Dieter Stobbe

Photos:
Martina Meuth

RAU

BITTE ZU TISCH!
Martina Meuth und
Bernd Neuner-Duttenhofer
WDR-Ratgeber Essen + Trinken

Photos: Martina Meuth, Sulz-Hopfau
Umschlaggestaltung und Layout:
Miguel Carulla, Düsseldorf
Gestaltung: Kirsten Mehnert, Miguel Carulla
Gesamtherstellung: Walter Rau Verlag GmbH & Co. KG

ISBN 3-7919-0543-X

Gedruckt auf umweltfreundlichem,
chlorfrei gebleichtem Papier

Inhalt

Am schönsten ist es bei uns im Sommer, wenn alles grünt, blüht und üppige Sträuße möglich sind

Vorwort

Wenn Sie, liebe Zuschauer, uns beim Kochen zusehen, blicken Sie in unsere eigene, ganz private Küche. Hier sind wir zu Hause und bereiten unsere Mahlzeiten zu, auch dann, wenn niemand zuschaut. Das gibt uns bei der Arbeit für unsere Sendung einen entscheidenden Vorteil: Daheim fühlt man sich sicher, kann man absolut natürlich und völlig unangestrengt agieren. Hinzu kommt, daß alles, was wir für unsere Küche brauchen, selbstverständlich vorhanden ist. Der Kochlöffel oder das nötige Spezialmesser müssen nicht extra bereitgelegt werden, ein Griff – und alles ist zur Hand. Und: Wir kennen natürlich unsere eigenen Geräte genau, wissen beispielsweise, welche Temperatur der Backofen schafft und wie lange er braucht, um sie zu erreichen; oder wie die Herdplatte eingestellt sein muß, damit eine Suppe nur ganz, ganz zart vor sich hin köchelt, und welcher Topf sich wofür eignet.

Längst ist auch das Aufnahmeteam in unserer Küche zu Hause. Die Beleuchter wissen, wo sie ihre Lampen anbringen können (die entsprechenden Haken bleiben, wo nötig, einfach in der Wand), der Tonmann ist mittlerweile mit den Geräuschen vertraut (zum Beispiel von der Heizung), mit denen er nun mal leben muß, und die Kameraleute lieben schon den winzigen Hohlraum zwischen Kühlschrank und Spüle, der einen wunderbaren Blick in den Backofen erlaubt.

Natürlich hätte es die Technik in einem richtigen Fernsehstudio erheblich einfacher: Dort könnte man zum Beispiel Kameras oder Spiegel an der Decke installieren, was perfekte Einsicht direkt von oben in die Töpfe möglich machen würde. Wir sind darob nicht trau-

Immer wieder muß die Küche auf die Technik warten

rig, denn diese Perspektive ist unnatürlich, sehr gewöhnungsbedürftig und manchmal ganz und gar nicht hilfreich: Wer jemandem beim Kochen über die Schulter schaut, blickt nun mal nicht senkrecht von oben, sondern stets ein wenig schräg ... Und echte, „wahre" Küchenarbeit wäre in einem Fernsehstudio garantiert nicht möglich: Für unsere Sendung kochen wir vor der Kamera kein bißchen anders, als wir das sonst für uns selbst oder für unsere Gäste auch tun. Nie deuten wir nur Handgriffe an oder greifen auf Vorbereitetes aus einer „Vorküche" zurück. Schließlich wollen wir nach Abschluß der Dreharbeiten das Zubereitete auch essen – unser Team als Vorkoster für Sie, liebe Zuschauer. Und bis jetzt, das können wir Ihnen versichern, hat es allen immer gut geschmeckt!

Gar nicht so einfach: im Scheinwerferlicht kochen

Das Prinzip unserer Sendung

Im Mittelpunkt steht immer ein Produkt. Wir suchen es natürlich stets nach der Jahreszeit aus, in seiner Hauptsaison, wenn es am besten und möglichst auch am billigsten ist, eventuell nach dem Festkalender und stets natürlich danach, ob man es auch wirklich überall bekommen kann. Wo möglich, zeigen wir, wie es wächst oder produziert wird, worauf es ankommt, damit man beim Einkauf die richtige Qualität erwischt, und schließlich, wie man damit kocht. Dafür entwickeln wir am liebsten die Rezepte selbst – es können die unterschiedlichsten Gerichte sein: traditionelle Familienküche ebenso wie kreative und moderne Rezepte, landschaftlich regionale, internationale, Ferien- oder exotische Küchen, wobei uns die Küchen Asiens besonders am Herzen liegen. Immer sind unsere Rezepte für den Haushalt gedacht; komplizierte Restaurantkreationen überlassen wir lieber den Profiköchen, die wir nicht sind! Wenn wir uns als Journalisten auch beruflich mit dem Kochen, dem Essen und Trinken beschäftigen, so kochen wir doch ausschließlich für private Zwecke, wie Sie, liebe Zuschauer, auch. Es steht uns genausowenig ein Küchengeschwader zur Verfügung wie

Ihnen. Und wenn wir Gäste haben, dann soll es natürlich einerseits etwas Besonderes sein, darf uns aber nicht ewig in die Küche zwingen: Alles muß sich möglichst so vorbereiten lassen, daß keiner von uns außer Atem und erschöpft ist, wenn die Gäste endlich vor der Tür stehen. Deshalb sind uns stets die kleinen Tricks und Tips, die eine Zubereitung einfacher machen, besser oder sicherer gelingen lassen, für die Vorratsplanung nützlich sind (Resteverwertung!), besonders wichtig. Unser journalistischer Beruf ist uns da sehr hilfreich: Unsere Reportagen führen uns sehr oft in Profi- und Privatküchen, wo wir zuschauen können, wie man andernorts und unter anderen Bedingungen arbeitet. Dabei erfahren wir immer wieder neue Tricks und Zubereitungen, manchmal sogar uralte, eigentlich längst vergessene Rezepte und Arbeitsweisen. Was uns davon gefällt, nützlich oder einleuchtend erscheint und sich auch in unserem Haushalt bewährt, das geben wir gerne an Sie weiter.

Der Lieblingsplatz der Kameraleute

Eine Menge davon finden Sie jetzt auch in diesem Buch, Rezepte und Bilder aus unserer Sendung. Zusätzlich haben wir außerhalb des Rahmens unserer Fernsehsendungen Bilder arrangiert, die Ihnen Appetit und Lust machen sollen. Ein Teil davon entstand bei uns zuhause. Aber für alle Photos reichten unsere Requisiten und Möglichkeiten nicht. Wir hatten das Glück, ein Haus mit unterschiedlichem Ambiente zu finden: das Hotel Bareiss in Mitteltal, wo es alles gab, was unser Herz begehrte: Lokalitäten, Möbel, Bilder, Geschirr, Besteck, Tischwäsche und Dekorationsmaterial zum Auswählen nach Herzenslust. Wir danken Hermann Bareiss, der uns sein Haus überließ, seiner Frau Ute, die Berge von Geschirr aus ihrer Boutique anschleppte und Küchendirektor Paul Mertschuweit und seinen Mitarbeitern, die uns die Zutaten besorgten und die Gerichte nach unseren Rezepten fürs Photo zubereiteten.

Wir wünschen Ihnen viel Spaß beim Anschauen und Lesen, viel Erfolg beim Nachkochen und beim Probieren guten Appetit!

Wenn alles voller Scheinwerfer steht, wird selbst die geräumigste Küche eng

SAUERKRAUT

von herzhaft bis delikat

Sauerkraut

Martina Meuth und Bernd Neuner-Duttenhofer in Ihrer Küche

Sauerkraut: Was ist das eigentlich?

Es gilt als das deutscheste aller Gemüse – die Amerikaner nennen uns Deutsche „Krauts", dabei essen – pro Kopf gerechnet – die Franzosen, beziehungsweise die Elsässer, weit mehr davon als wir. Das ist, finden wir, kein Wunder, denn das Elsässer Sauerkraut ist wirklich besonders gut – aber davon später mehr.

Sauerkraut ist durch Milchsäuregärung haltbar gemachter Weißkohl. Diese Art der Konservierung ist eine der ältesten und natürlichsten der Welt. Wahrscheinlich wurde auch sie, wie fast alle großen Erfindungen, dank eines Zufalls entdeckt: Gemüse, kleingeschnitten, eingesalzen und gepreßt, verdirbt oder verrottet nicht wie sonst, sondern entwikkelt einen zart säuerlichen Geschmack und frischen Duft, seine Struktur wird fester und knackiger – kurz: es wird zum Genuß. Jedenfalls ist

diese Erfindung uralt, bereits die Handwerker, die um 220 v. Chr. die chinesische Mauer errichtet haben, sollen sich von Sauerkraut ernährt haben. Das war für ihre Gesundheit überaus zuträglich, denn weitab von jeglicher Zivilisation war das monatelang haltbare Sauerkraut ihre einzige Vitaminquelle. Auch Jahrhunderte später hat man sich diese Erkenntnis zunutze gemacht: die Seefahrer konnten sich nur mit Hilfe des Sauerkrauts, das fässerweise zu ihrem Proviant gehörte, der Mangelkrankheit Scorbut erwehren.

Das frische Weißkraut wurde früher auf solchen Hobeln in feine Streifen geschnitten

Was beim Einsäuern passiert

Das frische Weißkraut wird in sehr feine Streifen gehobelt, in große Behälter gepreßt beziehungsweise gestampft und dabei gesalzen – es genügt ein Prozent Salzzusatz, das bedeutet: auf hundert Kilo Kraut ein Kilo Salz, kein Grund also, sich um den Natriumanteil zu sorgen. Durch das Einstampfen werden die Zellwände aufgebrochen, Zellsaft tritt aus, und der darin enthaltene Zucker wird nun mit Hilfe von Milchsäurebakterien in Säure umgewandelt. Das Salz schützt das Gemüse vor Fäulnis so lange, bis sich genügend Säurebakterien entwickelt haben, die nunmehr das Geschäft des Konservierens übernehmen. Dies alles sollte möglichst ungestört geschehen, deshalb muß der Gärbehälter fest und luftdicht verschlossen sein. Nach einer Woche im Sommer und bis zu sechs Wochen im kalten Herbst ist diese Umwandlung abgeschlossen, die Zellstruktur ist mürbe, geradezu zart geworden, dennoch bleibt eine angenehme Knackigkeit erhalten. Jetzt hat das Kraut es vor allem in sich: mit 20 mg Vitamin C pro 100 Gramm ist Sauerkraut ein unschlagbarer Vitaminlieferant, vor allem eben dort, wo frisches Gemüse Mangelware ist. Außerdem stecken darin Vitamin A, Vitamin B1 und B2 und Niacin, obendrein jede Menge wichtiger Mineralstoffe wie Eisen, Phosphor, Calcium, Kalium und Natrium sowie eine Menge Ballaststoffe.
Sauerkraut ist also ein enorm gesundes Gemüse. Hinzu kommt der geringe Kaloriengehalt (26 Kcal pro 100 Gramm), der Sauerkraut zum idealen modernen Lebensmittel macht. Sauerkraut ist also nicht nur überaus wohlschmeckend – vorausgesetzt, man bereitet es liebevoll und mit aller Sorgfalt zu –, sondern auch ernährungsphysiologisch außerordentlich wertvoll.
Übrigens: Den vollen Wert all dieser Stoffe liefert Sauerkraut natürlich am ehesten in rohem Zustand. Deshalb sollte man immer wieder eine Handvoll rohes Kraut genießen – es schmeckt ja auch herrlich erfrischend! – und jeder gekochten Krautportion zum Schluß ein wenig rohes Kraut untermischen.

Passende Gewürze zum Sauerkraut sind Thymian, Salbei, Zitronengras und -blatt, Ingwer, Chilis, Knoblauch, Schalotten und Gewürzkörner wie Kümmel, Kreuzkümmel, hiesiger Kümmel, Senfkörner, Koriander-, Wacholder- und Pimentbeeren, Pfeffer, Paprika, Kardamon und Sternanis

Die Kohlköpfe werden abgeschnitten und einzeln von Hand aus den äußeren, grünen Blättern geschlagen

Dann werden die Kohlköpfe mit der Gabel hochgestemmt und akkurat auf den Wagen getürmt. Das erfordert ganz schöne Muskelkraft!

Im Laufe des Vormittags trifft der Wagen mit den Kohlköpfen auf dem Hof ein. Hier warten schon die Helfer, um sie zu verarbeiten

Was Sauerkraut alles kann

Es fördert die Verdauung, reinigt den Darm, regt die Durchblutung an, vertreibt Frühjahrsmüdigkeit und schützt vor Erkältungen. Sauerkraut entschlackt, wirkt gegen Magenbeschwerden, bremst dank seines hohen Gehalts an Azetylcholin die Verkalkung der Arterien und Blutgefäße. Sauerkraut also ist ein wahres Gesundheitselexier und durchaus wert, nicht nur immer wieder, sondern auch öfter in unsere Küche zu gelangen.

Sauerkraut – warum es im Elsaß so besonders gut schmeckt

Das Hauptanbaugebiet von Weißkohl, dem Rohstoff für das Nationalgericht der Elsässer, liegt südwestlich von Straßburg im Ehntal, zwischen Obernai und Geispolsheim, im Unterelsaß also. Früher gab es auch im Oberelsaß, bei Colmar, viel Kraut – im Meer von Mais, der dort angebaut wird, haben sich nur wenige Betriebe gehalten. Da Weißkohl erst nach vier Jahren wieder auf dem Acker stehen darf, kultiviert man Mais, Rüben und Weizen als Zwischenfrucht.

In Wickerschwihr bei Colmar ist im Herbst ein bis zwei Mal die Woche Großkampftag: Schon in der Morgendämmerung beginnt die Familie Dietrich auf dem Feld – da kann es ganz schön kalt und feucht sein! Die Kohlköpfe werden abgeschnitten und per Hand aus den äußeren, grünen Blättern geschlagen. Das ist eine Heidenarbeit, aber nur so sieht man genau, ob wirklich nur das weiße Herz übrigbleibt. Das maschinelle Schälen – in den großen Betrieben im Unterelsaß (übrigens auch in den Krautgegenden bei uns) üblich – geht zwar viel schneller, aber es bleiben dabei oft auch etwas grünere Blätter stehen, die später das Sauerkraut grau machen. Hubert Dietrich baut zudem die traditionelle Sorte „Quintal d'Alsace" an, die empfindliche Blätter hat, während die Maschinenernte festblättrige Sorten aus Holland verlangt. Klar, daß ein Sauerkraut aus dem „Zentnerschweren vom Elsaß" zarter ist. Im Laufe des Vormittags treffen die mit der Gabel (was für eine Arbeit!) hoch und akkurat auf die Wagen getürmten Kohlköpfe auf dem Hof ein. Der harte Strunk wird ausgebohrt, unsaubere, beschädigte Blätter und schlechte Stellen werden entfernt, der Kohl wird auf einem waagerecht rotierenden Messer in feine Streifen geschnitten und schließlich auf einem Förderband in große Zementwannen transportiert. Unter Aufsicht von Vater Dietrich wird Lage für Lage mit gereinig-

Der harte Strunk der Kohlköpfe wird säuberlich ausgebohrt, unsaubere, beschädigte Blätter werden entfernt

Der Kohl wird auf einem Rundhobel (siehe Seite 17) in Streifen geschnitten und auf einem Förderband in große Zementwannen transportiert

Lage für Lage wird der Kohl mit gereinigtem Meersalz bestreut und festgetreten. Jetzt muß der Kohl gären, das heißt, der enthaltene Zucker wird sich in Milchsäure umwandeln

Nach zwei bis drei Wochen ist das Sauerkraut durchgegoren und bereit für den Verkauf. Riesige Greifzähne heben es aus dem Gärbecken

tem Meersalz bestreut und festgetreten. „Das ist zwar teurer als normales Salz, aber nur mit weißem Meersalz wird das Kraut gut!", sagt Vater Dietrich bestimmt. Die zwei Kilogramm Salz, die auf 100 kg frisches Kraut kommen, muß er nicht abwiegen – das hat er im Griff. Ist der Behälter voll, wird das Kraut beschwert. Abends muß aller Kohl „verschafft" sein.

Die Milchsäuregärung, ein Zusammenwirken von Bakterien und Salz, braucht im Oktober vier Wochen – das Kraut hält sich dann bis in den nächsten September, ohne an Qualität zu verlieren. Im Frühherbst, wenn es heiß ist, kommt sie schneller in Gang – schon nach zwei Wochen ist das Kraut dann fertig, muß aber bald gegessen werden.

Das Konservieren mit Salz brachten die Slawen erst im 16. Jahrhundert nach Mitteleuropa – zuvor wurde Kohl in Essig eingelegt. Aber nur durch die Milchsäuregärung entsteht der feine Geschmack und werden die Nährwerte verbessert – Sauerkraut ist, verzichtet man auf allzu reichliche Fleisch- und Wurstbeilagen, ein sehr gesundes Lebensmittel!

Kraut ist längst nicht gleich Kraut – wer hätte nicht schon mal Sauerkraut mit breitem, unangenehmem Beigeschmack gegessen? „Das kommt von zu viel Stickstoffdüngung – dann gibt's große Köpf'", meint Dietrich kurz. Er verarbeitet nur den Kohl, den er selbst anbaut. Im Unterelsaß dagegen liefern die Bauern an eine Fabrik. Und – so kombinieren wir – da ein Bauer natürlich so viel wie möglich abliefern möchte, ist er vielleicht mit dem Düngen nicht ganz so zurückhaltend?

Der Kohl wird in Eimer verpackt und an die Geschäfte verschickt

Werkzeuge zur Sauerkrautverarbeitung: Die Gabeln, mit denen die Kohlköpfe auf den Wagen befördert werden, zum Lockern des Krauts und die scharfen, rund angeordneten Klingen des Schneidhobels

Sauerkraut-Grundrezept

❶Zwiebel, Knoblauch und Äpfel schälen, würfeln und im heißen Öl andünsten. Mit Wein ablöschen.

❷Das Kraut, wenn nötig, kurz in heißem Wasser waschen, abtropfen lassen, sorgfältig auseinanderzupfen und obenauf betten, die Gewürze dazwischen verteilen. Den Wein zufügen und soviel Wasser angießen, daß das Kraut vollkommen bedeckt ist. Auf kleinstem Feuer eine Stunde leise köcheln.

❸Zum Anrichten das Kraut abtropfen lassen.

Für 4 bis 6 Personen:
1 große Zwiebel,
3 – 4 Knoblauchzehen,
1 – 2 Äpfel (je nach Größe und Geschmack),
2 – 3 EL Olivenöl,
1/4 l Riesling,
1 kg Sauerkraut, Salz,
2 Lorbeerblätter,
je 1 TL weiße Pfefferkörner, Piment- und Wacholderbeeren

Zwiebeln und Knoblauch

Äpfel in Scheiben

Sauerkraut zuzupfen

Wacholder-, Pimentbeeren, weißer Pfeffer und Lorbeerblätter. Wer nicht auf die Körner beißen will, füllt sie in ein Teesieb, dann kann man sie vor dem Servieren ganz einfach herausfischen

Wein angießen

Alles muß bedeckt sein

SAUERKRAUT-TIPS

❶ Sie sollten immer versuchen, frisches Kraut zu kaufen! Nur darin stecken alle guten Inhaltsstoffe, die Sauerkraut so wertvoll machen! Bei vielen Metzgern, in Reformhäusern und in Naturkostläden wird es während der Saison, also im Herbst und Winter, häufig lose, aus dem großen Eimer angeboten, oft bereits portionsweise in Plastikbeutel abgepackt. Dieses Kraut ist meist frisch aus der Fabrik und nicht durch Pasteurisieren haltbar gemacht. Leider geht hierzulande der Trend zum jungen Kraut, das besonders mild schmeckt, weil es noch nicht voll durchgegoren ist. Dann allerdings ist auch die Zellstruktur noch nicht so herrlich knackig, und das Kraut schmeckt noch nicht herzhaft genug. Vielleicht helfen energische Verbraucherproteste, daß die Sauerkrautproduzenten sich wieder der ursprünglichen Qualitäten voll ausgereiften Sauerkrauts besinnen!

❷ Kraut aus der Dose oder aus dem Glas ist immer pasteurisiert und im allgemeinen sogar bereits zubereitet, also

ein Fertiggericht, dessen Geschmack Sie kaum mehr beeinflussen können. Kann an frischem Kraut nicht gemessen werden.

❸ Welches Fett Sie verwenden, bleibt ganz Ihrem eigenen Geschmack überlassen: Im Elsaß schätzt man beispielsweise Schmalz, vorzugsweise Gänseschmalz mit seinem intensiven, charakteristischen Aroma. Auch Butterschmalz, Butter oder ein neutrales Öl sind neben dem immer geeigneten Olivenöl (nur extra vergine!) selbstverständlich bestens geeignet.

❹ Die fruchtige Säure, die ein mitgekochter Apfel liefert, läßt sich auch mit anderen Früchten zufügen: beliebt ist zum Beispiel Ananas, die in der Tat sehr gut zum Kraut paßt, allerdings – und das ist sehr wichtig dabei! – sollte es sich natürlich um frische Ananas handeln und nicht um Stücke aus der Dose – sie wären zu süß!

❺ Besonders schön im Herbst: Weintrauben, die man zum Schluß für etwa zehn Minuten mitdünsten läßt. Trauben mit großen Kernen sollte man zuvor halbieren, dann lassen sich die Kerne mühelos mit der Messerspitze herausheben.

❻ Sauerkraut sollte man überhaupt nicht oder so wenig wie möglich waschen, es werden nämlich immer auch Vitamine herausgelöst. Nur ganz kurz abbrausen, wenn es zum Beispiel zu salzig wirken oder zu sauer sein sollte.

❼ Das Kraut immer sorgfältig auseinanderzupfen, bevor man es in den Topf breitet, damit es die Gewürze besser aufnehmen kann.

Was alles zum Sauerkraut paßt

Blut- und Leberwurst: Die frischen Würste werden in heißem Wasser erwärmt und auf einem Bett von Sauerkraut angerichtet. Dazu gibt es Pellkartoffeln oder Kartoffelpüree und Senf.

Fisch: zum Beispiel Hecht, Lachs, Zander oder Kabeljau. Den ganzen Fisch ins Kraut betten und vorsichtig garziehen lassen. Fischfilet entweder würfeln oder in Scheiben geschnitten obenauf betten und nur ganz kurz garen, damit das empfindliche Fleisch saftig bleibt. Dazu passen Salzkartoffeln.

Geflügel: gebratene oder gegrillte Hähnchenteile, Entenstükke, ganze gebratene Wachteln, Täubchen, Rebhuhn oder Fasan. Besonders gut als Beilage: Kartoffelpüree.

Kaßler oder geräucherte Rippchen: Man kann das Fleisch im Kraut erwärmen – einfach für die letzte halbe Stunde zwischen das Kraut packen. In Scheiben geschnitten schließlich auf dem Kraut anrichten. Dazu: kroß geröstete Bratkartoffeln.

Eine Sauerkrautplatte, wie man sie im Elsaß liebt: Choucroute garni. Mit gepökeltem Schweinehals, verschiedenen Würsten und Kaßler. Und dazu: ein kraftvoller Elsässer Riesling

DAS BESONDERE REZEPT

Für 4 bis 6 Personen:
2 kg gepökelte Rinderbrust, 2 – 3 Markknochen, je 1 Möhre, Lauchstange und Petersilienwurzel, 1/4 Sellerieknolle, 1 Zwiebel, 3 Knoblauchzehen, je 1 TL Pfefferkörner und Pimentbeeren, 2 – 3 Lorbeerblätter, 1 TL Salz, eventuell 1 Tomate, 1 Portion Sauerkraut nach dem Grundrezept

Gepökelte Rinderbrust auf Sauerkraut

Dafür muß man den Metzger etwa eine Woche vor dem geplanten Essen bitten, ein schönes Stück Rinderbrust zu pökeln. Es wird dann, mit Wurzelwerk und Gewürzen, mit Wasser bedeckt, wie Suppenfleisch langsam gar gekocht und in dünne Scheiben aufgeschnitten zum Sauerkraut serviert. Die Brühe schmeckt kräftig und gehaltvoll, man ißt sie mit einer beliebigen Einlage, mit Grießklößchen, Flädle oder Suppennudeln. Zur gepökelten Rinderbrust, die man in dünne Scheiben aufgeschnitten auf einem Sauerkrautbett angerichtet serviert, schmeckt ein sahniges Kartoffelpüree. Und wenn man von allen drei Bestandteilen gleich die doppelte Portion zubereitet, so hat man gleich die Basis für ein ganz besonders köstliches „Reste-Essen" – siehe das nächste Rezept. Zunächst aber:

❶ Das Fleisch und die Knochen in einen großen Suppentopf betten. Das Gemüse putzen, wenn nötig schälen, in grobe Stücke schneiden und ebenfalls in den Topf streuen.

❷ Die Zwiebel ungeschält halbieren, die Schnittflächen auf einem Stück Alufolie auf der heißen Herdplatte dunkelbraun rösten, bis sie duften. Zusammen mit den inzwischen ebenfalls geschälten

Gepökelte Rinderbrust auf Sauerkraut

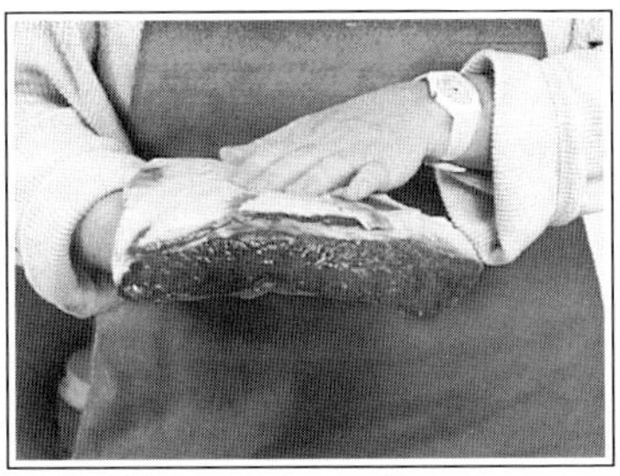

Beim Metzger bestellen: gepökelte Rinderbrust

Sie wird mit Wurzelwerk und mit Gewürzen sanft gargekocht

Knoblauchzehen und der zerdrückten Tomate in den Topf füllen.

❸ Mit Wasser auffüllen, bis alles bedeckt ist. Zunächst ohne Deckel zum Kochen bringen, erst dann die Hitze herunterschalten, den Deckel auflegen und das Fleisch nunmehr zweieinhalb Stunden leise garziehen lassen.

❹ Das Fleisch schließlich in dünne Scheiben schneiden und auf einem Bett von Sauerkraut auf einer großen, vorgewärmten Platte anrichten.
Dazu gibt es

Kartoffelpüree

Für 4 bis 6 Personen:
1,5 kg Kartoffeln,
ca. 1/4 l Milch, Salz,
Pfeffer, Muskatnuß,
50 – 100 g Butter (nach Gusto)

Nie wieder wird man Kartoffelpüree aus der Tüte essen, wenn man einmal richtiges, selbstgemachtes Püree kennengelernt hat.

❶ Die Kartoffeln als Pellkartoffeln gar kochen, abgießen und sofort, noch heiß, pellen.

❷ In einem ausreichend großen Topf die Milch aufkochen. Mit Salz, Pfeffer und Muskat würzen. Die Kartoffeln durch eine Presse hinzudrücken. Mit einer Gabel glattrühren, dabei stückchenweise die Butter einarbeiten.

❸ Das Püree muß ganz glatt wirken – je mehr Butter Sie hineinarbeiten, desto sahniger wird es, versteht sich. Wieviel Sie nehmen, bleibt Ihnen überlassen.

Pürree aus Salzkartoffeln

Milch angießen

Mit dem Stampfer zerdrücken

Tip: Man kann das Püree auch aus geschälten, also Salzkartoffeln herstellen. In diesem Fall werden die Kartoffeln mit einem Kartoffelstampfer zerdrückt und mit einer Gabel oder einem Schneebesen aufgeschlagen. Auf keinen Fall darf man Kartoffelpüree im Mixer oder mit dem Pürierstab herstellen, dadurch wird es niemals duftig und locker, sondern fest, zäh und schmierig.

DAS BESONDERE „RESTEESSEN"

Sauerkraut-Auflauf mit Pökelbrust

Für 4 bis 6 Personen:
1 Portion Sauerkraut nach dem Grundrezept,
ca. 500 g gekochtes, gepökeltes Rindfleisch,
1 Portion Kartoffelpüree,
Butter zum Ausstreichen der Auflaufform und für Flöckchen

❶ Das Sauerkraut abtropfen lassen und in einer mit Butter ausgestrichenen Form verteilen.

❷ Das Fleisch in zwei Zentimeter große Würfel schneiden und auf dem Kraut verteilen.

❸ Schließlich alles mit Kartoffelpüree bedecken. Butterflöckchen auf der Oberfläche verteilen. Die Form in den 180 Grad heißen Ofen schieben und den Auflauf eine halbe Stunde backen, bis die Kartoffelschicht goldbraun geworden ist und der Auflauf darunter brodelt.

❹ Dazu paßt, sozusagen als Erfrischung, ein Endiviensalat.

Tip: Natürlich kann man zwischen Kraut und Kartoffeldecke auch anderes Fleisch verpacken, zum Beispiel gewürfeltes Kaßler, kalten Braten, Schinken- oder Salamistreifen, Blut- oder Leberwurst.

Fleisch in Würfel schneiden

Butterflöckchen verteilen

Brodelnd heiß servieren

UNSER TIP, FALLS SAUERKRAUT ÜBRIGBLEIBT

Gefüllte Kartoffelklöße

Reste, die für eine weitere Mahlzeit zu wenig sind, mögen Hausfrauen im allgemeinen nicht. In Kartoffelklößen versteckt macht übriggebliebenes Sauerkraut immer noch eine gute Figur. Als Beilage oder auch, zusammen mit einem Salat, als ganze Mahlzeit. Die Basis für rohe Klöße läßt sich aus der Tüte anrühren; in vielen Metzgereien kann man die Masse für rohe Kartoffelklöße auch fix und fertig im Vakuumbeutel kaufen.
Aus der Teigmasse werden dann tennisballgroße Knödel geformt, wobei jeweils ein Eßlöffel Sauerkraut, eventuell sogar mit winzigen Speck-, Schinken-, Wurst- oder Fleischwürfelchen vermischt, in die Mitte gepackt wird. Die Klöße in Salzwasser sanft garziehen lassen.

Mit feuchten Händen arbeiten

Die Knödel rund formen

In siedendem Wasser garen

Blutwurst auf Kraut im Blätterteigmantel

Für 4 Personen:
4 Platten tiefgekühlter Blätterteig, Mehl für die Arbeitsfläche, 250 g gekochtes Sauerkraut (Grundrezept), 1 Apfel, Salz, Pfeffer, Majoran, 2 frische Blutwürste (möglichst ohne Grieben), 1 Eigelb, 2 EL Milch

❶ Die Teigplatten nebeneinanderlegen und etwas antauen lassen. Auf der bemehlten Arbeitsfläche jeweils eine Platte messerrückendünn ausrollen.

❷ Das Kraut gut abtropfen, jeweils in der Mitte jeder Teigplatte als Bett anordnen. Salzen, pfeffern und mit etwas getrocknetem Majoran würzen.

Blutwürste halbieren

Die Päckchen gut verschließen

❸ Die Blutwürste jeweils längs halbieren und auf das Krautbett setzen. Den Apfel schälen, vierteln, vom Kerngehäuse befreien, in dünne Scheiben schneiden. Jeweils die Blutwurst damit abdecken. Ebenfalls salzen, pfeffern und mit Majoran bestreuen.

❹ Den Teig darüber zusammenschlagen und rundum fest zukneifen. Die länglichen Pakete auf ein mit Backpapier belegtes Blech setzen. Eigelb mit Milch verquirlen und die Oberfläche damit einpinseln.

❺ Bei 220 Grad etwa 25 bis 30 Minuten backen, bis die Päckchen goldgelb geworden sind. Dazu schmecken verschiedene Salate und Bratkartoffeln.

Kleine Portionspäckchen zum Aus-der-Hand-Essen

Tip: Eine hübsche Idee für die Party: Die Päckchen sehr klein halten, so daß man sie mit zwei Bissen bequem aus der Hand verspeisen kann.

SAUERKRAUT ROH – EIN BESONDERER GENUSS

Gänseliesel-Salat

❶ Das Sauerkraut in heißem Wasser kurz waschen, dabei auseinanderzupfen. Im heißen Schmalz nur zwei Minuten wenden und dünsten.

❷ Den Apfel schälen, vom Kerngehäuse befreien und in kleine Würfel schneiden. Mit der Marinade

Gänsemagen in Scheiben schneiden

Tip: In Frankreich kann man gegarte, in Schmalz konservierte Gänse- und Entenmägen im Feinkostgeschäft fix und fertig kaufen. Schade, daß man bei uns für solche Innereien wenig Sinn hat. In der Lebensmittelabteilung von großen Kaufhäusern oder in Geflügelfachgeschäften lassen sich jedoch frische Gänse- oder Entenmägen durchaus finden. Sie werden zunächst mit Wurzelwerk in Wasser fast weich gekocht, etwa zwei Stunden lang, dann in Gänseschmalz noch eine weitere halbe Stunde fertig gegart. Unter der geschlossenen Schmalzschicht halten sich die Mägen im Kühlschrank lange frisch. Man kann sie einzeln entnehmen, muß nur stets darauf achten, daß die restlichen Mägen danach wieder luftdicht von Schmalz bedeckt werden. Übrigens kann man gekochte Gänse- oder Entenmägen auch als Ragout oder warm zum Sauerkraut servieren. Das schmeckt köstlich, macht nicht viel Arbeit und ist nicht teuer!

mischen, die aus Senf, Essig, Öl, Salz, Pfeffer und Sahne angerührt wurde. Das Sauerkraut damit gut vermischen. Großzügig Schnittlauchröllchen darüberstreuen.

❸ Den Sauerkrautsalat auf Vorspeisentellern mit bunten Salatblättern anrichten. Mit Gänsebrustscheiben und dünnen Scheiben vom Gänsemagen dekorieren.

Für 4 Personen:
500 g Sauerkraut, 2 EL Gänseschmalz, 1 Apfel, 1 TL scharfer Senf, 2 EL milder Kräuteressig, 1 EL Sherryessig, 2 EL Sonnenblumenöl, Salz, Pfeffer, 2 – 3 EL Sahne, Schnittlauch.
Außerdem: Eine Mischung aus bunten Salatblättern zum Anrichten, hauchdünne Scheiben von geräucherter Gänsebrust, in Gänseschmalz gegarter Gänsemagen (siehe Tip)

SAUERKRAUT – WIE MAN ES IM ELSASS SCHÄTZT

Choucroute Garni: Sauerkrautplatte auf Elsässer Art

❶ Schweinebauch und Speck müssen ungefähr eine Stunde in Wasser auf kleinem Feuer gegart werden, bevor man sie zusammen mit dem Kaßler im Sauerkraut vergräbt und alles miteinander etwa eine halbe bis ganze Stunde mitköcheln läßt. Für die letzten fünfzehn Minuten dürfen auch die Würste in den Sauerkrauttopf. Fleisch und Würste geben dem Kraut ein herzhaftes Aroma.

❷ Zum Servieren braucht man eine gewaltige, große Platte, auf der ein Bett von Kraut ausgebreitet wird. Schweinebauch, Speck und Kaßler werden in zentimeterstarke Scheiben aufgeschnitten und darauf angerichtet. Die Würste werden darum herum drapiert. Dazu gibt es Salzkartoffeln, Baguette und, natürlich!, scharfen Senf.

Für 6 bis 8 Personen:
je ca. 800 – 1000 g gepökelter Schweinebauch und Speck, gepökeltes, geräuchertes Kaßler (ohne Knochen), 6 Straßburger Würstchen (Knack), 6 Saucisse de Montbéliard

Elsässer Wein

Dort, wo die Ebene in die Vorberge der Vogesen übergeht, wächst kein Sauerkraut mehr, sondern Wein. Es herrscht dort im Prinzip das gleiche Makroklima mit viel Sonnenschein und wenig Regen, dank der viel wärmeren, trockeneren, steinigeren Böden, die der Sonne noch mehr ausgesetzt und daher heißer sind, ist es jedoch fast schon mediterran.
Die Erzeugung eines guten Weines ist ein steter Kampf des Winzers mit der Wuchsfreudigkeit der Weinstöcke: Jeden Winter (und im Sommer noch einmal!) wird weitaus mehr weggeschnitten als stehenbleibt. Nur die Bändigung des Höhenstrebens – eine Rebe kann 12 bis 15 Meter hoch ranken – und die Beschränkung auf einen vernünftigen Behang garantiert einen gehaltvollen Wein. Der richtige – weder zu hohe noch zu niedrige – Ertrag hängt freilich von den örtlichen Gegebenheiten, der Rebsorte und dem Qualitätsniveau ab, das man erreichen will. Traminer bringt weniger als Sylvaner; in trockenen, steinigen Lagen gibt es geringere Ernten, aber besseres Lesegut als auf gut bewässerten, lehmigen Böden; und wer zu viele Trauben am Stock läßt, bekommt weder genügend

Zucker noch den erwünschten Extrakt.

Ein Blick in die Geschichte

Nach Jahrzehnten der Massenproduktion billiger Weine hat man im Elsaß rechtzeitig auf Qualität gesetzt. Und damit an alte Traditionen angeknüpft:
Vom 11. bis ins 16. Jahrhundert hinein war das Elsaß das bedeutendste Weißweingebiet der Welt. Hier wuchsen die Weine, die man in Nord- und Osteuropa trank. Über den Rhein, den wichtigsten Handelsweg der damaligen Zeit, wurden beispielsweise im Jahre 1481 über 600.000 Hektoliter verschifft. Damals waren die Weinorte reich, denn natürlich exportierte man nur den besten Wein für gutes Geld, der die notwendige Struktur besaß, um den langen Transport in Holzfässern zu überstehen. Die einfachen Weine waren Alltagsgetränk am Ort, kein teures Luxusgut.

Dann kam der Dreißigjährige Krieg, der nirgendwo so gnadenlos wütete wie hier: Hatte Riquewihr 1610 noch 2245 Einwohner, so waren es 1632 noch 74, in Bergheim überlebten von 2.600 Einwohnern ganze 20. Das entfesselte Morden – irrwitzigerweise im Namen des richtigen Glaubens ...
Doch die Häuser standen noch zum Teil, die Weinberge warteten auf Pflege: Das Elsaß wurde zum Einwanderungsland armer, aber verschont gebliebener und übervölkerter Regionen der Schweiz, Badens und Schwabens. Es kamen hauptsächlich Bauern und Handwerker, die zwar einen guten Willen, aber vom Weinbau keine Ahnung hatten. So wurde kaum mehr Wein erzeugt, der die Strapazen des Exports überstehen konnte. Auch war der Rhein von einer verbindenden Wasserstraße zu einer Grenze zwischen verfeindeten Ländern geworden. Der Export brach zusammen.
Erst in diesem Jahrhundert gelang ein neuer Durchbruch: Die uns selbstverständlich anmutenden Rebsorten des Elsaß – Riesling, Gewürztraminer, Sylvaner, Muscat, Weiß-, Grau- und Spätburgunder – wurden bevorzugt gepflanzt; 1918 war nur 10

RIESLING 1986

Prozent der Fläche mit ihnen besetzt, jetzt sind es über 80 Prozent! Das Elsaß erhielt 1962 die *Appellation d'Origine Contrôlée* (AOC), 1975 wurden die Grand Cru Lagen, 1984 die Bestimmungen von *Vendange Tardive* (Spätlese) und *Sélection de Grains Nobles* (Beerenauslese) festgelegt, damit einhergehend eine Reduktion der Erträge erreicht. Heute gehört der überwiegende Teil der Weine wieder zur Spitze in Europa – das Elsaß hofft für das 21. Jahrhundert auf eine ähnliche Stellung wie vor 500 Jahren ...

Weinkeller im Elsaß

Die Elsässer Weinstraße

Von Marlenheim im Norden bis Thann im Süden schlängelt sich die Elsässische Weinstraße rund 180 Kilometer lang durch die rebenbestandenen Hügel, durch niedliche Weindörfer und stattliche Winzerstädtchen. Während die einen wohlbekannte, mit allen Mitteln folkloristischen Marketings ausgestattete Reiseziele sind, haben andere noch ihren wahren Charme bewahren können. Jeder muß seine Entdeckungen selbst machen, die freilich je nach Jahreszeit anders sein werden: Mehrere Busladungen von französischen Pilgern, deutschen Kegeldamen und holländischen Radsportlern können im Sommer oder Herbst auch die im Winter oder Frühjahr bezauberndsten Flecken zum Fegefeuer machen ...

Die Weinstraße selbst ist freilich nur die große Route – viel interessanter ist es, mit dem Fahrrad auf Nebensträßchen zu fahren oder zu Fuß die Weinlandschaft zu durchmessen: Es gibt ein dichtes Netz von Wegen. Man gewinnt so ein viel tieferes Verständnis vom Wesen des Rebstocks, von dieser eigenwilligen, dennoch anpassungsfähigen Pflanze, die hier auf einem schweren, lehmigen Boden, dort auf leichtem, kalkhaltigem Sand, ein paar Meter weiter auf verwitterndem Granit in gleichem Maße gedeiht – aber ganz unterschiedliche Weine hervorbringen wird. Auch kann man nur so einen Begriff von den verschiedenen Lagen und ihren kleinklimatischen Bedingungen bekommen – von der dem Wind ausgesetzten, kühlen Großlage zu einer geschützten Spitzenlage (Grand Cru), in der die Hitze steht, sind es oft nur ein paar Schritte!
Da wird selbst der Laie erkennen, warum so mancher ehrliche Winzer böse auf die Weinbaukommission ist, die vor einigen Jahren die Grand Cru Lagen vergrößerte: Man hat dabei auch solche Weinberge als hochwertig klassifiziert, die es nicht sind – um am berühmten Namen teilzuhaben und zu besserem Preis verkaufen zu können. Die Spitzenwinzer freilich machen von einem solchen Recht keinen Gebrauch – sie schreiben auf ihre Etiketten weiterhin die alten Katasternamen!

Die Weine: Sorten und Lagen

Ein Pinot Gris (Tokay d'Alsace) sollte mächtig sein, ein Riesling gleichzeitig voll und schlank, rassig mit einem je nach Boden mehr mineralisch oder mehr fruchtig geprägtem Bukett. Der Traminer besticht mit seinem Duft nach alten Rosen, läuft fast samtig über die Zunge, schmeichelnd und doch frisch – perfekt zum Münsterkäse. Der Muscat d'Alsace: beschwingt und kräftig, duftig-frisch und trotz einer leichten Süße frech und stahlig. Pinot Blanc und Sylvaner sind ideale Zechweine, auch prima zu den herzhaften Mahlzeiten der bäuerlichen Küche, zu Flammekuchen und Fleischpastete im Teig.

Natürlich gibt es gewaltige Unterschiede in der Qualität, was man der Landschaft ansieht: Das Billigste kommt aus der Ebene, wo maschinell geerntet werden kann und die Erträge groß sind. Mit viel schwerer Arbeit und weitaus weniger Trauben pro Rebstock erzeugt man in den steilen, nach Süden gerichteten Grand-Cru-Lagen reiche, runde und von Mineralien geprägte Weine. Hier wachsen die drei großen Sorten, Riesling, Tokay und Gewürztraminer. Und nur hier hat es Sinn, edelsüße Auslesen, Beerenauslesen und Trockenbeerenauslesen zu erzeugen. Zum Beispiel 1989, als vier Föhn- und vier anschließende Sonnentage (normal sind ein bis zwei Tage Föhn und dann Regen!) gleichzeitig wuchtige und elegante Weine schufen, weil trotz der Edelfäule Botrytis kein starker Säureabbau, aber eine ungeheure Zuckerkonzentration eintrat. Das brachte bis zu anderthalb Grad Alkohol pro Tag – Weine von 14,5 Grad Alkohol bei 170 g Restzucker! Jahrhundertweine ...

Vom Edelzwicker zum erlesenen Grand Cru

Im Herbst sind die Weinorte berstend voll von Fremden, jeder sucht »seinen« Winzer – und findet ihn, weil jeder Winzer auf anderes schwört, jeder seinen eigenen Stil hat. Welche Vielfalt, welche Qualität! Freilich entdeckt man die nicht unbedingt in jedem Wein, der sozusagen am Straßenrand angeboten wird – Wein soll man nur dort kaufen, wo nicht mit marktschreierischen Mitteln Reklame gemacht wird. Gute Winzer haben meist ausreichende Kundschaft, manche müssen fast Kontingente zuteilen. Aber man kann immer angenehme Überraschungen erleben. Dazu gehört allerdings, daß man sich eher den klassischen, sortenrein ausgebauten Rebsorten zuwendet und den Edelzwicker beiseite läßt, weil er doch im allgemeinen trotz des Zusatzes *edel* eine Resteverwertung ist. *Zwicker* bedeutet nicht, daß der Wein im Magen zwickt, sondern leitet sich vom elsässischen Wort *zwicken* für *mischen* ab. Er ist also immer ein Verschnitt, und zwar aus *Chasselas* (Gutedel) und den sechs klassischen Weißweinsorten des Elsaß, *Pinot Blanc, Sylvaner* sowie kleinen Anteilen (oder aus dem Ende der Pressung) von *Gewürztraminer, Tokay – Pinot Gris, Riesling* und *Muscat.* Als Begleiter zum Essen am besten geeignet sind, von den *Vendanges Tardives* und *Sélections de Grains Nobles*, die zu Gänseleber, Desserts und Käse passen, einmal abgesehen, durchgegorene Weine. Man vermeide die neue Mode der abrundenden Süße, auf die die Pariser im Augenblick scharf sind. So manches große Haus hat darauf reagiert, und so gibt es heute im Elsaß genau jene restsüßen Weine, die man früher in Deutschland vorzugsweise schätzte: »Marmelade zum Trinken« – kein ordentlicher, reicher, komplexer und in allen Teilen sauber schmeckender Wein. Der kann nur aus gehaltvollen, reifen Trauben stammen – also mit geringem Ertrag. Dann muß man dem Wein Zeit lassen, sich zu entwickeln: zwei oder drei Jahre im Faß, ganz langsam mit der natürlichen Hefe vergoren. Durch tiefe Temperaturen in kalten Kellern behält der Wein eine herrliche Fruchtigkeit. Vorausgesetzt, man arbeitet sauber, damit die Weine keine malolaktische Gärung durchlaufen, die die Apfelsäure in Milchsäure umwandelt und den Wein müde macht. Dann schmeckt er nämlich nach Sauerkraut, und das ißt man doch lieber – mit einem fünf Jahre alten, aber frischen Riesling dazu!

Senf – den man mit Freude dazugibt

Ein bißchen Senfgeschichte

Senf ist eines der ältesten Gewürze der Welt. Bereits die alten Ägypter, die Griechen und die Römer wußten um die vielseitigen Qualitäten von Senf. Nicht nur, daß die Pflanze einen Salat oder auch Gemüse abgab und daß damit fade Speisen würziger schmeckten, sie kannten vor allem auch die diätetischen, heilenden und konservierenden Fähigkeiten der im Samen enthaltenen ätherischen Öle. Die Römer liebten schon einen streichfähigen Senf, wie wir ihn zu unseren Würstchen schätzen, sie benutzten sogar das Senfpflaster, das auch unsere Großmütter bei Erkältungskrankheiten noch gerne und erfolgreich auflegten. In der Bibel gilt das Senfkorn, das schnell aufgeht und zu einer stattlichen Pflanze gedeiht, als Symbol für die Christenheit. Die Tatsache, daß das winzige Samenkorn so schnell keimt, wußten die Männer im Mittelalter zu schätzen: Wer seine Liebste überzeugen wollte, säte ihren Namen in die Erde vor ihrem Fenster – nach ein paar Tagen konnte sie ihn dann grün sprießend lesen, und es war ein gutes Omen für eine glückliche Verbindung.
Senf schätzt man in allen Küchen rund um die Welt. Natürlich sind die Franzosen auch in Sachen Senf Vorreiter: Bereits im 13. Jahrhundert wußte die Stadt Dijon aus dem Senfmonopol, das ihr zugesprochen war, großen Gewinn zu schlagen. Man entwickelte damals das bis heute gültige Rezept, das einen besonders würzigen und aromatischen Senf ergab: Der Senf mit seiner typischen Schärfe wird heute häufig mit Essig, wurde aber früher vor allem mit dem Saft von unreifen Trauben (französisch *verjus* oder *moût* von lateinisch *mustum* für Most) angerührt. Daher der Name Moutarde, englisch Mustard, deutsch Mostrich oder Mostert. Senf dagegen leitet sich natürlich ab vom lateinischen *senapis.*

Was ist Senf eigentlich?

Man unterscheidet drei Senfpflanzen: den sogenannten weißen Senf (lateinisch *senapis alba*), den braunen Senf (lateinisch *brassica juncea*) und den schwarzen Senf (lateinisch *brassica nigra*). Letztere gehören zur Familie der Kohlpflanzen, worauf die lateinische Bezeichnung (Brassica) hinweist, und sind nahe verwandt mit dem Chinakohl und Spielarten des Senfkohls, im

Laden ganz chinesisch Pak Soi genannt.
Die gelbblühende, gut meterhohe Pflanze produziert kleine Schoten, in denen stecknadelkopfkleine, dunkelbraune Samenkügelchen stecken. Diese dunkle Senfsaat enthält viel Sinigrin, ein Senföl mit besonders ausgeprägter Schärfe; deshalb ist sie übrigens erheblich schärfer als die tatsächlich senffarbenen Samen des weißen Senfs. Ein Senf schmeckt also um so schärfer, je höher der Anteil der dunklen Senfsaat ist. Übrigens bedeutet das jedoch nicht, daß ein scharfer Senf auch dunkler sein muß – meist werden die dunklen Samenkügelchen geschält, bevor man sie zur Senfbereitung zerquetscht oder zu Mehl verarbeitet.
Die Gesetze der Europäischen Union und der Länder regeln die Herstellung von Senf in engen Grenzen. Bindemittel und Stärkezusätze sind nicht erlaubt, die vor dem Mahlen separierten Schalen dürfen nur in bestimmten Mengen

und bei bestimmten Senfarten zugesetzt werden, als Säuerungsmittel sind – je nach Art des Senfes – sowohl aus Wein natürlich gewonnener Essig als auch industriell hergestellte Essigsäure gestattet. Auch die Zusätze von anderen Würzflüssigkeiten (Zitronensaft, Verjus – das ist Saft von unreifen Trauben, Wein, Traubensaft), Salz, Gewürzen (grüner Pfeffer, Piment, Zimt, Nelken, Koriander, Vanille), Aromen (natürliche Essenzen), Zucker, Zuckeraustausch- und Süßstoffen, Würzmitteln (Knoblauch, Schalotten, Meerrettich, Chili, Paprika, Tomaten, Sardellen, schwarze Oliven) und Kräutern (Estragon, Kerbel, Basilikum, Minze, Rosmarin, Thymian, Dill usw.) ist geregelt. Den sie charakterisierenden Bezeichnungen müssen die Senfe selbstverständlich entsprechen. Die Entölung ist bis zu einem gewissen Grad erlaubt (12 Prozent Fettgehalt muß aber mindestens sein), bei bestimmten Senfen in anderen Ländern ist ein höherer Ölgehalt vorgeschrieben. Auch die fett- und salzfreie Trockensubstanz ist gesetzlich geregelt. Nicht zugesetzt werden darf Getreidemehl, teilweise erlaubt sind dagegen Konservierungs- und Bindemittel sowie Antioxydantien (müssen angegeben werden!).

Brauner Zucker, gelbes und braunes Senfmehl

Die Palette der Senfsorten ist groß

Senf: Von der Pflanze bis zur Produktion

Das Wasser wird mit Essig gekocht und mit der Senfmehlmischung verrührt

Die drei Silos enthalten die Grundzutaten: Zucker, gelbes und braunes Senfmehl

Der Senf muß in großen Wannen ruhen und reifen. Dabei wird er immer wieder kräftig umgerührt

Die Pflanze ist rundum eßbar: Die Keimlinge, die aus den Samen sprießen, ergeben ein sehr würziges, beißend scharfes Kraut, mit dem sich Salate anreichern lassen und das man vorzüglich auf dem Butterbrot genießen kann. Auch die Blätter der jungen Pflanzen schmecken roh im Salat oder sind gedünstet ein herzhaftes Gemüse. Und schließlich die Senfsamen, aus denen Speisesenf hergestellt wird. Es gibt zahllo-

se verschiedene Senfsorten, vor allem, wenn man in die Ladenregale anderer Länder schaut. Die Kunst des Senfproduzenten ist es, die Sorten im richtigen Mischungsverhältnis zu verwenden und die jeweiligen Gewürze beizumischen. Französische Senfe zeichnen sich im allgemeinen dadurch aus, daß sie mit erstklassigen Weinessigen hergestellt sind und die Senfsaat selbst nur schwach entölt ist, weshalb sich oft etwas Öl auf dem Senf absetzt. Dies ist kein Fehler, sondern im Gegenteil ein Qualitätsbeweis, weil man auf stabilisierende und die Emulsion aufrechterhaltende Mittel verzichtet hat. Die vielerlei amerikanischen Senfsorten, die es mit den wildesten Würzungen gibt, sind meist ziemlich süß.

Bei uns herrschen – je nach Hersteller selbstverständlich auf recht verschiedenen Qualitätsebenen! – zwei Grundtypen vor:

Der milde **Delikateßsenf**, vorwiegend aus geschältem, entöltem und gemahlenem *senapis alba* hergestellt, und der würzigere **Scharfe Senf**, hauptsächlich aus den geschälten, ebenfalls weitgehend entölten und fein gemahlenen Körnen von *brassica nigra* hergestellt.

Eine bayerische Spezialität ist der **Süße Senf**, mit reichlich braunem Zucker deutlich gesüßt, auch Hausmacher- oder Weißwurstsenf genannt, weil er zu ihnen mindestens so unabdingbar gehört wie das Salz in die Suppe.

Kräutersenf gibt es in den unterschiedlichsten Mischungen, jeder Hersteller hat sein eigenes Rezept. Aus Frankreich kommt ein besonders feiner **Estragon-Senf**, dessen intensive grüne Farbe jedoch mit Farbstoff erzielt wird.

Rôtisseur-Senf wird aus grob gemahlener, brauner beziehungsweise schwarzer Senfsaat hergestellt, die mit milderem Senf vermischt wird. Er ist besonders gut zum Kochen, Marinieren, Grillen und Braten geeignet. *Braten* heißt auf französisch *rôtir,* der Bratenkoch ist der Rôtisseur – daher die bei uns gebräuchliche Bezeichnung, in Frankreich heißt er **Moutarde de Meaux** oder **Moutarde à l'Ancienne.**

Meerrettichsenf erhält seine Schärfe weniger durch die dunkle Senfsaat, sondern durch das Vermischen mit Meerrettich.

Senfmehl schätzt man vor allem in England, wo man damit kalte Saucen pikanter macht; außerdem läßt sich damit ein ganz individueller Senf anrühren; mit Portwein oder Madeira beispielsweise eine eher liebliche Variante, mit Bier herzhafter, oder mit würzigem Essig. Wichtig beim Umgang mit Senfmehl: Es muß nach dem Anrühren immer eine Zeitlang durchziehen, bevor sich sein Aroma richtig entfaltet!

➔ ***Bild rechts: Senfpflanzen sind in der chinesischen Küche ein beliebtes Gemüse***

Senf im Vorrat

Die Feinde des Senfs sind Wärme, Licht und Luft. Senf hält sich jedoch monatelang frisch, vorausgesetzt, man bewahrt ihn kühl, dunkel und in einem gut verschlossenen Glas auf. Tubensenf ist völlig problemlos haltbar. Senfbeutel aus Plastik sollte man sofort aufbrauchen oder in ein Glas umfüllen. Eingetrockneten Senf kann man mit etwas Essig wieder auflösen.

Senf ist gesund

Senf wirkt appetitanregend, stimuliert den Speichelfluß, fördert die Verdauung, stärkt das Herz und kräftigt die Durchblutung. Übrigens auch die des Hirns – weshalb Senfessen klug macht, nicht etwa dumm, wie ein besonders blödsinniger Merkspruch von Leuten behauptet, die offensichtlich zu wenig Senf essen! Seine diätetische Wirkung ist vor allem in Verbindung mit fetten Speisen gefragt – und gerade dazu schmeckt ein guter Senf auch am besten.

Senföl, auch dieses mehr in der dunklen Senfsaat enthalten, wirkt gut bei Erkältungskrankheiten (daher das Senfpflaster!), Hexenschuß oder Ischias und Angina. Senfumschläge wirken auch mildernd bei blauen Flecken und heilend bei Schwellungen.

UNSERE REZEPTE

Klassische Senfsauce

Für 4 Personen:
1 Zwiebel, 1 Lauchstange, 1 Möhre, 2 EL Butter, 1/2 l Hühner- oder Geflügelbrühe, 1 Glas Weißwein, 150 g Crème fraîche, 4 EL Delikateßsenf, Salz, Pfeffer, je 1 Messerspitze Cayennepfeffer und Muskatblüte, 1 Spritzer Worcestershiresauce

Am beliebtesten in der Zusammenstellung mit hartgekochten Eiern, die halbiert und dann einfach in der heißen Sauce erwärmt werden. Dazu schmecken Kartoffeln in jeder Form, als Pell-, Salz- oder Bratkartoffeln.

Besonders köstlich schmeckt die cremig-sahnige Sauce aber auch zu gesottenem Fisch, zum Beispiel zu Schellfisch oder Kabeljau. Sie paßt aber auch vorzüglich zum Sylvesterkarpfen, der durch die ätherischen Öle des Senfs ein wenig leichter verdaulich und somit bekömmlicher wird.

❶Zwiebel, das Weiße der Lauchstange und die Möhre putzen, wenn nötig schälen, und kleinwürfeln. In der heißen Butter auf milder Hitze sanft andünsten. Mit Brühe auffüllen und etwa eine halbe Stunde leise köcheln. Nach einer Viertelstunde erst den Wein zufügen. Jetzt den Deckel nicht mehr auflegen, damit Flüssigkeit verdampfen kann und der Geschmack der Brühe konzentrierter wird.

❷Alles durch ein Sieb gießen, die Flüssigkeit zurück in den Topf geben und noch etwa um ein Drittel einkochen.

❸Das Gemüse im Mixer pürieren, dabei Crème fraîche und Senf mitmixen und zum Schluß soviel vom konzentrierten Gemüsesud zufügen, bis die Sauce die gewünschte Konsistenz hat.

❹Mit Cayennepfeffer, Muskatblüte und Worcestershiresauce kräftig abschmecken. Die Sauce heiß servieren.

Eier in Senfsauce

Quiche in Senfsauce

Basis für die Sauce: eine kräftige Gemüsebrühe

Kabeljauwürfel in scharfem Senf

Für 2 Personen:
2 schöne, dicke Stücke aus dem Rückenfilet vom Kabeljau geschnitten, 3 – 4 EL Öl (vorzugsweise ein gutes Olivenöl), Mehl zum Bestäuben, Salz, Pfeffer, 1 Tasse Fischfond (fertig gekauft oder selbstgemacht), 3 EL trockener Wermut (Noilly Prat), 2 – 3 gehäufte EL Dijon-Senf, 2 EL Crème fraîche oder Crème Double (doppelt fette Sahne), Kerbel

Ein Rezept für Fortgeschrittene in Sachen Senf. Der herzhafte, scharfe Dijon-Senf kann empfindlichen Gemütern die Tränen in die Augen treiben. Aber es schmeckt wunderbar und ist im Handumdrehen zubereitet. Ideal für ein Essen zu zweit, oder auch für Singles, die ja nie Lust haben, für sich alleine lange in der Küche zu stehen.

❶ Das Fischfilet in große Würfel teilen. Diese mit Mehl überpudern und sofort gründlich abschütteln, so daß sie nur hauchzart von einem Mehlfilm überzogen sind. Mit Salz und Pfeffer würzen.

❷ Das Öl in einer Pfanne sehr heiß werden lassen. Die Fischwürfel rasch auf starkem Feuer rundum anrösten – sie dürfen ruhig eine goldbraune Kruste bekommen – das ist gut für den Geschmack und sieht hübsch aus! Die Würfel herausheben, auf einer doppelten Lage Küchenpapier abtropfen und mit Alufolie zugedeckt nachziehen lassen. Sobald die Sauce fertig ist, auf vorgewärmten Tellern anrichten.

❸ Für die Sauce das Bratfett aus der Pfanne wegkippen, den Bratensatz mit Fond und Wermut ablöschen und loskochen. Den Senf und die Crème Double einrühren. Rasch cremig einkochen, abschmecken und über die Kabeljauwürfel gießen. Mit Kerbelblättchen dekorieren und sofort servieren.

❹ Dazu ißt man entweder nur frisches Weißbrot, mit dem sich die Sauce gut aufwischen läßt, oder Kartoffeln in jeglicher Form.

Kabeljaufilet in große Würfel schneiden

Tip: Dieses Rezept läßt sich vielfältig abwandeln – statt der Fischwürfel nimmt man Würfel von Lammfleisch oder Schweinefilet, gut schmecken in dieser kurzen Sauce auch Kalbsnieren, Kalbsleber oder Kalbsbries. Natürlich löscht man den Bratensatz dann nicht mit Fisch- sondern mit Kalbs-, Lamm- oder Gemüsefond ab.

Für 2 Personen:
4 – 6 Lammkoteletts, je nach Größe und Dicke der Scheiben, 3 EL Olivenöl, Salz, Pfeffer, 1 Glas Kalbsfond oder Fleischbrühe, 3 EL Estragonsenf, ca. 60 g Butter

Lammkoteletts mit Estragon-Senfsauce

❶ Die Koteletts mit der Schneide eines breiten Messers flachstreichen, falls nötig den Fettrand mit senkrechten Schnitten einschneiden, damit sich das Fleisch in der Pfanne nicht hochwölbt.

❷ In einer großen Pfanne das Öl rauchend heiß werden lassen, die Koteletts darin scharf anbraten, wenden, erst dann auf der gebratenen Seite salzen und pfeffern.

❸ Die Koteletts jeweils etwa eine Minute pro Seite anbraten, bis sie eine schön gebräunte Oberfläche haben, dann auf einem Teller mit Alufolie zugedeckt warm stellen und nachziehen lassen.

❹ Das Fett aus der Pfanne wegkippen, den Bratensatz mit Fond oder Brühe loskochen. Den Senf einrühren und einige Minuten einkochen. Schließlich die eiskalte Butter in Flöckchen mit einem Schneebesen einarbeiten und die Sauce auf diese Weise binden.

❺ Mit Salz und Pfeffer abschmekken und über die Lammkoteletts gießen.

Bildschöne Lammkoteletts

Sie werden scharf angebraten

Zum Nachziehen auf einem Teller beiseite stellen

Tip: Dazu passen wunderbar kleine Rösti, die im Handumdrehen gemacht sind: Pro Person 2 Kartoffeln auf der Rohkostreibe fein raffeln. Mit Salz und Pfeffer würzen. In einer Pfanne halbzentimeterhoch Olivenöl oder Butterschmalz erhitzen. Je einen Eßlöffel geraffelter Kartoffeln darin zu einem kleinen, flachen Fladen oder Puffer formen. Auf mittlerem Feuer langsam zunächst auf einer, dann auch auf der anderen Seite goldbraun und knusprig braten. Die Rösti auf Küchenpapier gut abtropfen und heiß servieren.

Schweinefilet in der Senfkruste

Für 4 bis 6 Personen:
1 ganzes Schweinefilet von ca. 500 g, 4 EL Rotisseur-Senf, 3 – 4 Rosmarinzweige, je 2 EL Butter und Öl, 1/4 l dunkles (süßes) Bier, 200 g Sahne, 1 Stück Saucenlebkuchen (oder Elisenlebkuchen ohne Guß)

Ein feines Gästeessen, das erfreulich wenig Mühe, dafür durchaus viel Eindruck macht und jedem schmeckt!

❶ Das Fleisch sorgfältig von Häuten und Sehnen säubern. Dick mit dem Senf einreiben und dicht in einem Plastikbeutel verpackt über Nacht im Kühlschrank ziehen lassen.

❷ Am nächsten Tag die Rosmarinnadeln von den Stielen streifen und mit einem Messer grob hakken. Das Fleisch darin wenden. Oder die Rosmarinzweige ganz lassen und erst ins heiße Bratfett geben, damit sie ihm ihren Duft mitteilen.

❸ In einer Pfanne Butter und Öl erhitzen, das Fleisch darin auf mittlerem Feuer rundum braten, bis es überall schön kroß wirkt. Herausnehmen und in Alufolie verpackt nachziehen lassen.

❹ Das Fett aus der Pfanne wegkippen, den Bratensatz mit dem Bier loskochen, die Sahne zufügen und zehn Minuten köcheln, bis die Sauce schön cremig ist. Sollte sie Ihnen zu dünn sein, den Lebkuchen in die Sauce bröseln und damit die Sauce binden – sie bekommt dadurch übrigens auch einen geheimnisvoll würzigen Duft.

❺ Das Fleisch schräg in Medaillons aufschneiden und auf einer Platte anrichten. Einen Teil der Sauce drumherumgießen. Den Rest in einer Saucière getrennt dazu reichen.

Das Fleisch marinieren

Vorsichtig anbraten

Mit Bier ablöschen

Tip: Dazu schmecken schmale Bandnudeln oder handgeschabte Spätzle.

Die Sauce mit Sahne binden

KALTE SAUCEN MIT SENF

Bayerische Senfsauce

Für 4 bis 6 Personen:
100 g süßer Weißwurstsenf, 2 Knoblauchzehen, 2 EL Kapern, je 1 EL feingewürfelte rote und grüne Chilischote, 1 Sellerieblatt, 4 Stengel glattblättrige Petersilie, Salz, Pfeffer, 3 – 4 EL Zitronensaft, etwas abgeriebene Zitronenschale

Paßt zum Beispiel zu kaltem Schweinebraten, kann aber auch die Basis für einen Kartoffelsalat sein:

❶ Den Senf mit folgenden Zutaten verrühren: feingewürfeltem Knoblauch, gehackten Kapern, Chiliwürfeln, in feine Streifen geschnittenen Sellerie- und Petersilienblättern.

❷ Die Senfmischung mit Salz, Pfeffer, Zitronensaft und etwas abgeriebener Zitronenschale würzen.

❸ Die Bayerische Sauce getrennt zum kalten Braten reichen. Oder frisch gekochte Kartoffeln damit zum Salat anmachen.

Süßer Weißwurstsenf

Aufgepeppt mit Chilischärfe

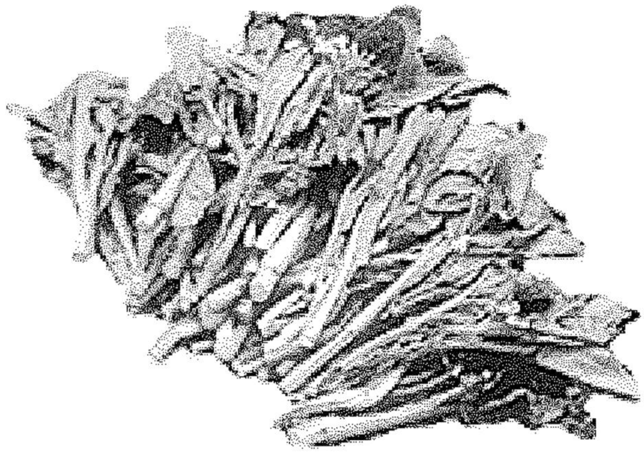

Thaiwürzige Senfsauce

Asiatische Gewürze

Thaiduftende Kräuter

Paßt vorzüglich zu Würsten aller Art. Zum Beispiel zu Wiener Würstchen oder zu heißer Lyoner.

❶ Den Senf mit den angegebenen Zutaten verrühren. Chili, Knoblauch und Ingwer sollten tatsächlich winzig klein gewürfelt sein, Zitronenblatt, Zitronengras und Basilikum haarfein geschnitten.

Für 4 bis 6 Personen:
100 g Delikateßsenf, 2 EL asiatische Fischsauce, 1 El Sojasauce, 1 EL chinesisches Sesamöl, je 1 TL feingewürfelte rote Chilischote, Knoblauch und Ingwerwurzel, 3 Kaffirzitronenblätter, 2 Stengel Thai-Basilikum, 1 Stengel Zitronengras

Senfmayonnaise

Paßt wunderbar zu jeglicher Art von Crudités – Möhre, Sellerie, Weißkraut, Gurke – zu harten Eiern, zu kaltem Braten, zum Fleischfondue und so weiter.

❶ Eigelb und Senf in den Mixer füllen und auf hoher Geschwindigkeit schlagen, dabei langsam das Öl hinzufließen lassen, bis die richtige Konsistenz erreicht ist.

❷ Die Mayonnaise mit Zitronensaft, Salz, Pfeffer, Cayennepfeffer, Worcestershiresauce und einer Zuckerprise würzen. In einem gut verschlossenen Glas hält sie sich im Kühlschrank eine Woche frisch.

Tip: Die Mayonnaise wird leichter, wenn man zum Schluß einen Löffel Quark oder Joghurt unterrührt. Oder, wenn man statt des Eigelbs ein ganzes Ei, also auch das Eiweiß, verwendet.

Für 4 bis 6 Personen:
2 Eigelb, 2 EL Delikateßsenf, ca. 1/4 l Öl (in jedem Fall ein gutes, kaltgepreßtes), Zitronensaft, Salz, Pfeffer, Cayennepfeffer, Worcestershiresauce, 1 Prise Zucker

Senf-Vinaigrette

Für 4 bis 6 Personen:
4 Knoblauchzehen,
2 gehäufte EL Dijonsenf,
2 EL Essig, Salz, Pfeffer,
3 EL Olivenöl

Besonders gut zu Tomaten oder zu feingeschnittenem Endiviensalat.

❶ Knoblauch schälen und durch die Presse drücken. Mit Senf, Essig, Salz, Pfeffer und Olivenöl glattrühren.

Frisch gepreßter Knoblauch

Pfeffer aus der Mühle

Englische Senfsauce

Für 4 bis 6 Personen:
4 EL englisches Senfpulver, ca. 1 EL Essig, 3 EL Weißwein, 2 EL Crème fraîche, Salz, 1/2 TL Zucker, einige Dillzweige

Die ausgeprägte Schärfe vom englischen Senfmehl paßt wunderbar zu kaltem Wild, zum Beispiel zum übriggebliebenen Rehrücken vom Weihnachtstag. Auch zu Roastbeef oder kaltem Hühnerfleisch. Gibt kleinen Mundhäppchen pikante Würze, wenn man sie vor dem Belegen damit bestreicht.

Englisches Senfpulver: besonders würzig

Wichtig: Die Sauce entwickelt ihr Aroma erst nach einigen Stunden Reifezeit. Man sollte sie daher unbedingt schon am Morgen oder vielleicht sogar bereits am Vortag zubereiten, damit sie genügend Zeit hat durchzuziehen.

❶ Das Senfpulver mit Essig, Wein und Crème fraîche zu einer Paste glattrühren. Mit Salz und Zucker abschmecken.

❷ Die Dillblättchen unmittelbar vor dem Servieren von den Stielen zupfen und feingehackt unter die Sauce rühren.

Grobe Senf-Vinaigrette

Für 4 bis 6 Personen:
3 EL grober Senf (Moutarde de Meaux), 1 EL Essig, 2 EL Brühe, 2 EL gutes Salatöl, Salz, Pfeffer, 1 Prise Zucker, Dillzweige

Paßt gut zu Räucherlachs oder geräucherter Forelle, vor allem, wenn sie als feine Vorspeisen auf bunten Salatblättern angerichtet werden sollen.

❶Senf, Essig, Brühe und Öl miteinander glattrühren. Mit Salz, Pfeffer und Zucker würzen.

Grober Senf mit ganzen Senfsamen

Cumberland-Sauce

Für 4 bis 6 Personen:
2 Orangen, 4 cl Madeira oder Portwein, 2 EL geriebener Meerrettich (möglichst frisch gerieben, notfalls aus dem Glas), 4 – 5 EL Johannisbeergelee, 1 EL englisches Senfpulver oder scharfer Dijonsenf, Pfeffer aus der Mühle

Die klassische Sauce zu kaltem Wild, zu Pasteten oder zum Roastbeef:

❶Von einer Orange die Schalen hauchdünn abschälen oder mit einem Zestenreißer ablösen – ein Zestenreißer sieht aus wie ein Küchenmesser, dessen Klinge abgebrochen ist, an deren Bruchstelle kleine runde Ösen angebracht sind. Diese Ösen sind messerscharf und schneiden hauchfeine Streifen von der Schale, wenn man damit an ihr entlangreißt – so entstehen sogenannte *Zesten* – daher der Name.

❷Die Orangenstreifen in einem Sieb in leise kochendes Wasser halten, um alle Bitterstoffe und mögliches Wachs von der Schale zu lösen. Gut abtropfen lassen.

❸Die Orangen auspressen, ihren Saft mit Madeira oder Portwein mischen.

❹Das Johannisbeergelee im Wasserbad auflösen, Meerrettich, Senfpulver oder Senf sowie die Orangenzesten einrühren.

❺Die Sauce mit Pfeffer abschmekken. Abkühlen lassen, damit sie dank des sich wieder verfestigenden Johannisbeergelees eine dickflüssige Konsistenz bekommt. Die Sauce soll dann würzig, dabei leicht süß schmecken.

ZUSATZREZEPTE

Schnelle Küche

Pastete mit Senfsauce

Für 4 Personen:
4 Scheiben fertige Pastete oder Terrine vom Metzger, Gürkchen, Oliven, Mixed Pickles

Für die Senfsauce:
4 EL guter Senf, 1 EL Honig, 2 EL Crème fraìche, 1 Bund Schnittlauch

Warum nicht einfach beim Metzger oder im Feinkostladen eine fertige Pastete (bereits in Scheiben) kaufen? Zu Hause rühren Sie rasch eine würzige Sauce an, schon steht eine prima Vorspeise auf dem Tisch.

❶ Die Pastete auf Tellern anrichten, die Pickles jeweils drumherumstreuen.

❷ Für die Sauce die Zutaten miteinander verquirlen, den in Röllchen geschnittenen Schnittlauch zum Schluß unterrühren. Die Sauce als dicken Klecks neben die Pastete setzen.

Eiersalat mit Senf und Schalotten

Für 4 Personen:
6 Eier, Salz

Für die Sauce:
4 kleine oder 2 größere Schalotten, 1 EL Ròtisseur-Senf, 1 EL geriebener Meerrettich (frisch oder aus dem Glas), 2 – 3 Zweiglein Estragon, 2 EL Estragonessig, Salz, frisch gemahlener Pfeffer, 2 EL Pflanzenöl

❶ Die Eier anstechen und in gesalzenem Wasser hart kochen. Abschrecken und pellen.

❷ Für die Sauce die Schalotten kleinschneiden. Mit Senf, Meerrettich, dem gehackten Estragon, Essig, Salz und Pfeffer verrühren. Dann erst das Öl einrühren.

❸ Eier würfeln und mit der Sauce umwenden.

Tip: Mit dem Eierschneider lassen sich hartgekochte Eier blitzschnell würfeln: Das in Scheiben geschnittene Ei einfach um 90 Grad drehen, erneut durchteilen.

Für 4 Personen:
2 geräucherte Forellen (gibt's auch bereits in Filets zerlegt), 4 EL geriebener Meerrettich, 3 EL Créme fraíche, Zitronensaft, Cayennepfeffer und Salz, einige Kopfsalatblätter

Räucherforelle mit Meerrettichcreme

❶Je 1 Filet auf 4 Tellern anrichten.

❷Meerrettich und Créme fraìche mit Zitronensaft verrühren, die Créme mit Cayennepfeffer und Salz abschmecken.

❸Jeweils einen Klecks davon in ein Salatblatt häufen und neben das Forellenfilet setzen.
Beilage: Gebuttertes Vollkornbrot, Pumpernickel

Schafskäse-Creme

Für 4 Personen:
250 g Schafskäse, 5 Knoblauchzehen, 1 Bund Dill, je 1/2 TL Paprika- und Senfpulver, Salz, Pfeffer, 2 EL Olivenöl, Saft 1/2 Zitrone

❶Den Käse mit den geschälten Knoblauchzehen, den abgezupften Dillblättchen, Gewürzen und Öl im Mixer fein pürieren.

❷Die Creme mit Zitronensaft abschmecken. In eine kleine Schüssel häufen und mit Gemüsestücken oder Fladenbrot servieren.

Für 4 Personen:
2 reife Avocados, 2 Schalotten, Saft einer Zitrone, 1EL Senf, Salz, Pfeffer, Cayennepfeffer, Koriandergrün

Avocado-Creme

❶Die Avocados schälen, halbieren und vom Stein befreien. Die Schalotten schälen und fein hacken.

❷Alles im Mixer mit dem Zitronensaft und Delikateßsenf sowie den Gewürzen pürieren.

❸Die Creme in einem Schälchen anrichten, mit dem Koriandergrün garnieren. Mit Joghurt, Quark und saurer Sahne bereiten Sie Vorspeisen zu, die sommerlich leicht und erfrischend sind.

BOHNENKERNE

heiß geliebt und immer wieder unterschätzt

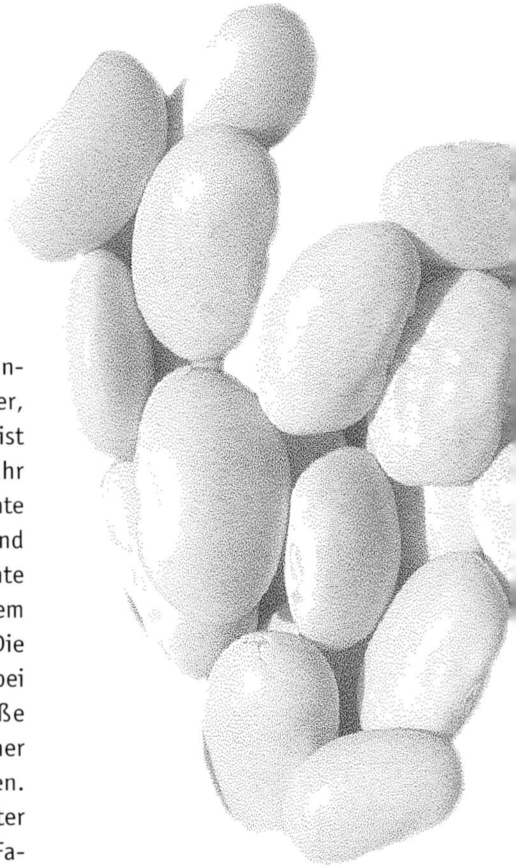

Weiße Bohnen

Heiß geliebt und immer wieder unterschätzt

Bohnen sind Hülsenfrüchte und gehören zu den ältesten Kulturpflanzen und Nahrungsmitteln der Menschheit. Sie sollen sogar noch älter, das heißt den Menschen länger bekannt sein als das Getreide. So ist nachgewiesen, daß man bereits in der Jungsteinzeit, also ungefähr 7000 Jahre vor unserer Zeitrechnung, im Vorderen Orient Hülsenfrüchte aß. Daß man Getreide kannte, läßt sich hingegen erst rund tausend Jahre später nachweisen. Wie wichtig im Altertum die Hülsenfrüchte waren, zeigt die Tatsache, daß die alten Griechen zu Kyamites, dem Bohnengott beteten, damit er ihnen gute Ernten brachte. Die Leguminosen, wie der Fachmann Hülsenfrüchte nennt, waren auch bei den Römern ein wichtiges Nahrungsmittel. Und Kaiser Karl der Große soll, um seinem Volk genügend Nahrung bieten zu können, mit einer speziellen Verfügung den Anbau von Hülsenfrüchten gefördert haben. Ein Brei aus Hülsenfrüchten mit oder ohne Getreide war im Mittelalter das tägliche „Brot" der Armen. Allerdings auch Grundlage für die Fastenspeisen der Bürger, Kirchenleute und des Adels. Denn man wußte schon damals um die hervorragenden diätetischen Qualitäten von Hülsenfrüchten. Kein anderes Lebensmittel kann eine derartige Fülle von Nährstoffen liefern. Der Erfindungsgeist der Köche hatte sich deshalb bereits früh den Hülsenfrüchten zugewandt.

Noch heute sind Hülsenfrüchte auf der ganzen Welt verbreitet; sie werden überall angebaut, gedeihen überall und gehören auch überall auf den Speisezettel. Vor allem im Mittleren Osten, in Afrika, in Süd- und Mittelamerika und in Asien gehören Hülsenfrüchte als Grundnahrungsmittel zur täglichen Versorgung. Bei uns jedoch haben sie die große Bedeutung verloren, die sie in den sogenannten „schlechten Zeiten", den Kriegs- und Nachkriegsjahren, als oft einzig verfügbares Nährmittel und als wichtigster Lieferant von Kohlenhydraten und Eiweiß innehatten. Seit wir uns Fleisch und Fisch jederzeit und in jeder Menge als Eiweißspender leisten können, müssen wir uns nicht mehr mit Bohnen *ernähren*, sondern können sie *genießen*. Denn in Bohnen steckt weitaus mehr als die lebenswichtigen Inhaltsstoffe, derentwegen man

sie früher als so wertvoll pries. Sie sind vielmehr das ideale Material für feinste Feinschmeckerfreuden.

Vom Arme-Leute-Essen zum Gourmetgenuß

Der eintönige Bohnenbrei der Armen, der früher tagaus tagein auf den Tisch kam, gab den Menschen zwar Kraft, war aber gewiß kein kulinarischer Hochgenuß. Dabei haben die Köche des Adels und der Kirchenfürsten im Mittelalter durchaus mit Hülsenfrüchten experimentiert und eine Vielzahl interessantester Rezepte entwickelt. Im Kochbuch des Historikers Platina – übrigens dem ersten gedruckten Kochbuch der Welt (kurz nach Erfindung der Buchdruckerkunst schon 1474 erschienen) – sind eine Fülle höchst origineller und interessanter Ideen zu finden, was man mit Hülsenfrüchten alles machen kann.
Natürlich waren die schlechten Zeiten, die unsere Eltern und Großeltern erleben mußten, die froh sein mußten, wenn sie wenigstens ein paar uralte Bohnen für einen sättigenden Eintopf kriegen konnten, nicht dazu angetan, dem Nimbus der Weißen Bohnen Feinschmeckerstatus zu verleihen. Man schmähte sie als Arme-Leute-Essen, akzeptierte sie allenfalls für herzhafte Eintöpfe, wegen ihrer praktischen Lagerfähigkeit als Winter- oder sogar Notvorrat.
Erst spät hatten die zunehmend zahlreicher werdenden Vollwertfreunde die Qualitäten der Hülsenfrüchte erkannt. Dank ihres besonders leichtverdaulichen Eiweisses, das mit rund 25 Prozent sogar den Eiweißgehalt von Rindfleisch übertrifft, seiner Kohlenhydrate wegen, die vom Körper leichter als andere Kohlenhydrate verwertet werden können und dank ihrer geradezu chamäleonhaften Wandelbarkeit erwiesen sich Hülsenfrüchte auch aus dem Blickwinkel der Körner-Freaks als ein geradezu ideales, vielseitiges, überall verfügbares und obendrein auch noch billiges Grundnahrungsmittel.
Mit der Hinwendung zu naturnahen Lebensmitteln und auch beim Blick in fremde Küchen entdeckten schließlich auch die Feinschmecker nicht nur die vielen verschiedenen Sorten, sondern auch die kulinarischen Fähigkeiten, die in Hülsenfrüchten stecken.

Schmecken am besten frisch!

Weiße Bohnen: Wer zählt die Sorten?

Es handelt sich ja bei den Bohnenkernen um den Samen der Pflanze, die zunächst einmal jene grünen Bohnen hervorbringt, die wir so gerne als frisches Gemüse essen. Und genauso wie diese „grünen" Bohnen unterschiedliche Farben tragen können – je nach Sorte gibt es eine ganze Farbpalette von den gelben Wachsbohnen bis zur violetten „Blauen Hilde" – sind auch ihre Samenkerne durchaus nicht immer weiß. Es soll mehr als 500 Sorten auf der Welt geben.

Die bei uns gebräuchlichsten unter den weißen Bohnen sind

- die kleinen, fast runden **Perlbohnen**;
- die länglichen **Cannellini-Bohnen**;
- die großen **Butter-** oder **Schmalzbohnen** (die nicht wegen eines etwaigen hohen Fettgehalts so heißen, sondern weil sie nach dem Kochen besonders schmelzend zart sind).

Unter dem Sammelbegriff Bunte Bohnen findet man

- **schwarze Bohnen** aus Brasilien (nicht zu verwechseln mit den fermentierten
- **Sojabohnen**, die man als Gewürz in der chinesischen Küche liebt);
- **rote oder Kidney-Bohnen** aus Amerika;
- die gesprenkelten **Wachtelbohnen** oder **Borlotti** aus Italien;
- **braune Bohnen** aus Holland;
- **grüne Bohnenkerne**, auch **Flageolets** genannt, aus Frankreich;

Bohnenkerne in allen Farben, Formen und Größen

- **Augenbohnen** aus dem Süden der USA (klein, rund, weiß, mit einem winzigen schwarzen „Augen"punkt; sie gehören eigentlich eher zu den Erbsen);
- **Soja- oder Mungobohnen**, die als Basismaterial für eine Fülle von Nahrungsmitteln dienen (Tofu und andere Sojaprodukte), hier aber keine Rolle spielen sollen;
- Last but not least die roten, knopfartig runden **Azuki-Bohnen** aus Japan. Sie haben auch nach der Garzeit einen angenehmen Biß.

Die Inhaltsstoffe

Mit rund 300 Kalorien pro hundert Gramm steckt ziemlich viel Energie auf relativ kleinem Raum. Außerdem enthalten Hülsenfrüchte viel Eiweiß (22 g), kaum Fett (1,6 g) jede Menge Kohlenhydrate (47,8) und Ballaststoffe (19,2 g). Bei den Mineralstoffen liegt der Kaliumgehalt mit 1300 mg weit über dem der anderen Hülsenfrüchte, dafür gibt's kaum Natrium (2 mg), reichlich Kalzium (105), Phosphor (430) und Eisen (6,1) – stets auf jeweils 100 Gramm verzehrbarer Menge berechnet. Und natürlich Vitamine: viel Vitamin A und C, reichlich Vitamine der B-Gruppe – es steckt also in jeder einzelnen Bohne eine ganze Menge positiver Dinge drin.

Und nun zum kulinarischen Teil: Tips rund um die Bohnenkerne

In reichlich Wasser über Nacht einweichen lassen, das spart Kochzeit!

Einweichen: ja oder nein? Darüber können sich die Gelehrten immer wieder streiten. Auch darüber, ob das Einweichwasser „kostbar" ist und weiterverwendet werden soll oder ob man den Bohnen doch besser zum Kochen frisches Wasser gönnt.
Die Frage des Einweichens läßt sich relativ einfach klären: Zwingend nötig ist es vielleicht nicht. Aber es spart natürlich Energie. Denn eingeweichte Bohnen brauchen nun mal weniger lange gekocht zu werden – das leuchtet ein.

Die Sache mit dem Einweichwasser hingegen ist nicht so eindeutig: Durchaus werden bei diesem Bad aus der Hautschicht der Hülsenfrüchte Mineralstoffe gelöst – gleichzeitig allerdings auch Staub und andere Verunreinigungen, die sie womöglich während ihrer Lagerzeit angenommen haben. Da mag es vielleicht doch besser sein, auf das eine zu verzichten, zumal es wirklich nur Spuren davon wären, die auf diese Weise ausgewaschen und weggekippt würden. Und es steckt ja schließlich noch eine ganze Menge mehr davon in diesen kleinen Kraftpaketen.

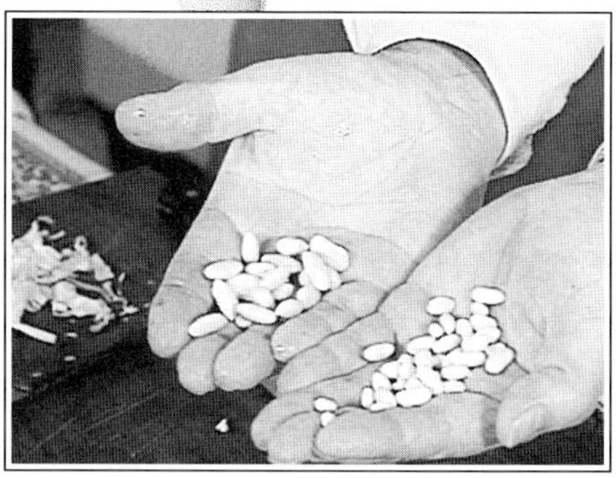

Die Garzeit: Wie lange es dauert, bis Bohnen gar sind, läßt sich nicht vorhersagen. Faustregel: eineinhalb bis zwei Stunden – je nach Größe und Alter. Jahrelang gelagerte Bohnenkerne können auch schon mal vier und noch mehr Stunden brauchen. Irgendwann aber werden sie garantiert weich.

Natron und Backpulver sollen helfen, auch die ältesten Bohnen noch weich zu kriegen. Das stimmt vor allem dann, wenn man sehr kalkhaltiges Wasser hat.

Salz im Kochwasser, so sagt eine Hausfrauenregel, verzögert das Weichwerden. Wir haben das noch nie feststellen können, fanden aber die salzlosen Bohnen scheußlich fad – denn später hinzugefügt kann Salz sie nicht mehr durchdringen, die Bohnen bleiben „hohl" im Geschmack.

DIE REZEPTE

Weiße Bohnen: das Grundrezept

Für 4 Personen:
250 g Bohnenkerne, 1/2 TL Salz, 2 – 5 Knoblauchzehen, 2 – 3 Kräuterstiele (Thymian, Petersilie oder Salbei)

❶Die Bohnen über Nacht in reichlich Wasser einweichen, es sollte sie eine Handbreit hoch bedekken. Am nächsten Tag haben sich die Bohnen damit vollgesogen und reichen fast bis zur Oberfläche hoch.

❷Die Bohnen abgießen und mit frischem Wasser nur zwei Zentimeter hoch bedecken. Salz, geschälte Knoblauchzehen und Kräuter zufügen.

❸Jetzt den Topf auf mittleres Feuer setzen, das Wasser langsam zum Kochen bringen – das ist deshalb so wichtig, weil sich jetzt eine unglaubliche Menge von Schaum bildet, die leicht überzukochen droht. Deshalb unbedingt danebenstehen, um genau das zu verhindern.

❹Wenn das Wasser ein paar Minuten lang köchelt, fällt dieser Schaum von selbst wieder zusammen, man braucht ihn also nicht abzuschöpfen.

❺Wenn er schließlich völlig verschwunden ist, die Hitze herunterschalten. Die Bohnen nunmehr auf kleinster Flamme garziehen lassen. Das Kochwasser sollte sich nur leise bewegen.

❻Ob die Bohnen weich sind, muß man überprüfen: Sie dürfen keinesfalls noch einen festen Kern haben, sondern sollten sich leicht am Gaumen zerdrücken lassen.

❼Die Bohnen nach Rezept weiterverarbeiten. Man kann sie übrigens gut zwei bis drei Tage im Kochwasser aufbewahren. Natürlich im Kühlschrank oder kühlen Vorratsraum.

Salat von weißen Bohnen mit Kalbszunge

Eine feine Vorspeise für 6, ein ganzes Essen für 3 bis 4 Personen:
250 g weiße Bohnen (z.B. Cannellini- oder Perlbohnen), 1/2 TL Salz, 4 – 5 Knoblauchzehen, 2 – 3 Thymianstengel, 1 – 2 kleine, getrocknete Chilischoten

Außerdem:
1 Kalbszunge (siehe Tip), einige Stengel möglichst glattblättrige Petersilie, je 1/2 rote und gelbe Paprikaschote, 2 Frühlingszwiebeln, 2 Hände voll bunte Salatblätter: Radicchio, Feldsalat, Endivie, Kopfsalat

❶ Die Bohnen einweichen. Schließlich mit frischem Wasser in einen Topf füllen.

Bohnen einweichen

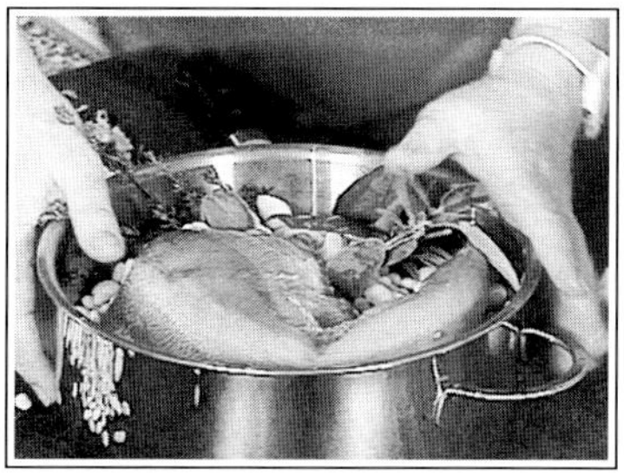

Kalbszunge mit Wurzelwerk gar kochen

Die Zunge häuten

❷ Salz, geschälte Knoblauchzehen, Thymian und Chili zufügen. Die Kalbszunge hineinlegen. Soviel Wasser angießen, daß alles gut bedeckt ist. Wie im Grundrezept beschrieben, mehr ziehen als heftig kochen lassen, bis die Bohnen weich und die Kalbszunge gar sind. Die Zunge sollte sich nun mit einer dünnen Nadel (Rouladenstecker oder Spicknadel) mühelos durchstechen lassen. Beides abkühlen lassen.

❸ Für den Salat zunächst die Zunge häuten. Auf der Aufschnittmaschine längs (!) in sehr dünne Scheiben schneiden – sieht nachher beim Anrichten hübscher und witziger aus als konventionell quer geschnittene Scheiben.

❹ Die Petersilienblätter nur grob zerzupfen. Die Paprika entkernen und in stecknadelkopfkleine Würfel schneiden. Die Frühlingszwiebeln in feine Ringe hobeln. Die Salatblätter waschen, zum Anrichten möglichst unzerteilt lassen.

❺ Die Zutaten für die Marinade cremig aufschlagen. Die Salatblätter mit einem kleinen Teil der Marinade benetzen und auf Portionstellern oder einer Vorspeisenplatte verteilen.

❻Die Bohnen mit den Petersilienblättern, Paprikawürfeln und Frühlingszwiebeln mischen und mit der Hälfte der Marinade würzen. Auf dem Salatbett verteilen.

❼Zum Schluß die Kalbszungenscheiben dekorativ auf dem Salat anrichten und mit der restlichen Marinade besprenkeln.

Tip: Die Kalbszunge kann frisch, aber auch gepökelt sein – der Metzger legt sie gerne ein, wenn Sie ihn darum bitten. In manchen Regionen wird er sie sogar vorrätig halten. Durch das Pökeln bekommt die Zunge nach dem Kochen eine schöne rosa Farbe und außerdem einen etwas würzigeren Geschmack.

Marinade:
1 TL scharfer Senf, Salz, Pfeffer, 3 – 4 EL aromatischer Essig (z.B. Sherry-Essig), 4 EL kräftiges Olivenöl extra vergine

Toskanischer Bohnensalat

Für 4 bis 6 Personen:
250 g weiße Bohnen, 1/2 TL Salz, 4 – 5 Knoblauchzehen, 6 Salbeiblätter
Außerdem:
2 reife Fleischtomaten, 3 – 4 Knoblauchzehen, 1 rote Zwiebel, 2 Frühlingszwiebeln, 3 – 4 EL bestes Olivenöl, Salz, Pfeffer, Basilikum oder glatte Petersilie

❶Die Bohnen mit Salz, geschälten Knoblauchzehen und Salbeiblättern mit Wasser bedeckt aufsetzen und wie im Grundrezept beschrieben garen.

❷Für den Salat die Tomaten häuten, entkernen und fein würfeln. Knoblauchzehen und Zwiebel schälen und sehr fein würfeln, die Frühlingszwiebeln in hauchdünne Ringe schneiden.

❸Die Bohnen am besten lauwarm anmachen: mit den vorbereiteten Zutaten und mit dem Olivenöl mischen. Mit Salz und Pfeffer abschmecken – kein Essig!

❹Zum Schluß die Kräuter zerzupfen und darüberstreuen.

Salatzutaten vorbereiten

Salatmarinade anrühren

Für 4 bis 6 Personen (je nachdem, ob Vorspeise oder kleine Mahlzeit):
250 g weiße Bohnen, 1/2 TL Salz, 4 – 5 Knoblauchzehen, 1 walnußgroßes Stück Ingwerwurzel
Außerdem:
je einige Stengel Thaibasilikum, asiatische Minze und Koriandergrün (aus dem Asienladen), 2 Frühlingszwiebeln, 1 frische Chilischote (grün oder rot), 200 g Garnelenschwänze (ohne Schale, roh, tiefgekühlt), 2 EL neutrales Öl, 1 TL chinesisches Sesamöl, Salz, Pfeffer, 1 Prise Zucker, 1 EL Sojasauce, 1 EL Sherry
Marinade:
2 EL thailändische Fischsauce, 2 EL Zitronensaft, 1 EL Sesamöl, 1 EL neutrales Öl

Bohnensalat mit Thaikräutern und Garnelen

❶ Die Bohnen über Nacht in reichlich Wasser einweichen, mit frischem Wasser aufsetzen und Salz, die geschälten Knoblauchzehen sowie die Hälfte des Ingwerstücks feingewürfelt zufügen. Die Bohnen wie im Grundrezept beschrieben garen.

❷ Für den Salat die Kräuterblätter von den Stielen zupfen, nur grob schneiden. Die Frühlingszwiebeln in feine Ringe schneiden. Die Chilischote entkernen und winzig fein würfeln.

❸ Die Garnelen mit einem scharfen Messer längs halbieren, den schwarzen Darm, der dann sichtbar wird, entfernen. Die Garnelen gründlich waschen. Wenn sie sehr groß sind, in zwei bis drei Stücke schneiden.

❹ In einer Pfanne die beiden Ölsorten erhitzen, die Garnelen darin auf starkem Feuer anbraten. Sofort den restlichen, feingewürfelten Ingwer darüberstreuen, salzen, pfeffern und mit einer Zuckerprise würzen. Schließlich mit der Sojasauce und dem Sherry beträufeln.

❺ Die Bohnen abtropfen und mit den Zutaten der Marinade sowie den vorbereiteten Thaikräutern und Frühlingszwiebelringen mischen.

❻ Auf Vorspeisentellern anrichten, die Garnelen dekorativ darauf anordnen.

❼ Den Salat sofort, also noch warm bis lauwarm, servieren.

Duftende Thaikräuter: Basilikum und Koriander

Garnelen auftauen

Spanischer Bohnentopf

Für 6 bis 8 Personen:
500 g weiße oder rote Bohnen, 1 große (spanische) Gemüsezwiebel, 4 – 5 Knoblauchzehen, 3 – 4 EL Olivenöl, 2 große Fleischtomaten, 2 EL Tomatenmark, ca. 1,5 l Fleisch- oder Gemüsebrühe, ca. 200 g luftgetrockneter Speck am Stück, 2 Lorbeerblätter, 2 getrocknete Chilischoten, 2 Thymianzweige, Salz, Pfeffer, 500 g Kartoffeln, 2 dicke Möhren, 2 Lauchstangen, 3 – 4 paprikascharfe, luftgetrocknete Würste (spanische Chorizo), 250 g feine Erbsen (Tiefkühlware), Petersilie

❶ Die Bohnen über Nacht einweichen.

❷ Zwiebeln und Knoblauch fein würfeln. In einem großen Suppentopf – der alle Zutaten später aufnehmen kann – im heißen Olivenöl andünsten, ohne Farbe nehmen zu lassen.

❸ Die Tomaten häuten, grob zerschneiden und zusammen mit dem Tomatenmark kurz mitdünsten.

❹ Die Bohnen abtropfen lassen und zufügen, mit der Brühe bedecken. Den Speck zwischen die Bohnen betten, ebenso die Lorbeerblätter, Chilis und Thymianzweige. Alles salzen und pfeffern.

❺ Im offenen Topf zunächst langsam zum Kochen bringen. Den Deckel erst aufsetzen, wenn sich der Schaum gelegt hat, und den Eintopf knapp zwei Stunden garen.

❻ Inzwischen die Kartoffeln und Möhren schälen, in bohnengroße Würfel schneiden. Den Lauch putzen und in feine Ringe schneiden. Zusammen mit den Würsten etwa eine Viertelstunde vor Ablauf der Garzeit zu den Bohnen geben.

❼ Jetzt Speck und Würste herausfischen. Einen Teil der Bohnen mit dem Mixstab pürieren, damit der Eintopf eine schöne, sämige Bindung bekommt.

❽ Speck und Würste in Würfel schneiden, mit den Erbsen und der gehackten Petersilie kurz vor dem Servieren in den Topf rühren. Den Bohnentopf noch einmal mit Salz und Pfeffer und nach Belieben mit einem Hauch Cayennepfeffer abschmecken.

Bohnen einweichen, Wurzelwerk zerkleinern

Die Gemüse erst gegen Garzeitende zufügen

Brasilianischer Bohnentopf (Feijoada)

Für 6 bis 8 Personen:
500 g schwarze Bohnen, 100 g geräucherter Speck, 2 große Zwiebeln, 8 Knoblauchzehen, 3 – 4 Chilischoten, 1 walnußgroßes Stück Ingwer, 2 Lorbeerblätter, 1 Nelke, 1 Stück Zimt, 1/2 TL Piment, ca. 1000 g durchwachsener, gepökelter Schweinebauch, 1 Paket gewürfeltes Tomatenfleisch, Salz, Pfeffer, 1 grüne Paprikaschote, 1 Limone, Koriandergrün

❶ Die Bohnen mit reichlich Wasser bedeckt einweichen.

❷ Den Speck sehr klein würfeln, in einem großen Suppentopf sanft auslassen. Die gehackte Zwiebel, den durch die Presse gedrückten Knoblauch, Chili und Ingwer – beides fein gewürfelt – im ausgelassenen Fett andünsten. Wenn die Zwiebeln hellblond geworden sind, die Hälfte dieses sogenannten Sofrito herausheben und in eine Kasserolle füllen.

Speck fein würfeln

Die typischen Gewürze

Einen Teil der Bohnen pürieren, um den Eintopf anzudicken

❸ Die abgetropften Bohnen in den Suppentopf geben, mit Wasser bedecken, die Gewürze und den Schweinebauch zwischen die Bohnen packen. Alles zwei Stunden auf kleinem Feuer garen.

❹ Inzwischen den Sofrito in der Kasserolle mit dem Tomatenfleisch aufkochen. Salzen und pfeffern und schließlich auf mittlerem Feuer etwa 20 Minuten leise köcheln.

❺ Sobald die Bohnen weich sind, ein Viertel davon mit einer Schaumkelle herausheben und im Mixer pürieren und mit der Tomatensauce vermischen. Mit dieser würzigen Sauce den Bohnentopf binden. Damit der Eintopf nicht zu dünnflüssig wird, sollte man das Kochwasser zuvor größtenteils abschöpfen – oder einfach die Bohnen abgießen. Das Wasser jedoch auffangen, damit man einen womöglich zu dicken Eintopf wieder verflüssigen kann.

Winzige Paprikawürfel und Koriandergrün

❻ Die Paprikaschote entkernen, in winzigkleine Würfel schneiden und ganz zum Schluß, kurz vor dem Servieren unterrühren.

❼ Das schwarze Bohnengemüse mit Limonensaft abschmecken und mit zerzupften Korianderblättern bestreuen. Es wird in einer Terrine serviert, das Fleisch in Scheiben geschnitten auf einer Platte extra angerichtet; und als Beilage gibt's dampfenden Reis.

Chili con Carne

Für 4 bis 6 Personen: 250 g rote, braune oder weiße Bohnen, 1 große Zwiebel, 3 – 4 Knoblauchzehen, 3 EL Olivenöl, 500 g Hackfleisch, Salz, Pfeffer, 1 – 2 EL Chilipulver (siehe Tip!), 1 Paket Tomatenfleisch oder 1 Dose geschälte Tomaten, glatte Petersilie oder Basilikum

❶ Die Bohnen über Nacht einweichen.

❷ Zwiebel und Knoblauch schälen und im heißen Öl andünsten, dann die Hitze verstärken, das Hackfleisch zufügen und so lange unter Rühren braten, bis es krümelig geworden ist und seine rote Farbe verloren hat. Mit Salz, Pfeffer und Chilipulver sehr kräftig würzen. Die Tomaten zufügen und schließlich auch die Bohnen. Mit Wasser knapp bedecken.

❸ Zugedeckt etwa zwei Stunden garen, bis die Bohnen weich sind.

❹ Nach Belieben einen Teil der Bohnen mit dem Mixstab pürieren, um den Eintopf sämig zu machen.

❺ Vor dem Servieren noch einmal abschmecken – wenn es nötig scheint und beliebt, feurig nachschärfen und mit frischen Kräutern bestreuen. Dazu schmeckt frisches Weißbrot oder Reis.

Tip: Ganz wichtig ist hier das Chiligewürz. Man kann unter der Bezeichnung Chilipulver oder auch Chili con carne eine Gewürzmischung kaufen, die schon richtig abgestimmt ist. Wichtigster Bestandteil – neben dem Chilipulver – ist stets Kreuzkümmel. Wer Schärfe liebt, wird mit Cayennepfeffer oder zerriebenen Chilis nach eigenem Gusto nachwürzen.

Für 4 Personen:
200 g Bohnenkerne (zum Beispiel grüne Flageolets), Salz, 10 Salbeiblätter, 2 Knoblauchzehen, 2 – 3 EL Olivenöl, Pfeffer aus der Mühle

Bohnenpüree zum Steak

❶ Die Bohnenkerne einweichen und gar kochen. Dabei mit Salz, fünf Salbeiblättern und den Knoblauchzehen würzen.

❷ Das Kochwasser abgießen, aber auffangen. Die Bohnen mit den Blättern und Knoblauch fein pürieren, dabei zwei Eßlöffel Öl mitmixen und so viel Kochwasser zugießen, wie nötig ist, um ein sämiges Püree zu erhalten. Mit Salz und Pfeffer abschmecken.

❸ Die restlichen Salbeiblätter in Streifen schneiden, im übrigen Olivenöl knusprig rösten. Vor dem Servieren über das Püree streuen. Zu Lamm- oder Schweinekoteletts servieren.

Zum Pürieren ist ein Mixer praktisch

Das Püree mit Kochwasser auf die richtige Konsistenz verdünnen

Für 2 Personen:
2 Tassen gekochte Bohnen (Farbe nach Gusto oder Vorrat), ca. 1/4 l Geflügel- oder

Bohnensauce zum Lachs

❶ Die Bohnen im Mixer pürieren, dabei etwa die Hälfte der Brühe zufügen. In einen kleinen Topf füllen, aufkochen und so viel Brühe angießen, bis die Sauce die richtige Konsistenz hat.

❷ Mit Salz, Pfeffer, Cayenne und Worcestershiresauce abschmecken. Feingehackten Majoran oder Petersilie unterrühren.

❸ Die Lachsscheibe von beiden Seiten salzen und pfeffern. In einer Pfanne im rauchend heißen Öl auf jeder Seite 20 Sekunden braten.

Den Lachs nur ganz kurz auf jeder Seite braten

❹ Das Fischfiletstück quer in fingerbreite Streifen schneiden. Zum Servieren jeweils einen großen Klecks Sauce auf einem Teller verteilen, die Lachsstreifen hübsch darauf anrichten und sofort servieren. Dazu paßt krumiges Weißbrot, mit dem man die Sauce gut aufwischen kann.

Gemüsebrühe, Salz, Pfeffer, Cayennepfeffer, 1 Spritzer Worcestershiresauce, frischer Majoran oder Petersilie

Außerdem:

1 möglichst dicke Lachsscheibe aus dem Filet geschnitten, Salz, Pfeffer, 2 EL Olivenöl

GETRÄNKE

Bohnen verlangen nach Flüssigkeit – das fängt ja schon beim Einweichen an. Aber vor allem wünschen sie ein begleitendes Getränk. Wobei jedoch ihre Ansprüche nur selten spezifisch sind: nämlich nur dann, wenn die zu dem Bohnengericht verwendeten Zutaten zum Beispiel einen Wein mit einem ganz bestimmten Charakter verlangen. Ansonsten ist alles erlaubt, was schmeckt – Bohnen sind vielseitig und keineswegs wählerisch!

Hier ein paar von einer Idealvorstellung geprägte Vorschläge zu unseren Gerichten:

- Zum **Salat von weißen Bohnen mit Kalbszunge** paßt ein schlanker, säurebetonter Weißwein, etwa ein Riesling oder Weißburgunder aus Franken.
- Zum **Bohnensalat mit Thaikräutern und Garnelen** entweder Jasmintee oder ein aromareicher Weißwein, etwa ein Traminer oder Muskateller.
- Zum **Toskanischen Bohnensalat** empfehlen wir einen leichten, jungen, kellerkühl servierten Chianti Classico.
- Zum **Spanischen Bohnentopf** paßt, wegen der scharfen Chorizo, ein Getränke-Gespann: gegen den großen Durst ein sprudelndes Mineralwasser, zur geschmacklichen Ergänzung und zur besseren Verdauung ein kräftiger Rotwein (Rioja, Rueda, Penedes).
- Zur **Feijoada** empfehlen wir entweder Mate (ohne Alkohol), Bier oder einen markanten Wein, der weiß, rot oder rosé sein kann – er darf nur nicht mild und langweilig sein!
- **Chili con Carne** serviert man hierzulande gerne mit Bier, in Amerika trinkt man eine eiskalte Cola dazu, es könnte aber auch jedes andere erfrischende Getränk sein!
- Klar, daß beim **Bohnenpüree zum Steak** und bei der **Bohnensauce zum Lachs** der Mittelpunkt der Gerichte nach dem Getränk verlangt: Zum Steak paßt ein Rotwein (Spätburgunder vom Kaiserstuhl) oder Bier, zum Lachs ein gehaltvoller Weißwein (Chablis oder ein Grauburgunder aus Baden).

OLIVENÖL: GOLD AUS DER SONNE!

Es werden stets mehrere Olivensorten gemischt. Grünliche sind noch nicht vollreif und geben dem Öl Eleganz. Vollständig dunkel gefärbte Früchte enthalten mehr Fett

Für Olivenöl bester Qualität müssen die Früchte mit der Hand gepflückt werden

Das frisch gepreßte Öl leuchtet grünlich bis golden, duftet unwiderstehlich und schmeckt köstlich

Die Früchte sind unscheinbar. Aber sie haben es in sich: die ganze Kraft der Mittelmeersonne, den betörenden Duft hitzeflimmernder Landschaft mit ihren knorrigen, jahrhundertealten Bäumen. Olivenöl ist mehr als nur Salatzutat. Es ist so begehrenswert und kostbar wie Gold – flüssiges Gold eben – und ein reines Naturprodukt !

Wahrscheinlich stammt der Olivenbaum aus Kleinasien. Doch ist die Herkunft des wilden Baumes nicht mehr zu klären – seit 5000 Jahren kennen wir nur noch die bereits in Urzeiten gezüchtete Kulturform! Ägypter und Juden, Phönizier und Griechen bauten den Ölbaum nach strengen, genau festgelegten Grundsätzen an und sorgten für weitere Verbreitung. Die Römer gar betrachteten alle als Barbaren, die nicht Olivenöl, sondern tierische Fette als Grundlage ihrer Ernährung verwendeten.

Man kennt heute über 30 verschiedene Sorten von Ölbäumen, wobei es von diesen Grundsorten wiederum viele Spielarten gibt. Allen gemeinsam ist die erstaunliche Genügsamkeit und Anpassungsfähigkeit: Olivenbäume wachsen auf den kärgsten Böden, vorausgesetzt, der Grund ist nicht zu feucht und ausreichend kalkhaltig. Dabei wurzeln sie tief oder ganz flach, wie es die Gegebenheiten erfordern. Sie vertragen lange Trockenperioden ebenso wie die für den Mittelmeerraum typischen Winde – ihre ledrigen Blätter rollen sich dann schützend zusammen. Mit ihrem silbrigen Schimmer geben sie den Landschaften des Südens ihren eigentümlichen Reiz.

Wer Ölbäume kultiviert, braucht Geduld: Sie tragen frühestens ab dem zehnten Jahr! Vom 25. bis etwa zum 200. tragen sie voll, in guten Gebieten bis zu 300 kg. Aber in kargen Gegenden bringen sie oft nur ein Zehntel, und auch das nur alle zwei Jahre. Durch sorgfältige Bodenbearbeitung, Düngung, Schnitt und Bewässerung kann man die Erträge steigern und erzielt vor allem jedes Jahr eine gute Ernte.

Der Olivenbaum liebt es zwar heiß und trocken, doch die besten Früchte wachsen nicht in den heißesten Ecken der Anbaugebiete, sondern eher in den nördlichen, beziehungsweise den bergigen Regionen: Die aromatischsten Früchte bilden sich bei großen Temperaturschwankungen, wenn heiße Tage und kühle Nächte sich

Olivenernte: Ein großes Tuch, das unter dem Baum ausgebreitet liegt, sammelt heruntergefallene Früchte

abwechseln. Beste Lagen sind also im Süden nicht die Ebenen, sondern freie Gebirgshänge, im Norden die gegen eisige Nordwinde geschützten Regionen.

Etwas über 800 Millionen Olivenbäume gibt es auf der Welt. Davon stehen 600 Millionen in Südeuropa: Die Bäume brauchen Hitze im Sommer, Regen im Winter, über 15 Grad in der Blütezeit und vertragen Frost nur bis ca. 12 Grad unter Null. Im Herbst färben sich die Früchte lila, im Winter wird geerntet.

Je nach den klimatischen Verhältnissen blüht der Ölbaum zwischen April und Juni. Die unscheinbaren Blüten hängen zu jeweils 8 bis 25 Stück und schimmern in gelblichgrünem Weiß. Die Bestäubung erfolgt durch den Wind – und aus 100 Blüten wachsen nur etwa fünf Olivenfrüchte.

Im Oktober erreichen die Oliven ihre endgültige Größe – jetzt werden die grünen Früchte als Eßoliven geerntet. Im November färben sie sich violett, von Dezember bis Februar werden sie vollkommen reif und, je nach Sorte, dunkelviolett bis schwarz. Jetzt beginnt die Haupternte, und die ist mühsam. Traditionell wird per Hand gepflückt, denn nur dann ist garantiert, daß die empfindliche Haut nicht verletzt und das zarte Fruchtfleisch nicht zerdrückt wird. Man kann sich das vorstellen wie bei Äpfeln: Gutes Obst kann man nicht einfach auf den Boden fallen lassen! Allerdings macht man Apfelsaft sehr wohl aus heruntergeschüttelten Früchten – und so arbeitet man

Zum Pressen werden die Oliven zu Brei zermahlen und auf runde Strohmatten gestrichen

auch zur Erzeugung einfacherer Öle mit mechanischen Rüttlern, legt Tücher aus und spannt Netze, damit die Früchte weniger verletzt werden. Man muß rasch, aber vorsichtig arbeiten, nur dann spart man Zeit und damit Erntelöhne, die bis zu 80 Prozent der Produktionskosten ausmachen. Allerdings müssen die Bäume auch für den Rüttler erreichbar sein, dürfen also nicht an Hängen und auf Terrassen stehen. Und die Stämme müssen so biegsam sein, daß sie nicht abbrechen – das erfordert relativ junge Bäume und spezielle Schnittmethoden.

Das wichtigste aber ist: Die Früchte müssen rasch zur Presse kommen, denn je länger sie liegen, desto mehr Säure bildet sich in ihnen. Und je weniger Säure das Öl enthält, desto wertvoller ist es. Dabei spielt auch das Wetter eine Rolle: Regen im Süden, Schnee und Fröste im Norden können eine ganze Ernte zunichte machen. In frostigen Wintern erfrieren evtl. nicht nur die Früchte, sondern in weiten Gebieten auch die Bäume, die neu treiben müssen und erst in 8 bis 10 Jahren wieder tragen werden.

So schnell wie möglich nach der Ernte werden die Oliven verarbeitet. Tafeloliven – jährlich legt man in der EG insgesamt etwa 340.000 Tonnen ein – müssen in einer Sodalösung entbittert, gewaschen und anschließend in Salzwasser vergoren werden. Ööliven – hiervon erntet man etwa 6,5 Millionen Tonnen pro Jahr – werden per Hand oder maschinell verlesen, dann sorgfältig

mit klarem, kaltem Wasser gewaschen und fein zerkleinert. Das passiert zwischen mächtigen Mahlsteinen oder in einer großen Pfanne, in der schwere Steinräder im Kreise laufen. Doch mit dem Zerkleinern nicht genug: Nach etwa einer halben Stunde ist ein Brei entstanden, in dem die öligen Bestandteile mit dem Fruchtwasser und den festen Partikeln innig vermischt sind – das ist wichtig, denn nur dann läßt sich das Öl in bester Qualität auspressen. Dabei wird besonders darauf geachtet, daß der Brei sich beim Durcharbeiten, „Kneten" genannt, nur auf Zimmertemperatur erwärmt – dadurch bleibt das Öl fein.

Nur mit behutsamem Druck erzielt man feinstes Öl

Moderne Pressen arbeiten oft anders: Beim halbautomatischen Verfahren wird der geknetete Brei in großen Zylindern unter höherem Druck und damit schneller ausgepreßt. Bei der kontinuierlichen Methode verdünnt man den Brei mit Wasser, speist damit eine Zentrifuge, die flüssige und feste Bestandteile trennt, ehe eine weitere Zentrifuge das Fruchtwasser vom Öl scheidet. Ein schnelles, ergiebiges und gebräuchliches Verfahren. Spitzenöle werden weiterhin hydraulisch und sanft gepreßt – der schonende Vorgang dauert einige Stunden. Bis jetzt handelte es sich um kaltgepreßtes, naturreines Öl (huile vierge, olio vergine, heute natives Olivenöl genannt). Hierzu ist anzumerken, daß es warm- oder heißgepreßtes Öl heute gar nicht mehr gibt. Die weiterhin ölhaltigen Rückstände werden mit frischem Wasser erneut geknetet und ausgepreßt zu einem naturreinen Öl, das raffiniert werden muß, um den Geschmack zu verfeinern. Das immer noch im Preßkuchen enthaltene Öl wird gelöst, extrahiert und raffiniert, wobei auch die Kerne mitverarbeitet werden – es heißt dann nicht mehr Olivenöl, sondern Oliventresteröl: Olio di sansa di oliva oder huile de grignons d'olive.

Olympische Sieger zeichneten die alten Griechen mit einem Kranz aus Olivenzweigen aus. Und sie überreichten ihnen ein Gefäß mit dem Öl der heiligen Bäume: Dieses Öl galt als besonders gut und gesund. Die Göttin der Weisheit, Athene, hat nach griechischer Mythologie den Ölbaum erschaffen. Sein Zweig wurde zum Zei-

chen des Friedens. Und zum Zeichen des Überlebens, denn die ausgesandte Taube brachte Noah einen Olivenzweig mit, zum Zeichen, daß die Sintflut vorbei war. Die Wertschätzung der Olive im Altertum, als diätetisch leben noch hieß: natürlich und weise, also gesund essen. Reichlich Olivenöl, jungfräulich und kaltgepreßt, verspeiste man zu diesen Zeiten: wie noch heute in Griechenland der höchste Pro-Kopf-Konsum zu verzeichnen ist, nämlich rund 20 kg (gegenüber knapp 5 g je Kopf und Jahr in Deutschland). Man wußte instinktiv und durch Erfahrung, was moderne medizinische Untersuchungen ergeben haben: Olivenöl ist gesund! Weil es so leicht verdaulich ist (seine Struktur gleicht in erstaunlichem Maße dem Fett der Muttermilch). Weil es einen großen Anteil an ungesättigten Fettsäuren (mehrfach und einfach ungesättigt) besitzt, die den Cholesterinspiegel günstig beeinflussen: Herz- und Kreislauferkrankungen gibt's in den Mittelmeerländern verhältnismäßig selten. Weil es die Funktion der Galle anregt, die Haut geschmeidig macht, den Alterungsprozeß verzögert, das Knochenwachstum fördert sowie Entwicklung und Funktion des Gehirns verbessert, wie man dort seit alters sagt.

Nur der pure Fruchtsaft der Olive, das kaltgepreßte und naturreine Öl, darf sich „jungfräulich" oder „nativ" nennen. Nach Säuregehalt in verschiedenen Prädikatsstufen, immer mit fruchtigem Aroma. Das raffinierte Öl dagegen schmeckt neutral.

Man unterscheidet:

Natives Olivenöl in drei Qualitätsstufen (immer kaltgepreßt):

- **Natives Olivenöl extra** (extra vergine, vierge extra), auch Jungfernöl erster Pressung genannt. Absolut erstklassiger, feinfruchtiger Geschmack. Der Ölsäuregehalt beträgt (nicht zu verwechseln mit den Fettsäuren!) unter 1 g je 100 g. Spitzenöle haben unter 0,5 % Säure.
- **Natives Olivenöl fein** (sopraffino oder fino vergine, vierge fine). Guter, reiner Geschmack. Ölsäuregehalt bis 1,5 g je 100 g.
- **Raffiniertes Olivenöl**, aus stark säurehaltigem oder kräftig schmeckendem naturreinen Olivenöl hergestellt, ist ohne spezifischen Geruch oder Geschmack, aber von biologisch hochwertiger Qualität.
- **Olivenöl oder reines Olivenöl** ist aus raffiniertem (geschmacksneutralem) und nativem (also wohlschmekkendem, fruchtigem) Olivenöl. Wird auch mild oder Rivieratyp genannt (olio di oliva, huile d'olive). Selbstverständlich ist es ärgerlich, daß die Bezeichnung „rein" eine Mischung hochlobt, die längst nicht die Qualität eines wirklich reinen Olivenöls besitzt. Deshalb stets auf das Beiwort „extra" achten!
- Schließlich gibt es noch eine **Mischung aus Olivenrestöl mit nativem Olivenöl:** Olio di sansa e di oliva, huile de grignons et d'olive.

Die edelsten Öle haben also am wenigsten Säure – und dann schmecken sie Feinschmeckern auch am besten, charakteristisch, aber fein und fruchtig. Dabei können die Öle je nach Herkunft, Sorte, Boden und Klima ein ganz unterschiedliches Aroma besitzen! Kenner unterscheiden Öle nach Herkunft und Jahrgang, wie beim Wein. Je nach Sorte variiert auch die Farbe – von hellem Gelbgrün bis hin zu Dunkelgrün.
Es ist nicht ganz leicht, die geschmackliche Qualität der verschiedenen Olivenöle aus aller Welt genau voneinander abzugrenzen. Denn klar, es kommt nicht nur auf die Herkunft an, sondern auch auf die Olivensorten und, wie beschrieben, auf die Sorgfalt, die bei Ernte und Pressung aufgewendet wird. Man kann also niemals sagen: Das beste Olivenöl kommt aus der Toskana. Man kann nur sagen, daß in diesen Regionen hervorragende Oliven gedeihen, aus denen man Öle allerbester Qualität gewinnen kann. Die besten Öle werden natürlich nicht in großen Mengen erzeugt, sondern nach den Gesichtspunkten bester Qualität. Hier macht sich ein für alles Obst – Oliven sind ja Ölfrüchte – geltendes Gesetz bemerkbar: daß – wie auch bei Äpfeln und Wein, was besser im Bewußtsein der Menschen verankert ist – die aromagebenden, fruchtigen Elemente um so stärker ausgeprägt sind, je näher der Baum an seiner natürlichen Vegetationsgrenze wächst. Daß also ein Öl aus Olivenhainen von den Flanken des Chianti Classico, also aus Lagen von 400 bis 500 m Höhe, intensiver schmeckt als solches in Meeresnähe, etwa aus Ligurien und der Maremma. Und eleganter schmeckt, als ein Öl aus den von der Mengenerzeugung her günstigsten Plätzen, etwa Apulien, Sizilien, Südspanien.
Früher war das Öl aus der **Provence** am begehrtesten. Aber in den letzten Jahrzehnten hat man dort die Entwicklung zu feineren, sorgfältiger gewonnenen Ölen ein wenig verschlafen – nur wenige Mühlen bieten Top-Qualität, das meiste ist guter Durchschnitt.
Spanien hat eine immense Produktion von Olivenöl – die einfache Qualität wird meist an Ort und Stelle verbraucht. Es gibt große Marken mit durchschnittlicher Qualität, bei uns leider noch immer sehr wenig Spitzenprodukte. Die besten Öle kommen aus der

Provinz Lerida im nördlichen Katalonien, die überwiegende Menge aber wird in Andalusien (Jaen, Cordoba) erzeugt.

Die Griechen essen zwar das meiste Öl, erzeugen aber nicht das beste. Fast überall gedeihen Oliven, aber **Griechenland** steht noch am Beginn der Entwicklung moderner Produktionsmethoden. Noch zu oft läßt man die Früchte zu lange am Boden liegen, bevor man sie aufliest. Und vor allem läßt man sie zu reif werden: Das gibt zwar mehr Öl, aber von geringerer Qualität und einem breiten, aufdringlichen Aroma ohne Eleganz.

Italien ist für unseren Markt der wichtigste Produzent. Beste Öle kommen aus Ligurien, vom Gardasee (Venetien), aus der Toskana und Umbrien, von den höheren Lagen Apuliens, Kalabriens und Siziliens. Was im Süden auf den weiten Ebenen wächst, hat nicht mehr die feine Fruchtigkeit der erwähnten Öle, kann aber immer noch zu den sehr guten Ölen gerechnet werden. Auch in Italien bieten die großen Firmen mit ihren berühmten Marken heute zwar gute, aber kaum mehr Spitzenqualität – die stammt fast ausschließlich von kleinen Produzenten. Vor allem die Weingüter haben sich hierbei hervorgetan, doch auch einige exklusiv der Ölproduktion verpflichtete Betriebe, Ölmühlen und Genossenschaften können mithalten. Aber auch die Öle der einzelnen Regionen sind äußerst unterschiedlich, selbst mit ein und derselben Herkunftsbezeichnung: So schmeckt aus der Toskana zum Beispiel ein Spitzenöl aus dem Chianti-Classico-Gebiet immer etwas frisch-fruchtiger und bitterer, dafür schlanker und eleganter, als ein Öl aus Lucca, das sich mit zarter, nussiger Reife und gleichzeitig voll auf der Zunge entfaltet.

Aus **Kalifornien** kommen neuerdings Öle guter Qualität, sehr aromatisch, im Typ an gute spanische oder provenzalische Öle erinnernd. Während man generell sagen kann, daß in der Toskana und Ligurien die höchsten, für die Produzenten besten Preise erzielt werden können, tun sich manche weniger bekannten Gegenden schwer. So ist der Preis keineswegs der einzige, wenn auch ein wichtiger Indikator für die Qualität.

> Unser *Tip:* Im Urlaub herumschauen, probieren, fragen. Und das Öl kaufen, das am besten geschmeckt hat. Es ist ganz wie beim Wein: Auch Ölkauf ist eine persönliche Sache, die man üben muß – häufiges Probieren schult den Geschmack, bringt Spaß und tut gut, weil Olivenöl so gesund ist.

Spitzenöle haben ihren Preis – ein Liter kann schon mal über 40 DM kosten. Doch ist der gleichbleibende Geschmack von reinem Olivenöl, das wesentlich billiger ist, weil komponiert aus bestimmten nativen Ölen und dem raffinierten Öl, auch dem etwas weniger „geübten" Feinschmecker ein Genuß: Sein mildes Aroma paßt zu allen Speisen, während man Jungfernöl sorgfältig auf die Speise abstimmen muß.

War es vor ein paar Jahren noch schwierig, gutes Olivenöl bei uns zu finden, so macht das heute keine Probleme mehr: In Supermärkten, in Gastarbeiterläden, Kaufhäusern, Feinkostgeschäften und Reformhäusern gibt's alles, was man begehrt. Aber: Nur wenn das Öl unter die obengenannte Klassifizierung fällt und eindeutig als Olivenöl ausgewiesen ist, handelt es sich um Olivenöl!

Natives Olivenöl ist sehr haltbar und bleibt von allen Ölen am längsten frisch – vorausgesetzt, es wird kühl und dunkel aufbewahrt. Griechen und Römer verwandten dazu kunstvoll gestaltete Amphoren, in der Toskana dämmern im Ölkeller die gewaltig-schönen Ölkrüge.

Also: Immer verschlossen (Glasflasche dunkel) aufbewahren und kühl halten. Aber nicht in den Kühlschrank stellen, sonst wird es fest. Bei Zimmertemperatur gewinnt es seine ursprüngliche, flüssige Form ohne Qualitätsverlust zurück.

ZWIEBELKUCHEN, PIZZA, QUICHE & CO.

Zwiebelkuchen, Pizza, Quiche & Co.

Pizza oder Flammekuchen, Zwiebelkuchen, Wähe, wie man in der Schweiz sagt, Weihe oder Bearda wie sie im Badischen oder in Württemberg heißen, Quiche im Lothringischen. Gemeint sind, wie immer man sie nennt, jene flachen Teigfladen mit mehr oder weniger Belag, deren Grundprinzip man dann in Frankreich zu den reicheren, eleganteren Kuchen weiterentwikkelt hat, den Quiches. Solche herzhaften Kuchen passen immer, liebt jeder und sind auch für den/die Koch/Köchin eine angenehme Sache. Sie lassen sich wunderbar vorbereiten, übrigens auch einfrieren und sind also nicht nur wohlschmeckend, sondern auch praktisch.

Angefangen hat jedenfalls alles vor etwa 6000 Jahren, nämlich damit, daß die Menschen vom Jäger und Sammler sich weiterentwickelten und den Ackerbau entdeckten. Man begriff nämlich, daß es überaus sinnvoll ist, Vorräte geplant anzulegen, damit man auch in den Zeiten etwas zu essen hat, in denen man in der Natur nichts finden konnte. So lernte man, das Korn, das man im Sommer geerntet hatte, zu trocknen, damit man auch im Winter

was davon hatte. Es wurde zerstampft, mit Wasser zu einem Brei verrührt und schließlich auf einen heißen Stein gestrichen und gebacken. So ungefähr muß man sich das erste Fladenbrot vorstellen, freilich noch recht kompakt, da ohne Treibmittel, also ohne Sauerteig oder Hefe. Dies war der Urahn der Pizza.

Schon bald entdeckte man, daß der Teigfladen besser schmeckte, wenn man ihn mit mancherlei belegte. Es wurden nach und nach auch die Gärvorgänge im Teig beobachtet und schließlich unter Kontrolle gebracht, schließlich entwickelte man den Ofen, in dem, weil Hitze von allen Seiten einwirken kann, der Teigfladen viel besser gebacken werden konnte. Seither hat die Pizza einen beispiellosen Siegeszug um die Welt angetreten. Es liebt sie jeder, sie paßt immer, ob als Imbiß, als Mahlzeit, als Häppchen aus der Hand. Und es ist allemal besser, sich vom Pizzaservice eine frische, knusprige Pizza zu holen als ein schlaffes (fettes) Würstchen an der Bude ...

Herzhaftes vom Kuchenblech

Ob Pizza, Zwiebelkuchen oder Quiche – all diese herzhaften Kuchen lassen sich mühelos selber machen, und es geht auch ziemlich schnell, wenn man den Teig im Kühlschrank hat. Dort hält er sich nämlich mehrere Tage, man kann ihn also auf Vorrat parat haben, jederzeit herausholen, belegen, backen und verspeisen. Zum Beispiel als schnellen Imbiß, wenn plötzlich Gäste vor der Tür stehen. Die heiße Pizza oder der Zwiebelkuchen werden in kleine Stücke geschnitten und auf dem Blech herumgereicht. Die Gäste nehmen sich die Häppchen mit der Hand – Serviette nicht vergessen! Und während ein Blech Stück für Stück geleert wird, bäckt der Nachschub bereits im Ofen. So bleibt jeder Bissen heiß, knusprig und appetitlich.

DIE REZEPTE

1. Grundrezept: Pizza- oder Zwiebelkuchenteig

Für ca. 3 Backbleche:
1 kg Mehl, 1 Würfel Hefe (42 g), knapp 1 l lauwarmes Wasser, 1 Prise Zucker, 1 EL Salz, 2 – 3 EL Olivenöl, flüssige Butter oder Schmalz (siehe Tip)

❶ Das Mehl in die Rührschüssel der Küchenmaschine füllen.

❷ Die Hefe zerbröckeln, in einer Tasse lauwarmem Wasser auflösen. Den Zucker unterrühren. Zum Mehl gießen und mit etwas Mehl vermischen. Zudecken und etwa eine halbe Stunde gehen lassen.

❸ Erst jetzt das Salz und das Olivenöl, die Butter oder das Schmalz zufügen, die Maschine einschalten und bei laufendem Knetarm langsam, in stetem, aber dünnem Strahl das Wasser angießen. Auf keinen Fall alles auf einmal, denn wieviel genau nötig ist, hängt von den unterschiedlichsten Dingen ab: von der Mehlbeschaffenheit, vom Klima, von der Luftfeuchtigkeit etc.

❹ Der Teig ist fertig, wenn er sich glatt vom Schüsselrand löst und weich, nicht mehr klebrig wirkt. Zugedeckt bei Zimmertemperatur eine Stunde oder über Nacht in der kühlen Speisekammer, auch im Kühlschrank, gehen lassen.

❺ Den Teig dann von Hand auf der Arbeitsfläche noch einmal durchwalken und schließlich nach Belieben weiterverarbeiten.

Tip: Im Grunde ist der Pizzateig nichts anderes als ein Brotteig. Ein wenig Fett macht ihn beim Backen knuspriger. Daß man für eine Pizza Olivenöl mit seinem ausgeprägten Geschmack nimmt, versteht sich von selbst. Natürlich kann man diesen Teig ebensogut für den Zwiebelkuchen verwenden. Typischer im Geschmack wird er jedoch, wenn man statt des würzigen Öls Butter (auf sanfter Hitze zerlassen) oder Schmalz nimmt. Letzteres kann vom Schwein, aber ebensogut von der Gans stammen. Ein neutrales Pflanzenöl geht selbstverständlich auch.

Mehl abwiegen

Vorteig anrühren

Den Teig in der Küchenmaschine kneten

Für 6 Personen:
1 Zwiebel, 2 – 4 Knoblauchzehen, 2 – 3 EL Olivenöl, 1 große Dose geschälte Tomaten oder 2 Pakete Tomatenfleisch, 1 – 2 EL Tomatenkonzentrat, 1 Glas Rotwein, 1 Rosmarinzweig, 3 – 4 Petersilienstengel, 1 kleine Chilischote (nach Geschmack), 1 TL getrocknetes Origano, Salz, Pfeffer

2. Grundrezept: Pizzaiola

Das Wichtigste für eine Pizza ist die sogenannte Pizzaiola, die aromatische, duftende, dick eingekochte Tomatensauce. Sie bildet die Basis für praktisch jeden Pizzabelag: Zuerst wird die Teigfläche mit Tomatensauce bestrichen, dann erst mit den verschiedenen Zutaten belegt und schließlich gebacken.
Pizzaiola kann man übrigens ebenfalls gut auf Vorrat zubereiten. Sie hält sich in einem verschlossenen Vorratsglas im Kühlschrank gut eine Woche, tiefgekühlt sogar monatelang. Es ist eine Grundzutat, die man in der italienischen Küche für viele Zubereitungen braucht, deshalb gibt es dafür auch kein einziges, präzises, allgemeingültiges Rezept, sondern vielmehr so viele Abwandlungen und Zubereitungsarten wie Hausfrauen. Hier unser Rezeptvorschlag:

❶ Zwiebel und Knoblauch schälen, fein würfeln und im heißen Öl in einem flachen, weiten Topf andünsten, jedoch keine Farbe nehmen lassen.

❷ Die Tomaten mitsamt ihrem Saft hinzufügen, das Tomatenmark unterrühren, mit Rotwein auffüllen.

❸ Rosmarin, Petersilienzweige, Chili und Origano zufügen. Salzen und pfeffern. Diese Sauce nunmehr ohne Deckel auf ganz kleinem Feuer leise eine halbe Stunde mindestens, ruhig auch eine Stunde und länger köcheln lassen. Falls dabei zuviel Flüssigkeit verdampft, immer wieder einen Schuß Wasser angießen und umrühren.

❹ Die Sauce sollte zum Schluß sehr dick, fast wie eine weiche, streichfähige Paste sein und aromatisch duften.

3. Grundrezept: die Pizza

❶ Den Teig wie beschrieben vorbereiten, schließlich mit den Händen noch einmal durchwalken und zum Schluß in Portionen teilen, halbzentimeterdünn ausrollen und auf Backbleche breiten, die mit Backpapier ausgelegt sind.

❷ Nach Gusto belegen: Zuerst mit Pizzaiola bestreichen (selbstgemacht oder fertiggekauftes Tomatenfleisch aus dem Tetrapak), dann mit Scheiben von gekochtem Schinken oder Salami, schwarzen Oliven und Mozzarella.

❸ Nach Belieben würzen: zum Beispiel mit Origano, Salz, Pfeffer und Olivenöl.

❹ Im 250 bis 300 Grad heißen Backofen sieben bis 15 Minuten (je nach Backofentyp) backen, bis der Boden knusprig braun geworden ist und der Belag brodelt.

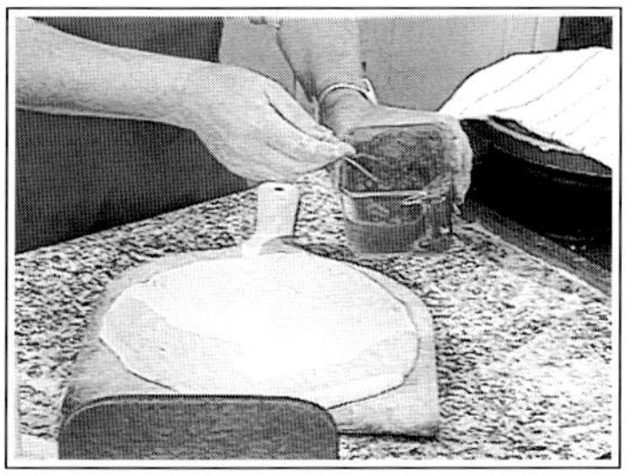

Teig ausrollen

Nach Geschmack belegen

Mit Olivenöl beträufeln

Tip: Ganz wichtig für eine gute Pizza: Sie muß saftig wirken. Sie sollte zwar dunkel gebacken sein, aber auch der empfindlichste Belag darf nicht verbrennen. Deshalb wird ganz zum Schluß, bevor die Pizza in den Ofen kommt, die Oberfläche gleichmäßig mit Öl beträufelt. Natürlich mit einem aromatischen Olivenöl, das zugleich als Gewürz wirkt.

Auf der Schamottplatte im Ofen backen

PIZZA-VARIATIONEN

Eine Pizza ist so abwechslungsreich wie ihr Belag. Probieren Sie Pizza mit …

… Knoblauchgarnelen

Für 6 bis 8 Personen:
1 Portion Pizzateig, 1 Portion Pizzaiola, 200 g eingelegte Knoblauchgarnelen, frisches Origano, 2 EL Olivenöl

❶ Den Teig ausrollen, auf Backbleche breiten und mit Pizzaiola dick bestreichen. Die Garnelen darauf verteilen, Origanoblättchen dazwischenstreuen, alles gleichmäßig mit Öl beträufeln.

❷ Die Pizzen wie angegeben backen.

… mit dreierlei Paprika

Für 6 bis 8 Personen:
je 1 rote, gelbe und grüne Paprikaschote, Salz, Pfeffer, 2 – 3 Knoblauchzehen, ca. 4 – 5 EL Olivenöl, 1 Portion Pizzateig, 1 Portion Pizzaiola, 200 g Blauschimmelkäse (z.B. Bleu de Bresse), 3 – 4 Stengel glatte Petersilie

Die marinierten Paprika, die hier für Farbe sorgen, kann man wunderbar schon vorher zubereiten. Sie bleiben, immer mit Öl bedeckt, im Kühlschrank eine Woche frisch. Sie schmecken übrigens auch allein als Vorspeise, als Beilage zu Fleisch oder zum Abendbrot.

❶ Die Paprikaschoten auf einem Stück Alufolie in den auf 200 Grad vorgeheizten Backofen legen und etwa 20 Minuten bräunen. Dabei ab und zu drehen, damit die Haut rundum Blasen werfen kann.

❷ Die Paprikaschoten häuten, dabei den Saft, der sich im Inneren gesammelt hat, auffangen und unter die Tomatensauce rühren. Die Kerne entfernen. Die Paprikaschoten in schmale Streifen schneiden und in einer flachen Schüssel anordnen. Salzen, pfeffern, mit Knoblauchscheibchen bestreuen und mit Öl bedecken.

❸ Den Pizzateig wie beschrieben zubereiten, dünn ausrollen und auf Bleche breiten. Mit Tomatensauce dick bestreichen.

❹ Den Käse würfeln und darauf verteilen. Die Paprikastreifen mit den Knoblauchscheibchen sowie zerzupfte Petersilienblättchen darüberstreuen. Mit Öl beträufeln und sehr heiß backen.

... mit Cocktailtomaten

Für 6 bis 8 Personen:
1 Portion Pizzateig, 4 EL Olivenöl, 500 g Cocktailtomaten, 4 – 5 Stengel Bleichsellerie, 1 Bund Frühlingszwiebeln, 100 g luftgetrockneter Speck oder Schinken, 150 g Gorgonzola, Salz, Pfeffer

❶ Den Teig wie beschrieben zubereiten, ausrollen und auf Bleche breiten. Die Oberfläche dünn mit Öl einpinseln.

❷ Tomaten häuten, halbieren und auf der Teigfläche verteilen. Selleriestangen quer in dünne Scheiben, Frühlingszwiebeln in schmale Ringe schneiden und auf die Pizzen streuen.

❸ Speck oder Schinken in Streifen zupfen und ebenfalls auf der Oberfläche anordnen. Den Käse grob würfeln und in größeren Abständen dazwischensetzen.

❹ Salzen, pfeffern und mit Olivenöl beträufeln. Wie im Grundrezept beschrieben backen.

... mit Thunfisch

Für 6 bis 8 Personen:
1 Portion Pizzateig,
1 Portion Pizzaiola,
1 Aubergine, 4 EL Olivenöl, Salz, Pfeffer,
3 Knoblauchzehen,
1 Dose Thunfisch (in Olivenöl oder naturel),
200 g Mozzarella,
1 Bund glatte Petersilie

❶ Teig wie beschrieben zubereiten, ausrollen und auf Bleche breiten. Jeweils mit Pizzaiola bestreichen.

❷ Die Aubergine längs vierteln, quer in dünne Scheiben schneiden. In zwei Löffeln Öl in einer beschichteten Pfanne langsam kroß und braun braten. Erst wenn sie fast gar und schön dunkel sind, die gewürfelten Knoblauchzehen dazwischenstreuen, salzen und pfeffern.

❸ Auf den Pizzaböden verteilen, ebenso den zerpflückten Thunfisch, den gewürfelten Mozzarella und die in Streifen geschnittene Petersilie.

❹ Salzen, pfeffern und mit dem restlichen Öl beträufeln. Nach Vorschrift backen.

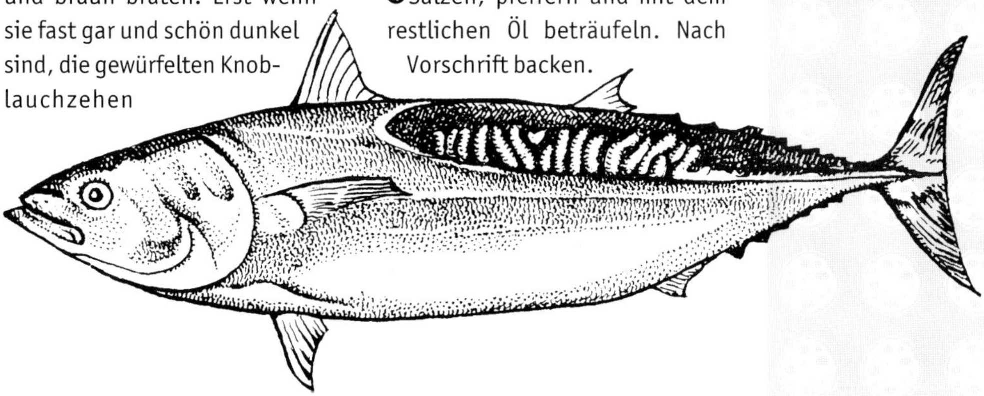

... mit Schinken

***Für 6 bis 8 Personen:* 1 Portion Pizzateig, 1 Portion Pizzaiola, 150 g gekochter Schinken (in dünnen Scheiben), 100 g schwarze Oliven, 250 g Mozzarella, Salz, Pfeffer, Origano, Olivenöl zum Beträufeln**

❶ Den Teig zubereiten, ausrollen und auf Bleche breiten wie beschrieben. Jeweils dick mit Pizzaiola bestreichen.

❷ Den Schinken in Stücke reißen, Oliven entsteinen, Mozzarella würfeln. Gleichmäßig auf den Pizzaböden verteilen.

❸ Mit Salz, Pfeffer, zwischen den Händen zerrebbeltem Origano würzen und mit Olivenöl beträufeln. Wie beschrieben backen.

... mit Artischocken

***Für 6 bis 8 Personen:* 1 Portion Pizzateig, 4 – 6 Artischocken (je nach Größe), 4 EL Olivenöl, 4 Knoblauchzehen, Salz, Pfeffer, 1 Bund Petersilie, 800 g festfleischige Tomaten, 200 g Mozzarella**

❶ Den Teig wie beschrieben zubereiten, ausrollen und auf Bleche breiten.

❷ Die Artischocken bis auf ihr Herz schälen, das Heu entfernen, die Herzen in dünne Scheiben schneiden. In zwei Löffeln Olivenöl einige Minuten braten. Den Knoblauch in Scheiben schneiden und dazustreuen. Salzen und pfeffern. Die gehackte Petersilie zufügen.

❸ Tomaten häuten, entkernen, vierteln und auf den Teigböden verteilen, dazwischen die Artischockenscheiben streuen sowie den gewürfelten Mozzarella.

❹ Salzen, pfeffern und mit Öl beträufeln. Wie beschrieben backen.

... mit Meeresfrüchten

Für 6 bis 8 Personen:
1 Portion Pizzateig,
1 Portion Pizzaiola,
100 g grüne Oliven,
150 g Schafskäse,
250 g gemischter Meeresfrüchtesalat, Salz, Pfeffer, frischer Origano,
4 EL Olivenöl

❶ Den Teig wie beschrieben zubereiten, ausrollen und auf Bleche breiten. Dick mit Pizzaiola bestreichen.

❷ Oliven entsteinen, Schafskäse würfeln und jeweils auf den Teigböden verteilen.

❸ Meeresfrüchtesalat abtropfen und ebenfalls auf den Pizzen anordnen. Alles mit Salz und Pfeffer würzen.

❹ Origanoblätter auf der Oberfläche verteilen und alles gleichmäßig mit Öl beträufeln.

❺ Wie beschrieben backen.

... mit Champignons

Für 6 bis 8 Personen:
1 Portion Pizzateig,
1 Portion Pizzaiola,
100 g Salami in dünnen Scheiben, 250 g Champignons, Zitronensaft, Salz, Pfeffer, 1 Handvoll eingelegte Peperoncini,
2 Frühlingszwiebeln,
150 g Gouda in 3 mm dicken Scheiben, 3 EL Olivenöl

❶ Den Teig wie beschrieben zubereiten, ausrollen und auf Bleche breiten. Dick mit Pizzaiola bestreichen. Die Salami zerzupfen und darauf verteilen.

❷ Champignons waschen, in dünne Scheiben hobeln, in Zitronensaft wenden und auf den Teigböden anordnen. Salzen und pfeffern.

❸ Die Peperoncini je nach Größe ganz lassen oder längs halbieren. Frühlingszwiebeln in feine Ringe schneiden. Gouda würfeln. Alles auf den Pizzen verteilen, zum Schluß Olivenöl darüberträufeln.

❹ Wie beschrieben backen.

Schwäbischer Zwiebelkuchen

Für 6 bis 8 Personen:
1 Portion Pizza- oder Zwiebelkuchenteig

Belag:
500 g Zwiebeln, 150 g durchwachsener Speck in sehr dünnen Scheiben, 50 g Butter, Salz, Pfeffer, 300 g Sauerrahm, 3 Eier, Muskat, Kümmel

Tip: Wer Backpapier benutzt, sollte den Teig auf dem Papier ausrollen, dann läßt sich die Teigplatte bequem und leicht auf das Blech transportieren.

Es ist der eher bäuerliche, sparsamere Verwandte der üppigeren badischen Variante. Dieser Zwiebelkuchen ist möglichst dünn und knusprig, mehr dem Elsässer Flammekueche verwandt.

❶ Den Teig wie beschrieben vor- und zubereiten.

❷ Schließlich für den Belag die Zwiebeln in dünne Ringe hobeln und ein Drittel des Specks (also etwa 50 g) in Würfelchen schneiden.

❸ In einer großen Pfanne die Butter erhitzen und den Speck darin sanft anbraten. Die Zwiebeln zufügen, salzen, pfeffern und die Zwiebeln so lange dünsten, bis sie weich sind, ohne dabei zu bräunen.

❹ Den Teig dünn ausrollen, drei eingefettete oder mit Backpapier belegte Bleche damit auskleiden.

❺ Den Sauerrahm mit den Eiern verquirlen, salzen, pfeffern, mit Muskat würzen und auf dem Teigboden verstreichen. Die Zwiebeln darauf verteilen.

Den Teich durchwalken

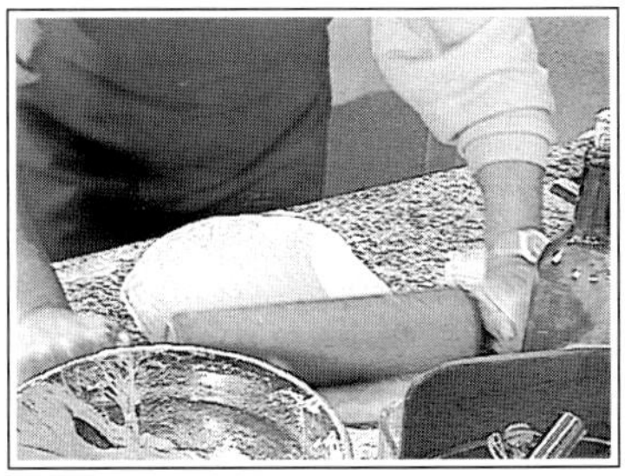

Schön dünn ausrollen

Sauerrahm für den Belag

❻ Den restlichen Speck in Streifen schneiden und lose auf der Oberfläche verstreuen. Zum Schluß alles mit Kümmel würzen.

❼ Den Zwiebelkuchen im 220 Grad heißen Ofen in etwa 35 Minuten knusprig backen.

Elsässer Flammekueche

Im holzbefeuerten Steinbackofen ist ein solcher hauchdünner Flammenkuchen in zwei Minuten gar. Im Haushaltsbackofen, der im allgemeinen nur bis 250, höchstens 300 Grad heiß wird, muß man sich behelfen. Es sei denn, man verfügt über einen Backofen mit sogenanntem Pizzastein. Das ist eine Schamottplatte, die mit einem Heizstab erhitzt wird und soviel Hitze speichern kann, daß der Effekt einem Steinbackofen sehr ähnlich ist. Im Haushaltsbackofen wird man den Teig auf Backblechen ausbreiten und nacheinander backen.

Die Auberge St. Martin in Kientzheim, einem hübschen Winzerort an der elsässischen Weinstraße, ist weithin berühmt für ihren Flammekueche, der im richtigen Holzofen gebacken wird. Maître Toussaint hat sich ein besonderes Rezept für den Teigboden ausgetüftelt. Er verwendet keinen Brotteig, sondern eine Art Strudelteig. Das hat für den Gastronomiebetrieb, in dem es immer schnell gehen muß, den Vorteil, daß die Teigböden fix und fertig vorbereitet sein können und nur noch belegt werden müssen. Der Teig braucht nicht mehr zu gehen und ausgewellt zu werden, sondern verändert sich, einmal zum hauchdünnen Fladen geformt, nicht mehr. Wer es also auch einmal probieren will, hier das Rezept:

Für 6 bis 8 Personen:
Spezialteig für Flammekueche:
430 g Mehl, Salz,
4 EL Öl oder Schmalz,
ca. 1/4 l Wasser

Belag:
400 g Crème fraîche,
400 g Zwiebeln, 200 g durchwachsener Speck in dünnen Scheiben

Der Teigboden muß sehr dünn sein

➊ Das Mehl auf die Arbeitsfläche häufen, in die Mitte eine Vertiefung drücken, dorthin das Salz geben, das Öl und schließlich das Wasser.

➋ Gleichzeitig mit einer Gabel rührend das Wasser sofort mit dem Mehl vermischen. Schließlich zu einem weichen Teig kneten, der sich allerdings nicht klebrig anfühlen darf.

Tip: In der Küchenmaschine gelingt dieser Teig am einfachsten: alle Zutaten bis auf das Wasser einfüllen, auf hoher Geschwindigkeit laufen lassen und dabei das Wasser angießen, bis ein geschmeidiger Teig entstanden ist.

Crème fraîche, Zwiebeln und Speck als Belag

➌ Den Teig in acht Portionen teilen und jeweils sehr dünn ausrollen, dabei zum Rund formen.

➍ Die Teigplatten dick mit Crème fraîche bestreichen, die in dünne Ringe gehobelten Zwiebeln darauf verteilen, den in schmale Streifen geschnittenen Speck dazwischenstreuen.

➎ Im heißen Ofen fünf bis zehn Minuten backen, bis der Boden knusprig geworden ist und der Belag brodelt.

Im Holzofen wird daraus eine Delikatesse

Quiche Lorraine Lothringer Speckkuchen

Man könnte diesen Klassiker unter den herzhaften Kuchen auch mit einem Hefeteig zubereiten – allerdings wird er mit einem zarten Mürbeteig feiner und eleganter. Einen solchen Mürbeteig sollte man stets in größerer Portion zubereiten – er hält sich im Kühlschrank eine gute Woche frisch, im Tiefkühler noch länger, und er ist unglaublich vielseitig – weil er völlig neutral gehalten, also nicht gesüßt ist, schmeckt er auch als Basis für einen Obstkuchen.

❶ Das Mehl auf die Arbeitsfläche häufen. In die Mitte eine Vertiefung drücken. Auf den Rand rundum die Butter in Flöckchen verteilen. In die Mitte das Ei, Salz und Zucker geben. Mit einer Gabel zunächst verquirlen, dabei Mehl vom Rand einarbeiten. Dann rasch mit kühlen Händen, möglichst sogar nur mit den Fingerspitzen, einen Teig kneten, dabei so viel Wasser zufügen wie nötig.

Tip: Wichtig ist, daß der Teig nur ganz kurz und nur lose vermengt, nicht richtig durchgearbeitet wird. Denn die Butter darf nicht warm werden!

Den Mürbeteig rasch zusammenkneten

Den Teig eine Stunde ruhen lassen

Speck für den Belag

Mürbeteig für zwei Springformen à 30 cm Durchmesser:
400 g Mehl, 250 g Butter, 1 Ei, 1 Prise Salz, 1 Prise Zucker, 1 Gläschen Wasser

Belag für eine Form:
250 g durchwachsener Speck in dünnen Scheiben, 1 EL Butter, 3 Eier, 200 g Sahne, 100 g Crème fraîche, Salz, Pfeffer, Muskat und Muskatblüte, 1 Messerspitze Cayennepfeffer

Angedünsteten Speck auf dem Teigboden verteilen

Den Eierguß darübergießen

Sanft backen, bis die Eier gestockt sind

❷ Den Teig zu einer Kugel geformt eine halbe Stunde kalt stellen. Dann die Kugel zu einem Rechteck ausrollen, dieses Teigband dritteln und übereinanderschlagen. Erneut ausrollen.

❸ Den Teig in zwei Portionen teilen. Jeweils messerrückendünn ausrollen. Zwei Springformen damit auskleiden.

❹ Für den Belag den Speck in Streifen schneiden und in der Butter sanft auslassen – nicht rösten, sondern nur so lange dünsten, bis das Fett herausgeschmolzen ist. Abtropfen lassen und auf der Teigfläche verteilen.

❺ Eier, Sahne und Crème fraîche glattquirlen, dabei mit Salz, Pfeffer, reichlich Muskat, Muskatblüte und einem Hauch Cayennepfeffer würzen. Über den Speck gießen, gleichmäßig verteilen. Schließlich im 220 Grad heißen Ofen mit möglichst viel Unterhitze 20 Minuten backen.

Tip: Die Eiermasse sollte auf keinen Fall brodeln, dadurch bekommt sie häßliche Löcher. Um die Oberhitze zu mildern, die Form möglichst weit unten einschieben und darüber ein leeres Backblech als Wärmedämmung.

Lauchkuchen

Für 4 bis 6 Personen:
1/2 Portion Mürbeteig,
2 – 3 Lauchstangen
(ca. 500 g geputzt und nur das Weiße gewogen),
2 EL Butter, Salz,
Pfeffer, Muskat, 3 Eier,
200 g Sahne

❶ Den Teig wie beschrieben zubereiten, eine große Springform damit auskleiden.

❷ Den Lauch sorgfältig putzen, in feine Ringe schneiden. In der heißen Butter andünsten, dabei salzen, pfeffern und mit Muskat würzen. Auf dem Teigboden verteilen.

❸ Eier und Sahne glattquirlen, mit Salz, Pfeffer und Muskat abschmecken und über den Lauch gießen.

❹ Im 220 Grad heißen Ofen etwa 25 Minuten backen.

Champignon-Torte

Für 4 bis 6 Personen:
1/2 Portion Mürbeteig, ca. 600 g Champignons, 2 – 3 Frühlingszwiebeln, 2 Knoblauchzehen, 1 frische, rote Chilischote, 2 EL Butter, Salz, Pfeffer, 3 Eier, 200 g Sahne, 2 EL Sojasauce

❶ Eine passende Form mit dem Teig auskleiden.

❷ Die Pilze putzen und in dünne Scheibchen hobeln – wenn sie sehr frisch und knackig sind, lassen sie sich mit dem Eierschneider gut in Scheiben teilen.

❸ Frühlingszwiebeln in feine Ringe schneiden, Knoblauch hacken, Chili winzig würfeln. In einer großen Pfanne die Butter erhitzen, die Pilze darin andünsten, die vorbereiteten Zutaten zufügen. Mit Salz und Pfeffer würzen. Auf dem Teigboden verteilen.

❹ Eier und Sahne glattquirlen, mit Sojasauce würzen und über die Pilze gießen.

❺ Im 220 Grad heißen Ofen ca. 25 Minuten backen.

Tip: Wer es nicht gar so vegetarisch mag, kann feingewürfelten Speck oder gekochten Schinken gleich zu Beginn in die Pfanne geben und mit den Pilzen mitdünsten. Oder gewürfelte, gekochte Zunge auf die Pilze streuen, bevor mit Eiersahne aufgefüllt wird. Außerdem läßt sich natürlich mit frischen Kräutern eine Menge Farbe ins Spiel bringen: einfach feingehackt unter die Pilze mischen.

VERSCHIEDENE GEMÜSEKUCHEN

Dieses Grundrezept läßt sich mit allen Gemüsearten immer wieder abwandeln. Probieren Sie einfach aus, mit allem, was der Garten beziehungsweise der Markt hergibt

... mit Möhren:

500 g Möhren in Streifen oder Scheibchen hobeln, in Butter dünsten, mit gemahlenem Kreuzkümmel und, wenn sie fast gar sind, mit Zitronensaft würzen. Schließlich auf dem Teigboden verteilen, mit Eiersahne übergießen und backen.

... Zucchini:

500 g Zucchini in Streifen oder Scheibchen hobeln, in Olivenöl andünsten, mit Knoblauch würzen, feingeschnittenes Basilikum untermischen, mit Salz und Pfeffer würzen. Auf dem Teigboden verteilen, mit Eiersahne übergießen und backen.

... Wirsing:

500 g Wirsing in feine Streifen hobeln, in Salzwasser blanchieren, auf dem Teigboden verteilen. Dazwischen ca. 200 g in kleine Würfel geschnittenen Bergkäse streuen, sparsam salzen, mutig pfeffern, mit Muskat würzen. Eiersahne darübergießen und backen.

BROT BACKEN – LEICHT GEMACHT

Bei uns in Deutschland rühmt man sich, Hunderterlei von Brotsorten zu kennen – und doch gibt es kaum etwas Schwierigeres, als ein wirklich gutes Brot zu finden. Die Adressen von Bäkkern, die tatsächlich noch selber den Teig ansetzen und nicht einfach das Pulver aus der Fabriktüte anrühren, flüstert man sich als Geheimtip zu. Und man ist gerne bereit, lange Strecken zu fahren, wenn man einen solchen Bäcker einmal gefunden hat.

Wohl dem, der sein eigenes Brot bäckt! Das ist übrigens viel weniger schwierig, als man denkt. Wichtig für das Gelingen ist zunächst einmal, daß der Teig richtig geht und daß alle Zutaten möglichst die gleiche Temperatur haben. Die Bakterien, die den Teig auflockern, benötigen Wärme, mögen keine Zugluft. Deshalb also: Fenster und Türen zu, und die Zutaten schon mal alle bereitstellen ...

Die Mehltypen und ihre Bedeutung

Das übliche Haushaltsmehl trägt die Type 405. Es ist das weiße, vollkommen ausgemahlene Mehl, bei dem alle Bestandteile der Randschichten herausgesiebt worden sind. Zum Brot- oder Brötchenbacken verwendet man jedoch lieber ein etwas weniger stark ausgemahlenes Mehl, Type 550. Das ist weniger ausgesiebt, das heißt, es wurden ein wenig mehr Inhaltsstoffe aus dem äußeren Getreidekorn belassen. Diese Typenbezeichnung gibt im übrigen in Milligramm den Gehalt an Mineralstoffen an, die pro Kilogramm noch im Mehl stecken. Man wiegt dafür die Asche, die übrigbleibt, wenn man das Mehl verbrennt. Von einem Mehl der Type 405 oder Type 550 hat man also 0,4 bis ca. 0,55 g Asche gewogen, bei Vollkorn-Roggenmehl (Type 1300) können es bis 1,3 g sein. Hartweizengrieß, der von Natur aus über mehr Inhalts-, das heißt Mineralstoffe verfügt, erreicht Werte zwischen 0,7 bis 1,4 g. Wer also damit sein Brot bäckt, erzielt ein Vollwertbrot ganz besonderer Güte, denn es ist hell und locker in der Krume. Daß es obendrein noch länger saftig und frisch bleibt als ein gewöhnliches helles Brot, liegt an der besonderen Fähigkeit von Hartweizen, Wasser aufzunehmen und zu speichern sowie an seinem besseren Kleber.

Was ist eigentlich Brot?

Wer Udo Pollmer – Lebensmittelchemiker und besonders versierter und streitbarer Journalist – zuhört, dem kann der Bissen Brot, den er beim beliebigen Bäcker gekauft hat, im Halse stecken bleiben. Wenn er nämlich einmal aufzuzählen beginnt, was alles an Zusatzstoffen im Brot sein kann, findet er so bald kein Ende. Leider hat es der Gesetzgeber bislang versäumt, so Pollmer, zu definieren, was Brot eigentlich ist, und so dürfen alle möglichen Zutaten drin stecken, die eigentlich im Brot nichts zu suchen haben. Klar, daß diese Zusätze nicht dem Wohlgeschmack, sondern der besseren Haltbarkeit und der schnelleren (und dadurch billigeren) Verarbeitung dienen. «Etwa 98 Prozent aller Backbetriebe», so zitiert Pollmer Rainer Wettig, den Geschäftsführer des Backmittelinstituts in Bonn, «nutzen die Produktpalette der Backmittelhersteller». Das heißt, sie verwenden nichts anderes als Backmischungen, wie sie auch die Hausfrau aus dem Supermarkt kennt. Kein Wunder, daß die meisten Brote, die man kaufen kann, irgendwie gleich schmecken. Richtig schlimm allerdings wird es

bei den sogenannten Vollkorn- und Vollwertprodukten, die ebenfalls in den meisten Fällen aus den Fertigmischungen der Industrie stammen. Sie werden nicht mehr mit natürlichem Sauerteig, sondern mit sogenanntem Kunstsauer angesetzt; dieser allerdings ist nicht imstande, das im Getreide enthaltene Phytin abzubauen, ein Stoff, der verhindert, daß der Körper die Mineralstoffe und Spurenelemente des Korns verwerten kann. Und dann ist es einigermaßen sinnlos, überhaupt Vollkornbrot zu essen ... Damit Sie Ihren Bäcker überprüfen können, hier ein paar Tips – vielleicht haben Sie Glück, und Ihr Bäcker arbeitet ohne Fertig-Backmittel. Wenn Sie es genau wissen wollen, achten Sie auf folgende Punkte:

- Wenn die Brote klangvolle Namen tragen, deutet das auf die Verwendung von Backmitteln oder Fertigmischungen hin. Bunte Papieraufkleber auf der Ware und Werbetafeln sind ebenfalls ein Hinweis auf die Helfer der Industrie. Der Bäcker bekommt diese Werbemittel meist kostenlos zu den Backmitteln geliefert.
- Echtes Vollkornbrot – außer Pumpernickel – hat keine dunkelbraune, sondern eine hellbraune Krume mit einem leichten Graustich. Fragen Sie nach, wie Ihr Bäcker die dunkle Krume hinbekommen hat. Sollte er auf Malz verweisen, lassen Sie sich sein „Malz" zeigen.
- Auf Fingerdruck reagiert echtes Vollkornbrot nicht elastisch, sondern hart.
- Große, luftige Brötchen sind das Ergebnis moderner Backmittel. Kleine Brötchen sind mit weniger chemischen Hilfsmitteln gebacken worden.
- Fragen Sie nach, welches Brot mit natürlich geführtem Dreistufen-Sauerteig gebacken wurde.
- Hat Ihr Bäcker eine Getreidemühle, spricht vieles dafür, daß er richtiges Vollkornbrot backt. Lassen Sie sich das Gerät zeigen.

Elsässer Brötchen oder Baguette

Für 2 Baguettes und 12 Brötchen:
1 kg Mehl, 1 Würfel Hefe, ca. 1 l lauwarmes Wasser, 1 TL Honig oder Zucker, 1 EL Salz

❶ Das Mehl in die Rührschüssel der Küchenmaschine füllen. Die Hefe zerbröckeln, in einer Tasse Wasser auflösen, dabei den Honig unterrühren. Zum Mehl gießen und mit etwas Mehl vermischen. Zudecken und etwa eine halbe Stunde gehen lassen.

❷ Nach dieser Zeit haben die Hefebakterien ihre Arbeit begonnen, der Vorteig hat sein Volumen verdoppelt, er wirft Blasen und sieht aus, als ob er brodelt.

❸ Jetzt das Salz zufügen, die Maschine einschalten und bei laufendem Knetarm langsam, in stetem, aber dünnem Strahl das Wasser angießen. Auf keinen Fall die gesamte Wassermenge auf einmal, denn wieviel genau nötig ist, hängt von den unterschiedlichsten Dingen ab: von der Mehlbeschaffenheit, vom Klima, von der Luftfeuchtigkeit etc.

❹ Der Teig ist fertig, wenn er sich glatt vom Schüsselrand löst und weich, nicht mehr klebrig wirkt. Hat man zuviel Wasser darangeschüttet, läßt sich der Teig wieder retten, indem man löffelweise Mehl zufügt. Einem zu trockenen Teig gibt man noch etwas Wasser hinzu.

❺ Jetzt muß der Teig gehen. Dafür die Rührschüssel mit ihrem Deckel verschließen oder ein feuchtes Küchentuch darüberbreiten.

❻ Nach einer Stunde läßt sich der Teig weiterverarbeiten: zunächst von Hand auf der Arbeitsfläche noch einmal durchwalken. Dann die gewünschten Brote oder Brötchen formen. Auf ein bemehltes Backblech setzen und noch einmal, mit einem Tuch zugedeckt, eine halbe Stunde gehen lassen.

❼ Im 220 Grad vorgeheizten Backofen die Baguette 35 Minuten backen, die Brötchen sind bereits nach 20 Minuten fertig.

Wichtig: Nach 10 Minuten Backzeit eine Tasse Wasser auf dem Boden des Backofens verzischen lassen.

Und: 10 Minuten vor Backzeitende die Brote oder Brötchen aus dem Ofen herausholen, mit kaltem Wasser einpinseln, 20 – 30 Minuten abkühlen lassen und erneut für die letzten zehn Minuten in den Ofen schieben. Auf diese Weise bekommt das Brot eine schöne Kruste!

Tip: Dieser Teig verträgt es im übrigen wunderbar, schon am Vortag hergestellt zu werden: In der Kälte kann er ebensogut gehen, braucht dafür jedoch natürlich länger. Wichtig ist, daß der Teig dabei nicht austrocknet. Man schützt ihn davor, indem man ihn entweder in einer ausreichend großen Schüssel mit Folie oder einem feuchten Tuch abdeckt. Oder man packt den ganzen Teig in eine große Plastiktüte. Am nächsten Tag muß der Teig zunächst wieder Zimmertemperatur annehmen, bevor man ihn verarbeiten kann.
Übrigens hält sich so der Teig sogar ein paar Tage. Wer ihn noch länger aufbewahren will, steckt ihn – in einen Gefrierbeutel aus Plastik verpackt – einfach ins Gefrierfach.

Ob Brötchen, längliches Baguette oder übliche Brotlaibe – man kann aus Brot und Teig alles mögliche backen

Sizilianisches Brot

❶ Den Grieß in die Schüssel der Küchenmaschine füllen. Die Hefe mit dem Honig in einer Tasse Wasser auflösen und in das Mehl gießen, dabei mit etwas Mehl zu einem Brei verrühren und zugedeckt eine halbe Stunde gehen lassen.

❷ Das Salz zufügen, die Maschine einschalten und nach und nach das Wasser zufügen. Nicht zuviel auf einmal, damit der Teig seine richtige Beschaffenheit bekommt.

❸ Der Teig ist fertig, wenn er sich glatt vom Schüsselrand und vom Rührhaken löst. Zugedeckt eine Stunde gehen lassen.

❹ Den Teig diesmal mit den Händen auf der Arbeitsfläche durcharbeiten. Schließlich drei Brotlaibe formen und auf ein Backblech setzen. Mit einem Tuch zugedeckt eine halbe Stunde gehen lassen.

❺ Bei 220 Grad insgesamt 15 Minuten backen. Nach 10 Minuten eine Tasse Wasser auf den Ofenboden schütten. Zehn Minuten vor dem Ende der Backzeit das Brot herausnehmen, eine halbe Stunde abkühlen lassen; dann erst fertigbacken.

Für 3 Laibe:
1 kg Hartweizengrieß,
1 Würfel Hefe,
1 TL Honig oder Zucker,
ca. 1 l lauwarmes Wasser, 1 EL Salz

Tip: Stets wichtig beim Brotbacken: Alle Zutaten sollten die gleiche, nämlich Zimmertemperatur haben.

Und: In der Küche sollte es gleichmäßig wann sein. Türen und Fenster geschlossen halten, damit es nicht zieht. Brotteig nimmt Zugluft übel!

Es macht nichts, wenn die Teigoberfläche beim Gehen aufbricht. Die Brote werden vor dem Backen aus den Gärkörbchen gestürzt. Sie hinterlassen auf dem Brot die typischen Linien

Körnerbrot

Für eine große Kastenform (2 l Inhalt): 700 g Weizen, 500 g Roggen, ca. 1 l Wasser, 1 Päckchen Sauerteig (150 g) oder 3 EL fertiger Sauerteig, 1 Würfel Hefe, 1 EL Honig, 1 1/2 EL Salz, Butter für die Form, Haferflocken zum Ausstreuen der Form

❶ 200 g Weizenkörner mit lauwarmem Wasser großzügig bedecken und eine Nacht lang einweichen.

❷ Die Hälfte des übrigen Weizens ebenfalls schroten, die andere Hälfte sehr fein mahlen.

❸ Auch die Hälfte des Roggens schroten, die andere Hälfte sehr fein mahlen.

❹ Für den Grundansatz je 125 g geschroteten und feingemahlenen Roggen und Weizen mit einem halben Liter lauwarmen Wassers und dem Sauerteig verrühren. Zugedeckt über Nacht an einem warmen Ort stehenlassen.

❺ Am anderen Tag jeweils den restlichen Roggen- und Weizenschrot, den restlichen feingemahlenen Roggen und Weizen sowie die Hefe mit einem halben Liter lauwarmen Wassers verrühren und zum Grundansatz geben. Mit der Küchenmaschine zu einem Teig verarbeiten, dabei die eingeweichten, ganzen Körner sowie Honig und Salz zufügen.

❻ Diesen sehr weichen Teig in eine gebutterte und mit Haferflocken ausgestreute Kastenform füllen und mit einem Tuch zugedeckt in die Nähe der oder sogar auf die Heizung stellen und drei Stunden lang gehen lassen.

❼ Das Brot im auf 220 Grad vorgeheizten Backofen 90 Minuten lang backen.

Wichtig: Auch dieses Brot wird in zwei Etappen gebacken: Nach einer Stunde aus der Form stürzen und eine halbe Stunde abkühlen lassen. Dann auf dem Rost erneut in den Ofen schieben und eine weitere halbe Stunde backen, damit es eine schöne Kruste bekommt und wirklich gut durchgebacken ist.

Und keine Angst: Wenn der Ofen während der Backpause durchgeheizt wird, kostet das nur wenig zusätzliche Energie. Sie können natürlich die Zeit auch nutzen und inzwischen einen Auflauf oder ein anderes Gericht darin garen.

Tip: Wer einmal dieses Brot mit dem fertig gekauften Sauerteig aus dem Reformhaus angesetzt hat, hat für die nächsten Brote den Sauerteig bereits fix und fertig parat: einfach vom Teig drei Eßlöffel abnehmen und in einem Schraubglas in den Kühlschrank stellen. Dort hält sich der Sauerteig ein bis zwei Wochen. Wer bis dahin nicht wieder gebacken hat, sollte wieder zum gekauften Sauerteig greifen. Ansonsten läßt sich jedesmal aufs neue die nötige Portion abnehmen und dadurch immer wieder mit neuem Leben erfüllen.

Sauerteig selber ansetzen

Natürlich kann man auch die Erstportion Sauerteig selber ansetzen. Man braucht dafür 1 Tasse Roggenschrot, 1 TL gemahlenen Kümmel, 1 EL Joghurt oder Molke, 1 EL Honig, 1 Tasse lauwarmes Wasser und 1 Würfel Hefe. Alle Zutaten werden miteinander zu einem Brei verrührt. In ein Tuch gehüllt an einem warmen Ort 3 bis 4 Tage gehen lassen, dabei immer wieder umrühren. Der Brei riecht dann angenehm säuerlich und wirkt wie aufgeplustert. Statt des gekauften Sauerteigs wie im Rezept angegeben verwenden. Bevor der Teig gebacken wird, nicht vergessen, fürs nächste Mal eine Portion von ca. 3 Eßlöffeln abzunehmen

Dinkel-Vollkornbrot

Für 1 Kastenform von ca. 2 l Inhalt oder für zwei kleinere Formen: 1 kg Dinkel-Vollkornmehl, 1 Würfel Hefe, 900 ml lauwarmes Wasser, 1 EL Honig oder Zucker, 1 gehäufter EL Salz

❶ Das Mehl in die Rührschüssel der Küchenmaschine schütten. Die Hefe in einer Tasse Wasser auflösen, dabei den Honig oder Zucker unterrühren. Zum Mehl gießen, mit etwas Mehl zu einem Brei rühren. Zugedeckt eine halbe Stunde gehen lassen.

❷ Die Maschine einschalten, langsam das restliche Wasser und das Salz zufügen. Der Teig ist fertig, wenn er sich vom Schüsselrand löst. Will man ihn in einer Kastenform backen, darf er weicher sein als üblich – das ergibt dann ein besonders grobporiges Brot.

Am besten schmeckt das Körner- oder Dinkelbrot natürlich aus einem richtigen Holzbackofen

❸ Hat man indessen vor, Brotlaibe frei zu formen oder in Körbchen gehen zu lassen, muß er fester sein.

❹ Für ein Kastenbrot den Teig gleich in die gebutterte, mit Mehl ausgestreute Form füllen und zugedeckt zwei bis drei Stunden gehen lassen.

❺ Für frei oder im Körbchen geformte Brote den Teig zunächst mit den Händen auf der Arbeitsfläche durchwalken, dabei so viel Mehl untermischen, wie nötig ist, damit er nicht klebt. In dick mit Mehl ausgestreute Körbchen füllen oder zu Laiben geformt auf ein Blech setzen und ebenfalls zwei bis drei Stunden gehen lassen.

❻ Die in den Körbchen geformten Brote erst jetzt auf das Backblech stürzen.

❼ Gebacken wird im 180 Grad heißen Backofen. Zunächst eine Stunde – auch hier nach einer halben Stunde eine Tasse Wasser am Ofenboden verdampfen lassen. Dann das Kastenbrot aus der Form stürzen, beide Brotarten für eine halbe Stunde aus dem Ofen holen und abkühlen lassen. Danach für eine weitere halbe Stunde in den Ofen schieben, damit das Brot gut durchgebacken wird.

Tip: Übrigens: Ob Brot gar ist, kann man hören – mit der Faust von unten gegen das Brot klopfen, es muß sich hohl anhören, wenn es durchgebacken ist.

TAFELKULTUR

und Freude am Genießen

Tafelkultur und Freude am Geniessen

Kultur findet nicht nur im Kopf statt, sondern betrifft den ganzen Menschen. Mit der Familie oder Freunden bei einem guten Essen und einem guten Wein um einen Tisch herum zu sitzen und sich gut zu unterhalten, ist ein ebenso bedeutendes kulturelles Ereignis wie der Besuch einer Oper. Damit eine Opernaufführung zu einem wahren Genuß wird, sollte man etwas über die spezielle Oper, ihren Inhalt und den Komponisten wissen, sogar die Musikgeschichte kennen – keiner wird erwarten, daß der erste und unvorbereitete, von keinerlei Wissen getrübte Besuch einer Oper bereits ein kultureller Akt ist: Er kann, wenn die Aufführung gut ist, zu einem elementaren Erlebnis werden, aber das hat mit Kultur noch nicht viel zu tun. Beim Tafeln ist das nicht anders: Man kann sich zu Tisch setzen und etwas Großartiges verspeisen, neue Geschmackseindrücke erleben und mit Freude satt werden. Aber Kultur ist das noch nicht.

Vom Tischgespräch – und wie wichtig es ist

Auch Tischkultur muß man lernen! Während man früher im Elternhaus bei der gemeinsamen Mahlzeit das Rüstzeug dafür sozusagen automatisch und gratis bekam, sieht es da heute ganz anders aus: In vielen Familien gibt es kaum noch ein gemeinsames Essen – mittags kommen die Kinder zu unterschiedlichen Zeiten und die arbeitenden Familienmitglieder im allgemeinen gar nicht nach Hause. Außerdem ist der Anteil an Kleinstfamilien, also alleinerziehende und natürlich meist arbeitende Mütter (Väter) und Kind(er) immer größer geworden, so daß Tafelkultur kaum mehr stattfinden kann – denn dazu gehört Zeit, Muße und Ruhe. Tafelkultur bedarf des Gesprächs. Erst dadurch, so der Dichter Jean Paul, bekommt das Essen seine menschliche Dimension. Und zwar eines Gesprächs, das nicht dem direkten, unmittelbaren Austausch von Informationen über den Alltag dient, sondern eigentlich »überflüssig« ist, wie auch ein Bild an der Wand im Schlafzimmer oder eine Plastik von Henry Moore vor dem Bundestag. Das nicht Nötige ist Luxus – und gleichzeitig elementar notwendig für jegliche Kultur, wie Christian Graf von Krockow in seinem Buch »Die Heimkehr zum Luxus – von der Notwendigkeit des Überflüssigen« wunderschön darlegt. Ein Gespräch, das nicht rechthaberisch, sondern geistreich und spielerisch geführt wird; mal feststellend, mal fragend; mal widersprechend oder bestätigend, mal erzählerisch und anekdotisch; mal mit intellektuellem Witz, mal voll persönlicher Empfindsamkeit. In unserem Falle besonders wichtig: ein Gespräch über die Mahlzeit, die man gerade verspeist, den Wein, den man dazu trinkt – das alles kritisch untersucht und einordnet, den Genuß miterleben läßt, von diesen und anderen Tafelfreuden erzählt, die Leistung des Kochenden lobt und ihm den Wert seiner Arbeit bestätigt, so auch Spaß am Kochen und Essen vermittelt.

Leider finden gemeinsame Mahlzeiten überhaupt viel zu selten statt, weil

- die Berufstätigen meist am oder in der Nähe des Arbeitsplatzes ein richtiges Mittagessen zu sich genommen haben; also das Bedürfnis abends oft

nicht groß ist, sich noch einmal an den Tisch zu setzen;

- der Fernseher eingeschaltet und einfach etwas gegessen wird, ohne daß man den Speisen Aufmerksamkeit zukommen läßt;

- Küchenarbeit in Teilen der modernen Frauenbewegung nicht anerkannt und als niederer Dienst angesehen wird, bei dem man »sich nicht verwirklichen kann«;

- immer mehr Menschen am Wochenende, wenn eigentlich dafür Zeit wäre, allen möglichen Freizeitbeschäftigungen, Ausflügen und sportlichen Betätigungen nachgehen – ob sie es aus eigenem Spaß freiwillig wollen oder unter dem Druck unserer Freizeit- und Konsumgesellschaft geradezu zwanghaft müssen, soll einmal dahingestellt bleiben.

Vom festlichen Mahl

Immerhin versuchen andererseits viele Familien, wenigstens am Wochenende eine oder sogar mehrere gepflegte Mahlzeiten, sei es in der Familie oder mit Freunden, zu inszenieren. Dies ist in der Tat das richtige Wort, denn wenn die Familientafel etwas Seltenes geworden und daher nichts Selbstverständliches mehr ist, bekommt sie den Charakter des Außerordentlichen, das Aufmerksamkeit und einen mehr oder weniger großen Aufwand, immer aber viel Zeit verlangt. Nur dann wird ein Fest gelingen. Hierzu Graf Krockow in seinem Buch „Die Heimkehr zum Luxus", erschienen 1989 im Kreuz-Verlag, Zürich:

»Ein gelungenes Mahl kann aus sich selbst schon zum Fest werden, aber ein Fest ohne das Festessen verdient seinen Namen schwerlich. Und nicht die Freßlust steht im Vordergrund, sondern der Überfluß als ein Triumph der Freiheit über die Notwendigkeit, als eine Traumerfüllung im alltäglichen Erfahrungshorizont des Mangels ...
Zweierlei erscheint als besonders wichtig. Einmal geht es um das Verhältnis zur Zeit. Die Vorbereitung des Festmahls wie dieses selber erfordert sie in jenem Maße, das ein geiziges Nachrechnen nicht verträgt. Wer heimlich auf die Uhr schaut und nach einer Stunde schon nervös wird, weil er seine kostbare Zeit nützlicher verwenden könnte, der ist für das Fest verloren. Und verloren ist auch, wer das gute Essen als Mittel zum Zweck mißbraucht, wie in der barbarischen Erfindung des „Arbeitsessens". Es mag den Geschäften oder der Diplomatie dienlich sein, aber das Festliche ist trotz noch so erlesener Speisen und beträchtlicher Spesen unwiderruflich dahin.
Denn jedes wirkliche Fest wirkt, auf Zeit, als ein Bollwerk wider die Zeit, gegen den Andrang der Zukunft mit ihren Sorgen und Unge-

wißheiten. Da sollte übrigens heute und morgen womöglich noch mehr gelten als vorgestern: Im Zeitalter der sekundengenauen Uhren und der Terminkalender stellt nicht der materielle Aufwand, sondern das Vergessen und Verschwenden der Zeit den eigentlichen Luxus dar.

Zum zweiten kommt es wieder auf die Geselligkeit an. Man feiert und ißt nicht allein, sondern mit Freunden, mit Nachbarn und mit der Familie. Je größer der Kreis, desto besser. Darum taugt die moderne Kleinfamilie, die so rasch überfordert ist, zum festlichen Feiern weit weniger als der altertümliche Clan, dieses vielköpfige Gewirr aus Onkeln und Tanten, Neffen und Nichten, Schwägern und Schwägerinnen, Jungen und Alten, soweit die Generationen nur reichen ...

Wahrscheinlich gilt ohnehin, daß jede Kultur des Essens unlösbar an Geselligkeit und Gespräch gebunden ist. Der einzelne als einzelner möchte, durchaus verständlich, seinen Aufwand so gering wie möglich halten; unwillkürlich drängt er in die Kantine, in den Schnellimbiß oder zum Fertiggericht aus der Dose. Im großen Kreis sieht es anders aus, weil die Kochkunst einen Eckstein der Geselligkeit bildet; das gute Essen hält eben nicht nur Leib und Seele, sondern auch Freunde, Nachbarn und Familie zusammen. Kaum zufällig haben zwei Völker die Kultur aus der Küche zur Höhe des Klassischen geführt: die Franzosen und Chinesen. Denn beide lieben das gesellige Beisammensein , das sie mit Behaglichkeit, ja mit dem Glück gleichsetzen. Der vielberufene „Gott in Frankreich" ist alles andre als ein einsamer Eiferer wider seine Nebenbuhler. Kochrezepte lassen sich freilich weit einfacher übertragen als Lebensformen. Im Grunde kann man nur wiederholen, daß die Heimkehr zum Luxus nicht billig zu haben ist. Eine Kultur der Geselligkeit braucht viel Zeit. Sie fordert, aber sie weckt auch den Geist und die Sinne; sie erzieht zum Feingefühl für Formen und für Nuancen, zur Genauigkeit im Detail und zur Großzügigkeit.«

Tafelkultur kann man lernen

Erfährt man nicht schon als Kind im Elternhaus – wie im genannten China und Frankreich, aber auch in Italien, Spanien und Portugal üblich –, welch Vergnügen es machen kann, bewußt zu Essen, zu genießen, darüber zu sprechen, seine Gedanken und Vorstellungen über die Speisen und das dazu gereichte Getränk auszutauschen, dann hat man es schwer: Einen differenzierenden Geschmack kann man sich nirgendwo anlesen, sondern nur durch Erfahrung erwerben. Das theoretische Wissen über einen Wein ersetzt nicht das ganz reale Riechen und Schmecken, das Empfinden, das im Munde nachklingt, wenn man ihn schon längst hinuntergeschluckt hat.

Eine Zeitlang, in den 80er Jahren, hat es so ausgesehen, als ob sich auch in Deutschland ein reales Bewußtsein für gutes Essen und eine Freude an der Gourmandise auf breiter Front entwickeln würde. Selbst die Politiker durften, allerdings unter leisem Spott der genußfeindlichen Redakteure in gedruckten und via TV gesendeten Nachrichten-Magazinen, schon mal in die Toskana fahren. Doch unter dem Druck von Wiedervereinigung, Strukturkrise, zunehmender Arbeitslosigkeit – und auch leider tatsächlicher Armut einer zunehmenden Zahl von Menschen – hat sich die öffentliche Meinung vom vermeintlichen Wohlleben verabschiedet. Man kann daran erkennen, daß es vielen eben nicht um wirklichen Genuß, sondern nur um ein gesellschaftliches Prestige ging, wenn sie in guten (berühmten!) Restaurants speisten oder ihren Gästen all das servierten, was schick und teuer ist. Der wahre Feinschmecker, kann man Oscar Wilde abwandeln, »hat einen ganz einfachen Geschmack: Von allem das Beste.« Und dies heißt nun einmal nicht: das Teuerste. Nein, eine gute Kartoffel ist für den Feinschmecker ein größeres Vergnügen als ein nicht mehr ganz frischer Caviar oder eine auch nur ein kleines bißchen schmierige Gänseleber. Genuß ist nicht eine Frage des Preises, sondern der Qualität ganz allgemein. Dies paßt freilich einer konsumorientierten Gesellschaft nicht so

recht in den Kram, läßt sich doch damit keine Norm aufstellen und keine Marke etablieren – sondern funktioniert nur ein ausgeprägt überschaubarer, sehr individueller Markt.

Deshalb plädieren wir für ein offeneres Bewußtsein und ein klares Bekenntnis zu Qualität in allen Belangen. Da treffen sich dann, freilich unter anderen Zielsetzungen, nur zu oft (aber noch immer von keiner Seite so recht begriffen) die Feinschmecker mit den Ökologen, die nach Geschmack Suchenden mit den Tier- und Umweltschützern, die Genußfreudigen mit den linken Asketen und Müslis.

Doch man bedenke einmal – in Erinnerung an Graf Krockows Ausführungen –, welche gesellschaftlichen Möglichkeiten, welches Verständnis schaffende Potential in der Tafelkultur liegen! Welch Unsinn, der selbstverständlich nur profitorientierten Nahrungsmittel- und Konsum-Industrie das Feld völlig frei zu überlassen. Welch Kurzsichtigkeit, sich nicht schon um eine sorgfältige Schulausbildung in Sachen Ernährung und Tafelkultur zu kümmern! Es wäre einiges möglich und wichtig: Es fehlt noch immer eine vernünftige Aufklärung über den Wert einer richtigen Ernährung. Auf 60 Milliarden Mark jährlich schätzt die Deutsche Gesellschaft für Ernährung die Folgen falscher Ernährung in der Bundesrepublik! Muß doch nicht sein ...

Es gibt bei uns kein genußorientiertes, sondern nur ein alles verbietendes diätetisches Bewußtsein. Dabei wäre es doch angenehmer, mit einem richtig komponierten, wohlschmeckenden

Essen fit und in Form zu bleiben, statt sich durch ungesundes Essen in einen Krankheitszustand zu bringen, in dem dann praktisch alles, was man liebt, vom Speisezettel verbannt wird.

Sinnvoll wäre das Erlernen von Tischmanieren, die in den meisten jungen Familien als Folge der antiautoritären Erziehung verlorengingen, weil sie dem gemeinschaftlichen Genuß förderlich sind.

Und schließlich sollte man endlich aufhören, jeden Tropfen Alkohol als gefährlich zu bezeichnen, weil Alkohol unter Umständen süchtig, also krank macht. Nicht der Alkohol aber ist Schuld daran, sondern, einmal sehr vereinfacht gesagt, zum einen die sozialen Bedingungen des Süchtigen, zum anderen seine Erbanlagen. Es hat kaum Sinn, Alkohol zu verbieten, weil das Verbot eher besondere Anreize und dem organisierten Verbrechen güldene Quellen schafft – wir kennen diesen Effekt aus der Zeit der Prohibition in den USA. Weitaus vernünftiger wäre es, das maßvolle Genießen in den Mittelpunkt zu stellen: Man weiß längst, daß Weingenießer äußerst selten zu Alkoholikern werden. Wein bewußt trinken heißt ihn mäßig, nicht übermäßig zu genießen und damit seine Wahrnehmungsfähigkeit und Sinne zu schärfen, nicht etwa stumpf zu machen. Unsere abendländische Kultur ist ohne den Wein nicht denkbar – und Wein einfach Alkohol zu nennen eine Kulturschande.

Übrigens sollte man auch die für die Gesundheit positiven Seiten des Weins nicht unter den Tisch kehren – ein bis zwei Glas Rotwein täglich, das haben amerikanische Ärzte herausgefunden, sorgen dafür, daß in Frankreich Herzinfarkte seltener sind, als es dem europäischen Durchschnitt entsprechen würde. Freilich: Trinkt man mehr, kehrt sich die Wirkung ins Gegenteil um.

Die Medien zum Thema Genuß

Einen gewissen Beitrag zur Tafelkultur können die Medien leisten, tun es auch: Aber leider ist auch auf diesem Gebiet die tagesjournalistische Maxime »nur eine schlechte Meldung ist eine gute Meldung« gültig – man stürzt sich lieber auf einen Skandal als auf einfach gute Dinge.

Wir haben es stets als unsere Aufgabe angesehen, nicht negativ über schlechte, schädliche, mit Pestiziden, Insektiziden, Hormonen oder Antibiotika belastete Lebensmittel zu berichten, sondern an solche heranzuführen, die mit Sorgfalt, Umsicht, ethischem Bewußtsein und in artgerechter Haltung erzeugt werden. Wenn Essen Spaß machen soll, wenn die Kultur der Tafel im Mittelpunkt steht, dann hat es sicherlich keinen Sinn, zunächst allen den Appetit zu verderben.

Auch in den Frauenzeitschriften ist ein Küchenteil, der mehr als nur Rezepte bietet, längst üblich geworden. Einige Publikumszeitschriften haben sich ohnehin spezialisiert, und zu den klassischen Kochbüchern, die einfache Rezeptsammlungen sind, haben sich immer mehr anspruchsvollere Bände gesellt, die über Küche, Land und Leute in Wort und Bild berichten und eine Landschaft und ihre kulinarische Kultur erlebbar zu machen versuchen.

Das bewußte, kritisch wertende und dennoch genießende Erleben von Speisen und Getränken sollte, nachdem die Verwirrung stiftenden Zeiten von Hunger, Kriegen, Inflationen, Wirtschaftskrisen, Zusammenbruch, Flucht und mangelhafte Versorgung vorbei sind, auch uns Deutschen wieder (in der zweiten Hälfte des letzten bis zum Ersten Weltkrieg hatte es ja auch im deutschen Bürgertum – zumindest, wenn es nicht rein auf der reformierten Seite stand – eine ausgeprägte und verständige Tafelkultur gegeben) zunehmend den Spaß machen, den die südlichen Völker am Essen schon immer hatten und, trotz aller modernen Erscheinungen des Fast food und der Fertiggerichte, noch immer haben. Freude am guten Leben gilt dort eben nicht als unnötige Verschwendung oder unchristliche Vergeudung, sondern als Zeichen kultureller Bildung. Im Urlaub genießen wir diese südliche Lebensart ja nur zu gerne, die viele von uns, kaum an den heimischen Herd zurückgekehrt, wieder verdrängen. Freilich will das Genießen, wie gesagt, von der Basis erlernt sein – nicht nur zwei Wochen oberflächlich mitgelebt ...

Nur der Kenner weiß zu genießen

Tafelkultur ist mehr als Schlemmen, einfach nur elementaren Spaß am Essen zu haben – den erleben die Kühe auf der Weide auch, wenn sie sich nur das aussuchen, was ihnen schmeckt und auch gut bekommt; sie fressen ja schließlich nicht alles, was dort steht, wahllos wie ein Mäher in sich hinein (weshalb die Milch von einer Kuh auf der Weide denn auch besser schmeckt als die von einer anderen Kuh, die die gemähte Wiese im Stall als Frischfutter vorgesetzt bekommt und eben alles fressen muß, was drin ist!). Nein, um wirklich genießen zu können, muß man natürlich unterscheiden und auswählen können, aber auch bewußt kochen und essen, sich kritisch mit den Nahrungsmitteln, ihrer Erzeugung, ihrer Qualität und ihrer Verträglichkeit auseinandersetzen. Kulinarische Kultur müssen wir genauso erlernen wie jede andere auch: Die Betrachtung eines Bildes oder das Hören einer Symphonie setzt voraus, daß wir etwas über Bildinhalte und Formen, über Konstruktionsprinzipien, Farben und Noten, die Geschichte der Kunst und der Musik gelernt haben, daß wir erkennen können, wie ein Bild aufgebaut ist, wie eine Symphonie sich gliedert.

So ist es, wollen wir genießen, von größtem Vorteil:

- wenn wir die verschiedenen Grundrichtungen (süß und sauer, salzig und bitter) mit ihren tausenderlei Nuancierungen einordnen können;
- wenn wir uns mit den unterschiedlichen Beschaffenheiten eines Gerichts kritisch auseinandersetzen können (saftig oder trocken, zart oder zäh, knusprig oder schwammig, etc.);
- wenn wir über die Beschaffenheit von Aromen und Geschmacksbildern, die Wirkung von Gewürzen Bescheid wissen;
- wenn wir klassische und moderne Rezepte, orientalische und abendländische, kontinentale, nationale oder regionale Kompositionen, Kochprozesse und -muster kennen und werten können;
- wenn wir die Merkmale der Zusammenstellungen bemerken (Harmonie oder Kontrast, sich ergänzend oder widersprechend, miteinander verschmelzend oder nebeneinandergesetzt, etc.).

Nun, wenn Genießen schon gelernt sein will, kann man sich damit trösten, daß es wohl nur noch ein einziges anderes Gebiet gibt, auf dem das Lernen ein solch unbeschreibliches und unendliches Vergnügen bereitet – aber die Liebe ist auch keine leichte Kunst.

Der richtige Rotwein zum Braten und Steak

Die Frage ist im Prinzip ganz leicht zu entscheiden, einen Fehler machen kann man gar nicht: Es paßt jeder gute, kräftige Rotwein. Nur Leichtgewichte, etwa ein deutscher Trollinger oder Portugieser, ein Vernatsch aus Südtirol, ein Bardolino oder ein zu simpel strukturierter Landwein aus Frankreich vermögen dem Fleisch nicht standzuhalten.

Als klassisches Herkunftsland für einen Bratenwein dürfte noch immer das **Bordelais** gelten. Vor allem ein gutes *Château* aus einer *Appellation Controlée*, etwa aus dem

- *Haut-Médoc* und dem *Médoc,*
- insbesonders, wenn aus einem seiner hervorgehobenen Weinorte mit eigener Benennung, das sind *Moulis und Listrac, Margaux, St. Estèphe, St. Julien* und *Pauillac,*
- aus *Graves,*
- *Pomerol* und
- *St.-Emilion,*
- ferner kommen in Frage einige der wesentlich preiswerteren Gewächse der *Premières Côtes de Blaye,* der *Côtes de Bourg* und der *Côtes des Francs* sowie aus *Canon Fronsac.*

Auch im Südwesten Frankreichs findet man hervorragende, dichte Rotweine, etwa den **Cahors** oder den **Madiran**, die bestens passen.

Wuchtige Weine kommen von der **Rhône**, das kann ein relativ preiswerter **Côtes-du-Rhône** sein, ein **Hermitage, Cornas** oder **Château-neuf-du-Pâpe, Vacqueyras** und andere kleinere Appellationen.

Schließlich liefern die **Provence** und das **Languedoc** mit verschiedenen Apellationen eine Menge ausreichend gut konstituierter Rotweine.

Vergessen wir nun nicht die Rotweine aus **Burgund**, die alle die nötige Wucht besitzen. Es kann aber auch eine der Dorf-Appellationen aus dem **Beaujolais** sein, etwa **Fleurie, Chenas, Chiroubles, St.-Amour, Moulin-à-Vent, Morgon**.

Aus **Italien** bieten sich zum Braten an: **Barolo** und **Barbaresco**, die unbestrittenen Stars aus dem **Piemont**. Es kann aber auch ein guter **Nebbiolo**, ein kräftiger **Barbera** oder ein **Gattinara** sein. Aus dem **Veltlin** kommen, ebenfalls aus der Nebbiolo-Rebe, der **Sfurzat, Grumello, Sassello** und **Inferno**.

Im gesamten Norditalien, in der **Lombardei**, im **Trentino** wie in **Südtirol**, in **Venetien** bis hinüber nach **Friaul**, baut man ausgezeichnete **Cabernet Sauvignon**- und **Merlot**-Weine aus, im letztgenannten Gebiet bieten sich auch die heimischen Reben **Refosco** und **Pignolo** an. Aus Venetien können Sie einen mächtigen **Amarone** aus eingetrockneten Weinbeeren versuchen.

Die **Toscana** kann mit einer ungeheuren Zahl von hervorragenden Weinen aufwarten – greifen Sie aber zu den kräftigeren Varianten und nehmen Sie lieber eine Chianti-Riserva (kräftiger und länger gelagert) als einen einfachen Chianti: In den verschiedenen Anbaugebieten der Chianti-Weine *(Cianti Classico, Chianti Rufina, Chianti Colli Senesi, Chianti Colli Fiorentini und Chianti Colli Pisani)* muß man sich sein/e *Castello/i* oder *Podere* suchen.
Außerdem gibt es aus der Toscana – neben den berühmten *Vini da Tavola* aus nicht klassifiziertem Anbau (entweder weil die Rebsorten anders als gesetzlich vorgeschrieben zusammengestellt sind oder weil ein anderer Ausbau erfolgte) die Appellationen *Brunello di Montalcino, Vino Nobile di Montepulciano* und *Artimino*. Empfehlenswert aus Süditalien noch der *Aglianico del Vulture*.

Spanien bietet mannigfach kräftige Weine, an erster Stelle die Weine aus dem *Rioja*, aus *Navarra, Ribera del Duero, Valdepeñas und Penedes.*

Aus **Österreich** bieten sich die kräftigen *Blaufränkisch* und *Zweigelt* aus *Niederösterreich* und dem *Burgenland* an, von dort auch hervorragende *Cabernets*.

Und außerdem kommen zu uns heute aus Übersee ebenfalls Weine, die gut zum Braten passen: Etwa *Cabernet Sauvignons, Merlots* und *Shiraz* aus **Australien** und **Neuseeland** sowie **Südafrika** (von hier auch *Pinotage*).

Hervorragende Rotweine dieser Rebsorten kommen heute auch aus **Kalifornien** (auch *Zinfandel*), aus **Chile** und **Argentinien**.

Wenn Sie einen **deutschen Rotwein** wählen wollen, sollten Sie zu einem *Spät-* oder *Frühburgunder*, einem *Lemberger*, eventuell einer *Domina* oder einem der seltenen *Zweigelt* greifen. Und nehmen Sie unbedingt eine *trockene Spätlese* oder einen im *Barrique* (darunter versteht man ein kleines, neues Faß aus – meist französischer – Eiche) ausgebauten Wein, der genügend Kraft besitzt. Welches Anbaugebiet, bleibt ihrem persönlichen Geschmack überlassen – die meisten wuchtigen Rotweine gibt es, das bringen Geographie und Klima sozusagen automatisch mit sich, in *Baden*. Hier ist, ebenso wie im *Rheingau* und an der *Ahr*, der *Spätburgunder* die Hauptsorte. *Lemberger* kommen vor allem aus *Württemberg, Frühburgunder* und *Domina* aus Franken.

EIN HUHN FÜR DIE KOCHKUNST

Ein Huhn für die Kochkunst

Von der kräftigen Bouillon zum delikaten Frikassee

Der französische König Henri IV. hat vor mehr als 400 Jahren seinen Untertanen für jeden Sonntag ein Huhn im Topf versprochen, die legendäre *poule-au-pot.* Französische Hausfrauen nehmen ihn noch heute beim Wort, denn das Suppenhuhn gilt ihnen immer noch als die ideale Basis für die kleine Kochkunst des bürgerlichen Haushalts! Es liefert eine köstliche, vielseitig zu verwendende Bouillon und zugleich die Basis für ein Frikassee oder für eine ganze Reihe anderer vorzüglicher Rezepte. Zum Beispiel für einen herzhaften Eintopf vom Huhn. Denn wenn's draußen im beginnenden Frühjahr noch einmal stürmt und selbst schneit, dann rückt man, wie im Winter, drinnen wieder enger zusammen, wärmt sich und braucht auch was Warmes im Magen. Aber trotzdem soll das Essen natürlich leicht sein, möglichst mager, denn schließlich ist es die Zeit der Frühjahrskur, jetzt möchte man gern ein paar häßliche Pfunde loswerden. Ein solcher Hühnertopf macht nicht viel Mühe: Man setzt zunächst dafür ein Suppenhuhn auf, zusammen mit Möhren, Lauch, Sellerie und Gewürzen. Und dann darf das Huhn auf keinen Fall kochen! Denn wir wollen nicht nur an der Brühe Freude haben, sondern auch am Fleisch. Und dieses soll natürlich nicht trocken und faserig werden.

Klar, duftend und wunderbar aromatisch: die Brühe

Klare Sache, die Bouillon!

Eine Brühe, die man hat kochen, also richtig wallen lassen, wird unweigerlich trüb. Natürlich könnte man eine trüb gewordene Brühe wieder klären, aber das ist eine zeitraubende und umständliche Prozedur. Kluge Köche und Köchinnen lassen es also gar nicht erst so weit kommen. Der Trick, wie man sich diese Mühe spart, ist ebenso einfach wie einleuchtend: Zunächst werden alle Zutaten, das Huhn zusammen mit dem Wurzelgemüse und den Gewürzen, in einen Topf gefüllt, mit kaltem Wasser bedeckt und langsam, ohne Deckel zum Kochen gebracht. Dabei sammelt sich nach einiger Zeit graubräunlicher Schaum an der Oberfläche. In vielen Kochbüchern wird empfohlen, diesen Schaum abzuschöpfen. Bitte tun Sie das nicht! Beobachten Sie ihn vielmehr sorgsam, er wird nämlich, noch bevor das Wasser ins Kochen gerät, langsam wieder verschwinden. Und zwar sinkt er auf den Topfboden, wo er seine Arbeit verrichten wird. Es handelt sich nämlich bei diesem Schaum um Eiweiß aus dem Hühnerfleisch, das imstande ist, alle Trübstoffe, die sich im Laufe der „Koch"zeit aus den Zutaten löst, an sich zu binden. Allerdings nur, wenn heftige, wallende Bewegungen im Topf vermieden werden. Dann bleiben diese Trübstoffe aneinander haften und schließlich am Topfboden sitzen. Die Brühe darüber präsentiert sich goldgelb und transparent klar. Deshalb ist es also so wichtig: Erst wenn der Schaum verschwunden ist, den Deckel auflegen und die Bouillon ganz langsam unter dem Siedepunkt ziehen und niemals ins Kochen geraten lassen.

Übrigens gilt diese Regel natürlich auch für alle anderen Brühen und Bouillons. Und weil auch Rindfleisch, auf diese Weise behandelt, immer zart und saftig bleibt, ist die gute alte Küchenregel, daß man kalt aufsetzen solle, wenn man Wert auf die Brühe legt und mit kochendem Wasser aufsetzen, wenn man das Fleisch genießen will, ziemlich überflüssig. Denn nach unserer Regel ist immer beides gleichermaßen köstlich: die Brühe und das Fleisch!

Das Suppenhuhn für eine gute Brühe

Vom Hähnchen zum Suppenhuhn

Was ist eigentlich ein Suppenhuhn?

Wenn ein Huhn überm Eierlegen alt geworden ist, kann es immer noch ein gutes Suppenhuhn abgeben. Dann ist das Fleisch zwar nicht mehr zart, aber es hat sich – gute Haltung natürlich vorausgesetzt – Fett eingelagert und so Geschmack entwickelt. Merkwürdigerweise haben Suppenhühner bei uns keinen guten Ruf. Feinschmekker können das nicht begreifen, denn für bestimmte Zubereitungen ist eine solche ausgewachsene Henne einfach unersetzlich. Diesen kräftigen Geschmack, diesen Biß im Fleisch kann ein zartes Hähnchen niemals bieten. Außerdem garantiert die Tatsache, daß mehr Fett eingelagert ist, daß das Fleisch saftiger ist.

Suppenhühner sind ausgewachsene, nach ihrer Geschlechtsreife geschlachtete Hühner – meist handelt es sich um Legehennen, die nicht mehr genügend fleißig Eier produzieren. Wie der Name schon verheißt, ergeben sie eine besonders kraftvolle und wohlschmeckende Brühe. Böse Zungen behaupten, daß das Fleisch nur taugt, einer Suppe Geschmack zu verleihen, aber dann eigentlich kein Genuß mehr sei – aber das ist nicht wahr: Wenn man mit dem Suppenhuhn behutsam umgeht, die Hitze vorsichtig dosiert, damit das Fleisch nie richtig kocht, dann lassen sich fabelhafte Gerichte daraus zubereiten.

Lauch, Petersilienwurzel, 200 g feine Suppennudeln, Petersilie

Tip: Stellen Sie eine Muskatmühle oder Muskatreibe auf den Tisch, dann kann sich jeder Gast einen Hauch dieses Gewürzes darüberstäuben – es verleiht dem Hühnertopf ein rätselhaftes, köstliches Parfum.

Mit kochendheißer Brühe auffüllen und zu Tisch bringen

Hühnerfrikassee mit Spargel

Für 4 bis 6 Personen: das ausgelöste Fleisch eines Suppenhuhns nach dem Grundrezept, 500 g Spargel, 75 g eiskalte Butter, 1 Eigelb, 1/8 l Sahne, Salz, Pfeffer, Worcestershiresauce, Zitronensaft, Kerbel oder Petersilie

Nehmen Sie ganz nach Gusto oder Marktlage grünen oder weißen Spargel – auch ruhig beide Farben gemischt!

❶ Das Fleisch in gleichmäßige Würfel schneiden.

❷ Den Spargel schälen. Die Köpfe abtrennen und in ca. 1/2 l Hühnerbrühe sechs bis acht Minuten gar kochen. Sie sollten noch ein wenig Biß haben. Mit einer Schaumkelle herausheben und zum Hühnerfleisch geben.

❸ Die Spargelstangen in Stücke schneiden und in dieser Brühe absolut weich kochen. Schließlich im Mixer fein pürieren, dabei die Butter zufügen und untermixen.

❹ Diese Sauce nunmehr zurück in den Topf füllen. Eigelb und Sahne verquirlen und die Sauce damit binden, das heißt langsam erhitzen, dabei geduldig rühren, aufpassen, daß die Sauce auf keinen Fall ins Kochen gerät, weil sie sonst ausflockt.

❺ Mit Salz, Pfeffer sowie einigen Tropfen Worcestershiresauce und Zitronensaft abschmecken.

❻ Das Hühnerfleisch und die Spargelspitzen in dieser Sauce erwärmen und mit Kerbel oder Petersilie garnieren.

Beilage: Kleine Pellkartoffeln.

Für die Sauce das Gemüse glattmixen

VARIATIONEN ZUM THEMA FRIKASSEE

Auf diese Weise lassen sich mit den verschiedensten Gemüsen immer wieder andere Geschmacksrichtungen erzielen. Zum Beispiel:

Frühlings-Frikassee

Für 4 bis 6 Personen: ***das ausgelöste Fleisch eines Suppenhuhns nach dem obigen Grundrezept, außerdem junge, zarte Gemüse – je nach Angebot: insgesamt etwa 500 bis 700 g (geputzt, gewogen): feine Erbsen, zarte grüne Bohnen, Broccoli-, Romanesco und Blumenkohlröschen, junge Möhren, Spargel, ausgelöste dicke Bohnenkerne usw., 200 g Kartoffeln, 200 g Sahne, Salz, Pfeffer, Muskat, Muskatblüte, Cayennepfeffer***

❶ Das Fleisch in gleichmäßige Würfel schneiden.

❷ Die Gemüse in etwa einem halben Liter Hühnerbrühe knackig gar kochen und abgetropft zum Hühnerfleisch geben.

❸ In der Brühe die gewürfelten Kartoffeln absolut weich kochen, die Sahne angießen und mit dem Pürierstab oder im Mixer zu einer glatten Sauce mixen.

❹ Mit Salz, Pfeffer, Muskat, Muskatblüte und Cayennepfeffer kräftig abschmecken. Die übrigen Bestandteile des Frikassees zufügen und behutsam in dieser Sauce erwärmen.
Beilage: Dazu schmecken Bandnudeln oder vom Brett geschabte Spätzle.

Tip: Damit man mit der Saucenkonsistenz keine Probleme hat, die Kartoffelwürfel zunächst nur mit der halben Flüssigkeitsmenge zerkleinern und erst nach und nach soviel vom Sud zufügen, bis die Sauce angenehm cremig und so dick ist, wie man sie gerne möchte.

Das Fleisch in mundgerechte Stücke schneiden

Die Sauce wird mit Kartoffeln gebunden

Hühnerfrikassee mit Spinat

Für 4 bis 6 Personen:
1 Suppenhuhn wie oben beschrieben , 1 Zwiebel, 1 Knoblauchzehe, 250 g frischer Blattspinat, 2 – 3 EL Butter, ca. 1/4 l Hühnerbrühe, 200 g Sahne, Salz, Pfeffer, Muskat

❶Das Hühner- oder Poulardenfleisch in mundgerechte Würfel schneiden.

❷Für die Sauce Zwiebel und Knoblauch schälen und fein hakken. Den Spinat sorgfältig verlesen und waschen.

❸Zwiebel und Knoblauch in der heißen Butter andünsten, den Spinat zufügen und zusammenfallen lassen. Brühe und Sahne angießen und schließlich zugedeckt etwa 10 Minuten köcheln.

❹Im Mixer fein pürieren, mit Salz, Pfeffer und Muskat abschmecken. Wenn nötig mit einem Schuß Hühnerbrühe in die gewünschte Saucenkonsistenz bringen.

❺Das Fleisch in diese leuchtend grüne Sauce rühren und erwärmen. Schließlich heiß zu Tisch bringen.

Beilage: herrlich mehlige Dampfkartoffeln, die die Sauce schön aufnehmen und ein knackiger Salat aus roten Paprikaschoten.

Getränk: ein trockener Muskateller oder Traminer, zum Beispiel aus Württemberg.

Tip: Biß und Farbe bekommt das Ragout, wenn man zum Schluß kurz blanchierte Gemüse unterrührt, zum Beispiel zarte Erbsenschoten oder ausgepalte Erbsen, Spargelspitzen und ganze Spinatblätter.

Hühnerfrikassee mit Möhren

Für 4 bis 6 Personen:
1 Suppenhuhn oder eine Poularde, angesetzt wie im Rezept oben beschrieben, 400 g Möhren, 1 – 2 Sternanis, 200 g Sahne, 1 Handvoll Kerbel

Auch in diesem Fall wird das Huhn – entweder ein Suppenhuhn oder eine Poularde – zunächst gekocht, zusätzlich zum üblichen Wurzelwerk läßt man jedoch reichlich Möhren mitgaren, die gemixt die Basis für eine leuchtend orangefarbene Sauce sind.

❶Das Huhn wie beschrieben aufsetzen. Die Möhren schälen und unzerteilt zufügen, ebenso den Sternanis in den Suppentopf geben.

❷Sobald die Möhren nach einer guten Stunde weich sind, herausfischen, mit der Sahne im Mixer fein pürieren.

❸Das Möhrenpüree in einen Topf füllen, mit Salz und Pfeffer abschmecken, das gewürfelte Hühnerfleisch zufügen. Behutsam erwärmen. Die Sauce mit so viel Brühe verdünnen, wie zu einer angenehmen Konsistenz nötig ist.

❹ Die Kerbelblättchen von den Stielen zupfen und in die Sauce rühren.

Beilage: Spätzle, am liebsten handgemacht (für den Teig pro Ei ca. 100 g Mehl rechnen) und Feldsalat, der mit feingewürfelter, roter Zwiebel angemacht wurde.

Getränk: ein frischer Silvaner, zum Beispiel aus Franken.

Hühnertopf mit Wirsing

Für 4 bis 6 Personen:
1 schönes Suppenhuhn,
1 – 2 Bund Suppengrün (je nach Größe),
500 g Petersilienwurzeln mit ihrem Grün,
je 1 TL Piment-, Wacholder- und Senfkörner,
1 EL Pfefferbeeren,
2 Lorbeerblätter,
Salz, Cayennepfeffer,
1 kleiner Wirsingkopf,
2 EL Anislikör (Pastis oder Pernod),
je 1 Bund Petersilie und Schnittlauch

Ein ganz leichter, bekömmlicher Eintopf mit viel Gemüse – läßt sich fabelhaft vorbereiten und paßt auch mal als Imbiß zwischen den Hauptmahlzeiten.

❶ Das Huhn wie üblich mit dem geputzten Suppengrün aufsetzen, die Petersilienwurzeln schälen und auf alle Fälle unzerteilt zufügen – sie werden bereits nach 20 bis 30 Minuten aus dem Topf gefischt, damit sie noch Biß behalten.

❷ Die Gewürze in den Topf füllen, so viel Wasser angießen, daß alles bedeckt ist. Je nach Alter und Qualität des Huhns zwischen einer und zwei Stunden lang leise ziehen lassen, dann das Fleisch von den Knochen lösen, die Knochen und die Haut eine weitere Stunde auskochen.

❸ Den Wirsingkopf entblättern, die Blätter in Salzwasser blanchieren und eiskalt abschrecken, damit sie ihre schöne, leuchtende Farbe behalten. In breite Streifen schneiden.

❹ Für den Eintopf das Fleisch, die gewürfelten Petersilienwurzeln sowie die Wirsingblätter in eine Terrine füllen, die Brühe durch ein Sieb filtern, mit Salz, Pfeffer, Cayenne und Anislikör abschmecken und kochendheiß darübergießen.

❺ Das Petersiliengrün und den Schnittlauch fein schneiden und großzügig unterrühren.

❻ Dampfend heiß in tiefen Tellern servieren.

Beilage: frisches Weißbrot bzw. Baguette.

Getränk: obwohl man im allgemeinen zur Suppe nichts trinkt, eventuell ein Gläschen trockenen Vermouth.

Hühnertopf mit Kürbis

Für 4 bis 6 Personen:
1 Suppenhuhn mit seinen Zutaten für die Brühe wie im Grundrezept, 1 Zwiebel, 3 Knoblauchzehen, 400 g Kürbisfleisch (bereits geraspelt gewogen), 2 EL Delikateßpaprika, 3 Tomaten, 1 Petersilien- oder Basilikumstrauß, 50 g Kürbiskerne

❶ Das Huhn wie beschrieben aufsetzen und weich kochen. Die Brühe über Nacht im Kühlschrank fest werden lassen, damit man das Fett abheben kann.

❷ Von diesem Fett 2 Eßlöffel abnehmen. Zwiebel und Knoblauch schälen und fein hacken, im heißen Hühnerfett andünsten.

❸ Das Kürbisfleisch zufügen und einige Minuten mitdünsten. Mit Paprikapulver überpudern, den Topf vom Feuer ziehen, damit das Pulver nicht zu heiß wird und gar verbrennt (das macht es bitter!), gut mit dem Kürbisfleisch vermischen, erst jetzt Hühnerbrühe angießen – und zwar schußweise, nicht alles auf einmal, insgesamt etwa 1/2 Liter. Zugedeckt etwa 30 Minuten köcheln.

❹ Inzwischen das Hühnerfleisch würfeln. Die Tomaten mit kochendem Wasser überbrühen, häuten, entkernen und in Streifen schneiden. Beides zum Schluß in das Kürbisgemüse rühren.

❺ Falls der Eintopf zu trocken wirkt, noch mehr Hühnerbrühe angießen – man sollte das Gericht mit dem Löffel aus tiefen Tellern essen.

❻ Zum Servieren reichlich feingehackte Petersilie oder Basilikum darüberstreuen. Den Eintopf mit einem Schuß Balsamico-Essig abschmecken.

❼ Die Kürbiskerne ohne Zugabe von Fett in einer beschichteten Pfanne rösten und über den in der Terrine angerichteten Eintopf streuen.

Beilage: dunkles, frisch gebackenes Sauerteigbrot mit schöner Kruste.

Getränk: ein kraftvoller Weißburgunder aus der Wachau oder aus Baden.

Feine Suppenklößchen

Für 6 Personen:
ca. 200 g gegartes Hühnerfleisch, 1/2 altbackenes Brötchen, ca. 1/16 l Milch, 1 Eigelb, 1 Frühlingszwiebel, Salz, Pfeffer, Muskatblüte, Rosenpaprika oder Cayennepfeffer

Aus übriggebliebenem Hühnerfleisch lassen sich noch wunderbare Klößchen zubereiten. Man kann sie auch auf Vorrat herstellen und einfrieren. So hat man immer eine elegante Suppeneinlage im Haus.

❶ Das Fleisch zusammen mit dem in lauwarmer Milch eingeweichten, gut ausgedrückten Brötchen im Mixer pürieren, dabei das Eigelb zum Schluß zufügen und kurz untermixen.

❷ Die Frühlingszwiebel in sehr feine Ringe schneiden und mitmixen. Diese Farce sehr kräftig würzen.

❸ Mit einem Teelöffel kleine Nokkerln formen und in leise siedendem Salzwasser garziehen lassen.

❹ Die Suppenklößchen in klarer Brühe mit Frühlingszwiebelringen servieren.

Chinesische Wolkenohrsuppe

Für 4 Personen:
ca. 1 l Hühnerbrühe, 4 Eier, je 2 EL Sojasauce und Sherry oder Reiswein, einige Tropfen Sesamöl, 1/2 TL Zucker, 2 – 3 Frühlingszwiebeln

Eigentlich nichts anderes als Omas einfache Einlaufsuppe – klingt aber so wesentlich hübscher und schmeckt dank chinesischer Würze erheblich interessanter.

❶ Die Brühe aufkochen.

❷ Eier mit den übrigen Zutaten verquirlen – bis auf die Frühlingszwiebeln, die in feine Ringe geschnitten werden sollen.

❸ Direkt in die kochende Brühe rühren, wobei das Ei sofort zu dekorativen Wolken gerinnt.

❹ Die Frühlingszwiebeln einrühren. Die Suppe in chinesischen Schälchen servieren.

Für 5 bis 6 Personen:

Für die Brühe:
1 schönes, schweres und fettes Suppenhuhn, 1 großes Bund Wurzelwerk (Möhren, Lauch, Sellerie, Petersilie), Salz, Pfeffer, etwas frischer Ingwer, 2 Chilischoten

Für die Suppe:
12 Mu-Err-Pilze, 1 Möhre, 6 Knoblauchzehen, 1 fingerkuppengroßes Stück Ingwer, etwa 50 g Bambusspitze (Dose oder eine junge, eingemachte Sprosse, wie es sie lose in guten Asiengeschäften zu kaufen gibt), 2 Frühlingszwiebeln, 1 rote Paprikaschote, 1 gute Handvoll frische Sojasprossen, einige Spinatblätter, einige Sellerieblätter (vom Stangensellerie), 4 – 6 EL gekochter Reis (Rest), 3 – 4 EL Soja-Sauce, 1 Schuß Zitronensaft

Chinesische Hühnersuppe

❶Das Huhn mit den geputzten Gemüsen und den Gewürzen aufsetzen und etwa 4 Stunden leise sieden lassen. Das Brustfleisch jedoch wie beschrieben schon nach einer knappen Stunde, das Fleisch der Keulen nach eineinhalb Stunden sorgfältig auslösen und in mundgerechte Stücke schneiden. Mit etwas Brühe bedeckt bis zum Gebrauch aufheben. Die Brühe durchseihen und weitestgehend entfetten.

❷Die Pilze mit kochendem Wasser übergießen und 20 Minuten quellen lassen.

❸Die Möhre dünn schälen und in Scheiben schneiden – typischer wären Sternchen, doch die machen ein wenig Arbeit: dafür längs dicht nebeneinander kleine, v-förmige Rillen hineinschneiden, so daß, wenn die Möhre jetzt in dünne Scheiben geschnitten wird, Sternchen entstehen. Diese Scheiben oder Sternchen in etwas Hühnerbrühe in 15 Minuten bißfest garen.

❹Knoblauchzehen in Scheibchen, Ingwer in sehr dünne Streifchen, Bambusspitze in etwas größere Streifen, Frühlingszwiebeln mit Grün schräg in 2 cm lange Stücke, Paprika in 2 cm große Quadrate oder Rauten schneiden. Sojasprossen waschen und möglicherweise angefaulte Spitzen entfernen. Spinat- und Sellerieblätter entstielen.

❺Alle vorbereiteten Zutaten – Fleisch, Pilze, Gemüse und Gewürze – in vorgewärmte Suppenteller oder Schalen verteilen. Die Brühe aufkochen, mit Soja-Sauce und Zitronensaft abschmecken und über die Suppenzutaten gießen. Sofort servieren.

Tip: Im Prinzip verwenden die Chinesen in dieser Suppe alles, was der Garten hergibt: alle möglichen Sorten von Kohl (Pak Soi, Senf- und Chinakohl, Wirsing, Weißkohl, Broccoli, Blumenkohl, Kohlrabi), Zucchini, Kürbis, Gurken, Erbsen, Bohnen, Mangold usw. Sehr gut schmeckt darin auch Rauke (Rucola).

Italienischer Salat

Eine wunderbare Vorspeise, ein ganzes Abendessen oder auch ein fabelhafter Imbiß für die Party!

❶ Das Fleisch in Würfel oder Scheiben schneiden. Die Nudeln in reichlich Salzwasser bißfest kochen. Auch die übrigen Zutaten für den Salat in mundgerechte Würfel oder Stücke schneiden und alles in einer großen Schüssel behutsam mischen.

❷ Die Zutaten für die Marinade (zunächst ohne die Brühe) in den Mixer füllen, auf hoher Stufe zu einer dicken Mayonnaise mixen. Erst dann nach und nach so viel Hühnerbrühe angießen, bis die Salatsauce die gewünschte Konsistenz hat.

❸ Über die Salatzutaten gießen, vorsichtig mischen und ein wenig durchziehen lassen, bevor serviert wird.

Alle Zutaten würfeln

Für die Marinade alles in ein großes Glas füllen

Mit dem Pürierstab glattmixen – die einfachste Mayonnaise der Welt!

Für 4 bis 6 Personen (je nachdem, ob Vorspeise oder Hauptgericht): ***das ausgelöste Brustfleisch eines Suppenhuhns nach dem Grundrezept, 250 g Nudeln (z. B. Schmetterlingsnudeln, Öhrchennudeln oder Reiskornnudeln), Salz, je eine Tasse gegarte Erbsen, feine Bohnen, Möhrenwürfel, Blumenkohlröschen, 3 Stengel Bleichsellerie mit Kraut, 3 – 4 Frühlingszwiebeln, glattblättrige Petersilie***

Marinade: 1 Ei, 1 EL scharfer Senf, ca. 0,1 l Öl (am besten ein aromatisches Olivenöl, aber auch ein gutes, kaltgepreßtes, neutrales Öl ist möglich), Salz, Pfeffer, Zitronensaft, Worcestershiresauce, einige Eßlöffel Hühnerbrühe

DAS SUPPENGRÜN

Üblicherweise besteht Suppengrün immer aus den gleichen Bestandteilen: Möhren, Sellerie, Lauch – in manchen Regionen gehören unbedingt noch Petersilienwurzeln dazu, mitsamt ihrem Grün, der glattblättrigen Petersilie. Weil sich alle diese Gemüse unter der Erde verstecken, spricht man übrigens auch vom sogenannten Wurzelwerk.

Fleisch gibt einer Brühe ihre Kraft, das ist klar. Würze und Aroma jedoch erhält sie erst durch genügend Gemüse und Kräuter. Deshalb ist das armselige Suppengrünbündelchen, das man im allgemeinen zu diesem Zweck angeboten bekommt, eigentlich lächerlich!

Es ist also daher meist ratsam, sich die einzelnen Bestandteile fürs Suppengrün zu besorgen und so nicht nur die Menge sowie die Proportionen selbst zu bestimmen. Denn es ist natürlich für das Aroma der Brühe entscheidend, ob man mehr würzigen Lauch als die eher süßlichen Möhren hinzugefügt hat. Außerdem hat man dann auch noch den entscheidenden Vorteil, bestimmte Teile des Suppengemüses so zu verwenden, daß man es hinterher auch noch als Einlage verwerten kann: Von einer Lauchstange nimmt man die dunkelgrünen Teile und die äußeren Blätter zum Auskochen, zartgrüne Stücke dagegen werden nur kurz gegart und in der Suppe mitgegessen. Von den Möhren oder vom Sellerie schneidet man die unschöneren Stücke als Suppenwürze klein, gart tadellos gewachsene Möhren im Ganzen nur kurz mit, dann lassen sie sich herausfischen und hübsch gewürfelt in die Suppe geben.

In Frankreich gehören ins Suppengrün unabdingbar einige Thymianzweiglein, in China fügt man der Hühnerbrühe Frühlingszwiebeln, unbedingt auch Ingwer und Knoblauch hinzu.

Und nirgendwo darf natürlich die Zwiebel fehlen, die man am besten ungeschält mitkochen läßt, weil die Zwiebelschale der Brühe eine so schöne, goldene Farbe verleiht. Und die man – des kräftigeren Aromas wegen – zuvor halbieren und auf der Schnittfläche kräftig anrösten sollte. Das geschieht am einfachsten auf der ohnehin eingeschalteten Herdplatte – ein Stück Alufolie unterlegen, dann muß man nichts wegputzen …

Hausgemachte Suppenwürze

Alle Gemüse werden durch die grobe Scheibe des Fleischwolfs gedreht

Suppengrün, das man immer im Vorrat haben kann, können Sie sich ganz leicht selber machen:

❶ Das Gemüse putzen und erst dann wiegen – damit wirklich von allem gleich viel vorhanden ist.

❷ Die Gemüse durch den Fleischwolf drehen und in einer großen Schüssel mischen, dabei das Salz zufügen und gründlich einarbeiten.

❸ Über Nacht durchziehen lassen. Und schließlich abgetropft in Schraubgläser füllen.

Für vier bis sechs Schraubgläser:
je 1 kg Lauch, Möhren, Sellerie, Petersilienwurzel mit Grün, Tomaten und Salz

So bekommt die Suppenwürze die richtige Konsistenz

Das Gemüse wird eingesalzen und schließlich in Gläser gefüllt

Die Suppenwürze hält sich so jahrelang. Möglichst dunkel und kühl aufbewahren!

Tip: So hält sich diese Würze monatelang frisch (Salz konserviert). Jeweils ein Löffel davon an Suppen oder Saucen gibt ihnen zusätzliche Kraft.

NUDELN UND PASTA

der Stoff, aus dem man Lieblingsessen macht

Nudeln und Pasta – der Stoff, aus dem man Lieblingsessen macht

Zu Nudeln gehört auch Käse

Nudelvielfalt: wer zählt die Formen und Farben?

Praktisch zum Kochen von Nudeln ist ein Siebeinsatz

Nudelgeschichte und Nudelgeschichten

Man streitet sich immer noch (und das schon seit Jahrtausenden), wer nun eigentlich die Nudeln erfunden hat – die Chinesen oder die Italiener. Einerseits neigt man der Vermutung zu, daß ersteren der Ruhm gebührt, weil sie uns in allem, also nicht nur auf kulinarischem Gebiet, sondern auch in anderen kulturellen Bereichen um etliche Jahrhunderte voraus waren. Und dankt deshalb gerne Marco Polo, der die Nudeln von seinen Expeditionen nach Europa mitgebracht haben soll. Andere jedoch widersprechen vehement, weil Nudeln bereits vor Marco Polo in italienischen Aufzeichnungen zu finden sind. Salomonisch kann man beiden Lesarten recht geben: Man ist offenbar unabhängig voneinander auf die Nudel gekommen.
Unbestritten ist, daß man dann in Italien sich des Themas mit ebensoviel Begeisterung wie Einfallsreichtum bemächtigt und es zur absoluten Meisterschaft gebracht hat. Dort sind Nudeln ein eigenständiger Gang, der bei keiner Mahlzeit fehlen darf. Es wird nämlich in Italien die sogenannte Sättigungsbeilage nicht zum Fleisch oder Fisch, sondern eben als eigenständiges Gericht, als eigener Gang davor gereicht. Ernährungswissenschaftlich gesehen übrigens ein großer Vorteil, kulinarisch ebenfalls durchaus ein Gewinn!
Ebenso unbestritten ist weiterhin, daß Nudeln auch in der bescheidenen deutschen Küche, zumindest in der süddeutschen, beheimatet sind. Bei uns sind sie jedoch erst seit kurzem von der Beilage zum Hauptgericht avanciert.

Eiernudeln & Pasta

Grundsätzlich unterscheidet man zwei völlig verschiedene Nudeltypen: solche mit und solche ohne Eier. Während man bei uns weitaus mehr Eiernudeln ißt (70%), bevorzugt man in Italien eher die eierlosen Nudeln, auf gut italienisch *pasta asciutta*. Sie bestehen aus nichts weiter als Mehl und Wasser. Ihren besonderen Biß und kernigen Geschmack hat gute Pasta (wir nennen diese Nudelsorte zur Unterscheidung zu den Eiernudeln auch bei uns so) übrigens durch ein besonderes Mehl aus **Hartweizen**. Das ist ein spezielles Getreide, das nicht nur im Anbau sehr viel schwieriger zu handhaben ist als der normale **Weizen** (Weichweizen), sondern leider auch im Ertrag längst nicht so ergiebig und empfindlichen Schwankungen unterworfen ist. Das bedeutet natürlich auch, daß er deutlich teurer ist. Und dadurch kommen die oft gewaltigen Preisunterschiede bei gekauften Nudeln zustande, die sich danach richten, ob oder wieviel Hartweizen für die Nudeln verarbeitet wurde. Ob es sich gelohnt hat, zur billigeren Packung zu greifen, merkt der Verbraucher spätestens, wenn er eine Gabel davon gegessen hat: weich, lasch und ohne Struktur darf eine gute Nudel nicht sein. Ob die Nudeln mit Hartweizen hergestellt wurden und zu welchem Anteil (nötig sind für gute Qualität 100 Prozent!), ist auf der Packung vermerkt.

Vom Hartweizen wird nur ein vergleichsweise kleiner Teil verwendet, der innerste Kern, in dem jedoch alle wichtigen Inhaltsstoffe stecken. Dieser Kern wird zum gröberen Grieß, nicht zu feinem Mehl, vermahlen – das ist für die Nudelstruktur günstiger, denn Grieß ermöglicht eine innigere und haltbarere Bindung. Die Nudelproduzenten, die Wert auf erstklassige und haltbare Qualität legen, verarbeiten ausschließlich Hartweizengrieß, auch für Eiernudeln.

Wer seine Eiernudeln selber macht und schließlich rasch verbraucht, kann sie natürlich aus Weichweizen herstellen, also dem normalen 405er Mehl, wie man es im Supermarkt bekommt, denn es sorgen in diesem Fall die Eier für ausreichende Bindung.

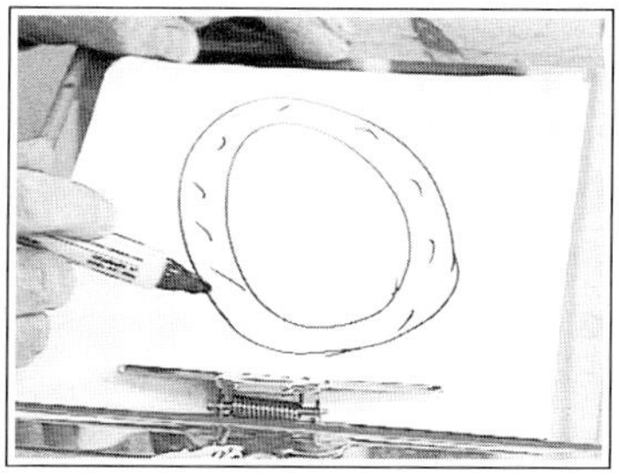

Vom normalen Weizenkorn wird der gesamte Kern verwendet

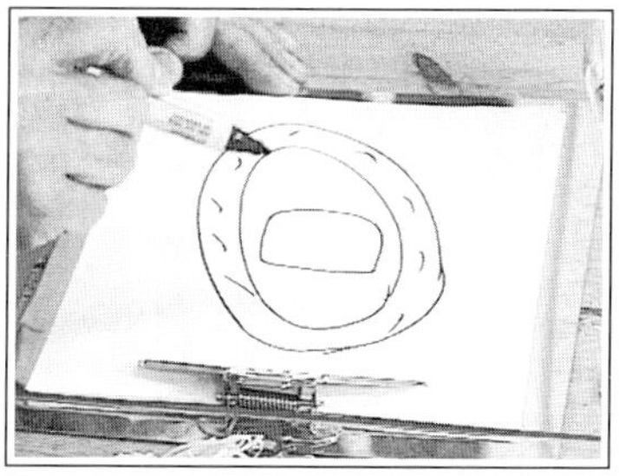

Vom Hartweizenkorn nur ein kleiner Teil im Innersten

Nudelqualität

Wie kann also der Verbraucher Nudelqualität erkennen? Indem er sich zunächst klarmacht, daß der Produzent beim Billigangebot natürlich an der Qualität sparen muß. Indem er, zweitens, liest, was auf der Packung steht (was nicht drin ist, steht auch nicht drauf!). Und schließlich, indem er verschiedene Produkte ausprobiert und sich für eines entscheidet. Übrigens noch ein Hinweis: Es ist ein Irrtum zu glauben, daß italienische Produzenten von vornherein besser sind als deutsche!

Parmigiano Reggiano: unübersehbar ist der Name in die Rinde gestanzt

Nudeln – da steckt allerhand drin!

Und noch eins: Es wird immer behauptet, Nudeln machen dick. Das stimmt insofern, daß man nur allzuleicht zuviel davon ißt. Und zuviel essen macht immer dick. In Wirklichkeit sind Nudeln sehr bekömmlich, denn sie liefern Kohlenhydrate, die der Körper braucht, um Kraft und

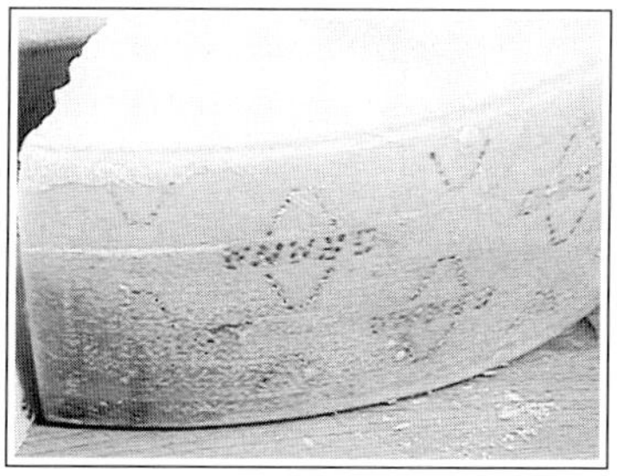

Grana Padano: auch ihn kann man an seiner Rinde erkennen

Energie zu haben. Übrigens: Hartweizen enthält dank seiner andersgearteten inneren Struktur mehr Inhaltsstoffe, Vitamine und Mineralien als das übliche Weißmehl, ist sozusagen vollwertig.

Formen und Farben

Nudeln gibt es in unzähligen verschiedenen Formen. Da gibt es die kleinen, kompakt geformten Suppeneinlagen: Muscheln, Sternchen, Buchstaben usw., haarfeine Suppennudeln, Bandnudeln in sämtlichen Stärken und Breiten, Spaghetti von engelshaarfein (Cappellini) bis stricknadeldick, eckige (alla guitarra), mit Loch (Makkaroni), kurze, gerippte, gedrehte und wer weiß wie geformte. Und zwar hat das seinen Sinn: Nicht nur aus optischen Gründen sind diese Formen interessant, sie verhalten sich auch jeweils anders im Zusammenspiel mit der Sauce. Mit manchen Sorten schaufelt man sie geradezu in den Mund, andere nehmen sie nur mit ihrer Außenschicht auf, und wieder andere schlucken die Sauce regelrecht.
Schließlich kann man Nudeln einfärben. Mit Tomatenmark werden sie rot, mit Spinatfarbe grün, mit Safran oder reichlich Eigelben leuchtend gelb und schließlich mit der Tinte vom Tintenfisch sogar rabenschwarz.

Nudeln richtig kochen

Die wichtigsten Grundregeln:

❶ Wer vorher salzt, verzögert den Siedepunkt, braucht also mehr Energie als nötig.

❷ Nudeln wollen in viel Wasser schwimmen. Man rechnet einen Liter pro 100 Gramm Nudeln.

❸ Praktisch fürs Kochen sind Siebeinsätze, mit deren Hilfe man die Nudeln mit einem Griff aus dem Wasser heben kann, damit sie nicht mehr weiterkochen. Nötig ist außerdem ein ausreichend großes Sieb, durch das man die Nudeln abgießen kann.

❹ Wer mag, fügt dem Kochwasser einen Schuß Öl zu, nötig ist es aber nicht. Angeblich verhindert dies, daß Nudeln zusammenkleben. Nudeln kleben aber ohnehin niemals zusammen, wenn man den nächsten Grundsatz befolgt:

❺ Die Sauce muß auf die Nudeln warten, niemals die Nudeln auf die Sauce. Deshalb gilt: Die Nudeln abgießen, aber auf keinen Fall abtropfen lassen, sondern naß mit der Sauce vermischen; dann unverzüglich anrichten.

❻ Nudeln müssen al dente sein, also den Zähnen Biß bieten. Das können sie nur, wenn ihre Qualität stimmt, und auch dann nur, wenn sie richtig gekocht wurden, nämlich nicht zu lange. Angeblich sollen sie richtig sein, wenn sie, an die Wand geworfen, dort kleben bleiben. Aber das wollen wir lieber nicht ausprobieren. Es geht auch so: eine Nudel herausfischen, abbeißen und prüfen, ob sie genehm ist ...

Das Tüpfelchen auf dem i: der richtige Käse

Kaufen Sie niemals fertig geriebenen Käse, schon gar nicht den im Beutel abgepackten. Adeln Sie Ihre Nudeln mit erstklassigem, gut gelagerten Reibkäse, entweder mit Bergkäse aus Deutschland oder aber mit dem Original, mit Parmigiano Reggiano oder mit dem preiswerteren Grana Padano. Bereits geriebener Käse im Beutel heißt oft Parmesan, das bedeutet jedoch nicht, daß auch tatsächlich Käse aus Parma, schon gar nicht, daß Parmigiano Reggiano drinsteckt. Es handelt sich um einen sogenannten Handelsbegriff und keineswegs um eine Herkunftsbezeichnung. Unser angeblich so verbraucherfreundliches Lebensmittelgesetz erlaubt, unter dieser Bezeichnung Käse jeglicher Herkunft auf den Markt zu bringen und sanktioniert damit bewußt angestrebte Verbrauchertäuschung!

In jedem Fall muß der Käse zum Reiben gut gereift und gelagert sein, mindestens zwei Jahre, damit er ausreichend trocken ist, um gerieben zu werden. Und reiben Sie ihn jedesmal frisch, wenn Sie ihn brauchen. Leisten Sie sich eine Käsemühle, die Sie auf den Tisch stellen können, so daß jeder Gast sich selbst bedienen kann. Da gibt es verschiedene Möglichkeiten. Vom einfachen Handgerät bis zum erlesenen Holzmodell aus Italien – schauen Sie sich im Küchenshop um, oder bringen Sie sich aus Italien ein praktisches Gerät mit. Man findet sie auf jedem Wochenmarkt in jedem Ort.

DIE REZEPTE

Für 4 Personen:
400 g frische Bandnudeln oder feinste Spaghetti, Salz, 4 EL Olivenöl, 4 Knoblauchzehen (oder mehr!), 2 – 3 getrocknete rote oder auch frische, grüne Chilischoten, eine Handvoll Petersilienblätter, schwarzer Pfeffer aus der Mühle

Bandnudeln mit Öl, Knoblauch, Chili und Petersilie

Fettuccine con olio, aglio, peperoncini e prezzemolo

Eine Zubereitung, die umwerfend einfach ist und unwiderstehlich gut, die allerdings steht und fällt mit der Qualität der Zutaten. Das Öl muß natürlich hocharomatisch sein, ein Olivenöl extra vergine selbstverständlich, der Knoblauch sollte möglichst frisch sein, die Chilis würzig und die Petersilie glattblättrig und duftend. Hergestellt ist diese Sauce im Handumdrehn:

❶ Die Nudeln in Salzwasser bißfest kochen.

❷ Inzwischen das Öl in einer Pfanne erhitzen, die feingewürfelten Knoblauchzehen zufügen, ebenso die zerbröselten oder feingewürfelten Chili und die grob gehackten Petersilienblätter. 3 – 4 EL Nudelkochwasser zufügen und sprudelnd kochen lassen, bis es sich mit dem Öl zur Emulsion verbindet.

❸ Die Nudeln abgießen, sofort mit dem Pfanneninhalt mischen und unverzüglich anrichten.

Serviervorschlag: Bei diesen Nudeln verzichtet man lieber auf den Käse oder nimmt einen würzigen, gereiften Schafskäse (Pecorino).

Knoblauch, Chili, Petersilie und Olivenöl

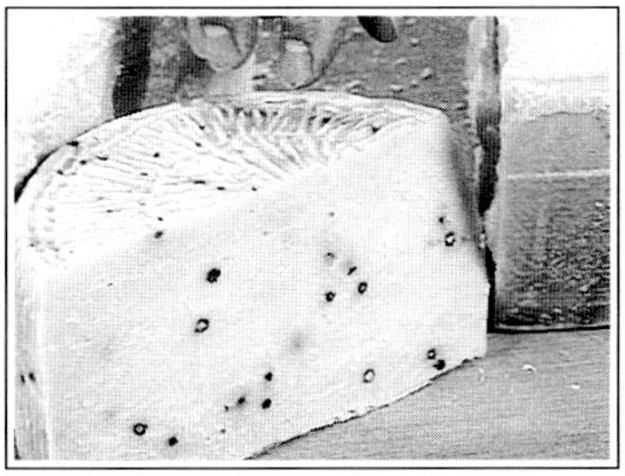

Schafskäse (Pecorino) mit schwarzen Pfefferkörnern

Nudeln mit Paprika und Salami

Fettuccine con peperoni e salame

Für 4 Personen:
400 g Spaghetti, Bandnudeln oder Nudelflekken, Salz, 4 Knoblauchzehen, 4 EL Olivenöl, je 1 Tasse winzig feingewürfelter roter und gelber Paprika, 1 grüne Chilischote, 75 g Salami, in 3 mm dicke Scheiben geschnitten, Pfeffer

Ein paar Handgriffe mehr, und das Nudelgericht sieht gleich entzükkend aus:

❶ Die Nudeln in Salzwasser bißfest kochen.

❷ Inzwischen den gewürfelten Knoblauch in heißem Öl andünsten, die Paprikawürfel, die ebenfalls gewürfelte Chilischote und die genauso klein gewürfelte Salami hinzufügen.

❸ 4 EL Nudelkochwasser angießen, sprudelnd aufkochen. Die abgetropften Nudeln damit vermischen.

Nudeln mit Venusmuscheln

Fettuccine alle vongole in bianco

Für 4 Personen:
400 g Spaghetti, Salz, 4 Knoblauchzehen, 4 EL Olivenöl, 3 – 4 Stengel Petersilie, 500 g frische Venusmuscheln oder 1 Glas ausgelöste Muscheln, 1 kleines Glas trockener Weißwein, Pfeffer aus der Mühle

In bianco bedeutet, daß die Muscheln in einer hellen, also eigenen Sauce schwimmen und nicht in einer Tomatensauce.

❶ Die Nudeln in Salzwasser bißfest kochen.

❷ Die Knoblauchzehen fein hakken oder durch die Presse drücken und im heißen Öl andünsten, die gehackte Petersilie zufügen, ebenso die gebürsteten und gewaschenen Muscheln (oder die abgetropften Muscheln aus dem Glas).

❸ Den Wein sowie zwei Löffel Kochwasser angießen und heftig sprudelnd aufkochen lassen. Mit Pfeffer würzen, bevor die abgegossenen Nudeln untergemischt werden.

***Für 4 bis 6 Personen:* 1 Zwiebel, 3 – 4 Koblauchzehen, 2 EL Olivenöl, 300 g Hackfleisch, 3 EL Tomatenmark, 1 Stengel Bleichsellerie, 1 kleine Möhre, 1 Lorbeerblatt, 1 Thymianzweig, 1 TL getrockneter Origano, 1 Chilischote, Salz, Pfeffer, 1 Glas Rotwein, ca. 1/4 l Fleischbrühe**

Hackfleischsauce

Sugo bolognese

❶Zwiebel und Knoblauch fein würfeln. In einem flachen, weiten Topf oder in einer tiefen Pfanne im Öl andünsten.

❷Die Hitze dann erhöhen, das Hackfleisch zerpflücken und zufügen. So lange unter Rühren braten, bis es krümelig geworden ist und regelrecht röstet. Das Tomatenmark zufügen und mitrösten.

❸Sellerie und Möhre fein würfeln und zum Hackfleisch geben. Schließlich Lorbeer, Thymian, Origano und die Chilischote einrühren. Den Origano zwischen den Handflächen zerrebbeln, damit er seinen Duft entfaltet.

❹Salzen, pfeffern, den Wein angießen. Ohne Deckel leise köcheln lassen, dabei immer wieder umrühren, damit nichts ansetzt.

❺Falls zuviel Flüssigkeit verkocht, immer wieder mit einem Schuß Brühe verdünnen – auf keinen Fall alles auf einmal hineingießen, die Sauce soll schmoren, nicht kochen! Die Kräuter und die Chilischote aus der Sauce fischen, die Sauce selbst abschmecken.

Serviervorschlag: Frisch gekochte, hausgemachte Bandnudeln oder feine Spaghetti mit dieser Sauce mischen, pro Person einen Eßlöffel Butter und frisch geriebenen Parmesan untermischen und sofort servieren. Wer nicht die Schüssel auf den Tisch bringen will, sondern lieber Portionsteller serviert, richtet die Nudeln hübsch auf tiefen (!) Tellern an und setzt die Sauce als üppigen Klecks in die Mitte. Den Eßlöffel Butter kann man bereits in der Küche obenauf geben. Käse streut sich dann jeder nach eigenem Gusto darüber.

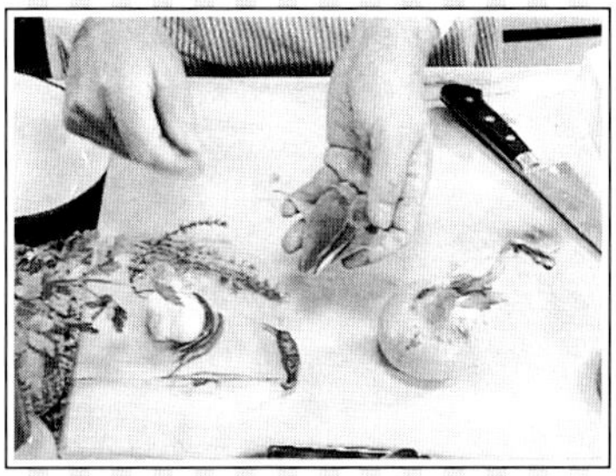

An Gewürzen darf man hier nicht sparen

Die Sauce langsam und lange einköcheln, damit sie schön konzentriert wird

Toskanische Fleischsauce

Sugo toscano

Für 4 bis 6 Personen:
1 Zwiebel, 3 – 4 Knoblauchzehen, 2 EL Olivenöl, 300 g Schweinemett, 3 EL Tomatenmark, 2 Stengel Bleichsellerie, 1 Fleischtomate, 2 Rosmarinzweige, 1 Gewürznelke, 2 Chilischoten, 1 TL Fenchelsamen, Salz, Pfeffer, 1 Glas Rotwein, ca. 1/4 l Fleischbrühe, Petersilie

Dies ist eine Variante zur Bolognese-Sauce. Man verfährt ganz genauso mit den gleichen Zutaten, nimmt jedoch statt des Hackfleischs gewürztes Schweinemett – das ist gepökeltes, mit Salz und Pfeffer, oft sogar mit Zwiebeln abgeschmecktes Schweinefleisch – oder den Inhalt von groben Schweinebratwürstchen. In der Toskana nimmt man dafür übrigens frische Würstchen, die sehr kräftig mit Fenchel gewürzt sind. Sie geben dank ihres typischen, eigenen Fleischgeschmacks der Sauce eine besondere Note.

❶ Zwiebel und Knoblauch würfeln und in einer tiefen Pfanne im heißen Öl andünsten.

❷ Das zerpflückte Schweinemett zufügen und auf nunmehr stärkerem Feuer so lange braten, bis es krümelig geworden ist. Das Tomatenmark unterrühren und mitrösten.

❸ Sellerie in Scheibchen schneiden; Tomaten häuten und würfeln. Beides zum Fleisch geben, ebenso die Gewürze, Salz und Pfeffer.

❹ Den Rotwein angießen. Die Sauce nunmehr leise ohne Deckel etwa eine halbe Stunde köcheln. Ab und zu einen Schuß Brühe zufügen und umrühren, damit nichts ansetzt.

Serviervorschlag: Die toskanische Sauce paßt gut zu dicken, gerippten, kurzen Makkaroni (penne genannt) oder zu Öhrchen-, Schmetterlings-, Spiral- oder sonstwie geformten Nudeln, die die Sauce gut transportieren können.

Für 4 bis 6 Personen:
1 Zwiebel, 4 – 5 Knoblauchzehen, 2 EL Olivenöl, 1 große Dose geschälte Tomaten oder 2 Pakete Tomatenfleisch oder 1,5 kg frische Tomaten, 1 EL Tomatenmark, 1 Thymianzweig, 1 TL getrocknete Origanoblätter, einige Petersilien- oder Basilikumstengel, 1 Stück Zitronenschale, Salz, Pfeffer

Klassische Tomatensauce

Sugo ai pomidori

Das ist der absolute Klassiker unter den Nudelsaucen, übrigens auch oft Pizzaiola genannt, weil sie die Basis jeden Pizzabelags ist. Man kann diese Sauce sehr gut in großen Mengen auf Vorrat zubereiten – zum Beispiel in der Tomatenzeit – und portionsweise einfrieren, dann hat man das ganze Jahr über stets die richtige Menge Tomatensauce zur Hand und keinerlei Mühe mehr. Zur Tomatensaison nimmt man natürlich frische Tomaten. Man braucht sie in diesem Fall nicht mühsam zu schälen, sondern gibt sie grob zerschnitten in den Saucentopf. Weil die Sauce anschließend durch ein Sieb passiert wird, sind dann alle störenden Hautstückchen entfernt.

❶ Zwiebel und Knoblauch würfeln und in einem flachen, weiten Topf im heißen Öl andünsten, ohne sie zu bräunen!

❷ Die Tomaten mitsamt ihrem Saft oder grob zerschnitten zufügen. Das Tomatenmark einrühren. Alle Gewürze in den Topf füllen.

❸ Die Kräuterblätter von den Stielen zupfen und beiseite legen. Die Stiele mit Küchenzwirn zum Bündel schnüren und zum Auskochen zu den Tomaten geben. Die Zitronenschale zufügen, salzen und pfeffern.

❹ Die Sauce ohne Deckel etwa 45 Minuten leise köcheln, bis sie angenehm dick eingekocht ist.

❺ Die Sauce durch ein Sieb passieren, noch einmal abschmecken und die feingeschnittenen Kräuterblätter einrühren.

Serviervorschlag: Die Tomatensauce paßt zu schmalen Bandnudeln, natürlich auch zu Spaghetti – möglichst besonders feine nehmen! Die Nudeln in tiefen Tellern anrichten, einen Klecks Tomatensauce obenauf setzen und einige Tropfen frisches Olivenöl darüberträufeln. Frisch geriebenen Käse streut sich jeder bei Tisch nach eigenem Gusto darüber. Hier paßt statt Parmesan auch gut gereifter Schafskäse (Pecorino).

Die Sauce durch ein Sieb oder eine Gemüsemühle passieren

Nudeln mit Tomatensauce und Meeresfrüchten

Pasta ai pomidori frutti di mare

Für 4 bis 6 Personen:
1 Portion Tomatensauce, 100 g Venus- und 200 g Miesmuscheln, 100 g kleine Garnelen, 200 g kleine Tintenfische, glattblättrige Petersilie, Salz, Pfeffer, 1 Zitrone, 500 g Spaghetti

Mit dieser Sauce vermischt werden Nudeln meistens *al cartoccio* serviert, in einer großen Hülle aus Pergament beziehungsweise Alufolie. Darin werden die mit der Sauce vermischten, frisch gekochten Nudeln eingehüllt und im Ofen erhitzt. In dieser Zeit werden die roh untergemischten Meeresfrüchte gar, es können sich die Aromen besser durchdringen, sowohl Sauce wie Nudeln nehmen den Meeresduft und die Gewürze besser auf. Und wenn die Platte mit dem großen Folienpaket zu Tisch gebracht und vor den Augen der Gäste geöffnet wird, entströmt ihm ein verführerischer Duft, und die Gäste werden begeistert sein.
Natürlich kann man auch tiefgekühlte Meeresfrüchte nehmen, die meist bereits gegart sind oder solche aus dem Glas. Dann muß man aber eine kürzere Zeit im Backofen berücksichtigen, weil sonst die Meeresfrüchte hart werden.

❶ Die Tomatensauce nach dem Rezept zubereiten.

❷ Die Muscheln gründlich säubern und bürsten. Die Garnelen waschen, die Tintenfische sorgfältig reinigen und in mundgerechte Stücke schneiden. Garnelen und Tintenfischstücke salzen, pfeffern und mit Zitronensaft würzen. Die Meeresfrüchte unter die Sauce rühren.

❸ Die Spaghetti nicht ganz gar kochen, ihr Biß muß eben noch zu ausgeprägt sein. Abgießen und unter die Sauce mischen.

❹ Ein großes Stück Alufolie auf eine feuerfeste Platte breiten. Die Spaghetti darauf betten, die Folie darüber zusammenschlagen und überall gut zukneifen, damit keine Luft entweichen kann.

❺ Das Paket für 20 Minuten in den 200 Grad heißen Backofen schieben. So lange dauert es, bis die Meeresfrüchte darin auch wirklich gar sind.

❻ Das Paket erst bei Tisch öffnen und dort servieren. Hierzu paßt kein Käse!

Für 4 bis 6 Personen:
1 Portion Tomatensauce,
1 mittelgroße Aubergine,
3 EL Olivenöl zum Braten, Salz, Pfeffer,
150 g Mozzarella,
eine Handvoll frischer Basilikumblätter,
500 g Spaghetti

Nudeln mit Tomatensauce, Auberginen und Mozzarella

Pasta alla Norma

So ißt man in Sizilien die Nudeln am liebsten: fruchtige Tomatensauce, obenauf kroß gebratene Auberginenwürfel und zum Schluß untergemischt Würfel von würzigem Mozzarella – das sieht nicht nur bildschön aus, sondern schmeckt auch wunderbar!

❶ Die Tomatensauce zubereiten wie auf Seite 134 beschrieben.

❷ Die Aubergine mit einem großen Messer in gut zentimetergroße Würfel schneiden. In einer großen Pfanne, wo die meisten Würfel Bodenkontakt haben können, das Öl erhitzen. Die Würfel auf mittlerem Feuer langsam auf allen Seiten goldbraun braten. Dabei salzen und pfeffern.

❸ Den Mozzarella halbzentimetergroß würfeln. Das Basilikum in feine Streifen schneiden.

Serviervorschlag: Die Spaghetti al dente kochen, mit der Tomatensauce mischen, dabei die Mozzarellawürfel und das Basilikum zufügen. In tiefen Tellern anrichten, die Auberginenwürfel zum Schluß darüber verteilen.

Piemontesische Eiernudeln

Taglierin

Kaum zu glauben, aber im Piemont schaffen es die Hausfrauen und Köche ohne weiteres, Nudeln herzustellen, die so gelb leuchten, als habe man sie mit Safran eingefärbt. Ihr Trick: Sie nehmen fast ausschließlich Eigelb, höchstens drei bis vier ganze Eier auf ein Kilo Mehl, um die Bindung zu verbessern. Dieser Teig wird dann zu sehr schmalen, ganz feinen Bandnudeln geschnitten. Sie haben nach dem Kochen eine angenehm bißfeste Konsistenz, und sie schmecken einfach umwerfend! Sie sollten es unbedingt einmal ausprobieren!

❶Das Mehl auf die Arbeitsfläche häufen, mit dem Handrücken in die Mitte eine weite Vertiefung drücken. Dorthinein die Eigelb sowie die ganzen Eier gleiten lassen und salzen.

❷Mit einer Gabel die Eigelb verkleppern, dabei zunehmend Mehl untermischen und schließlich mit den Händen alles zu einem geschmeidigen, aber dennoch festen Teig kneten.

❸Den Teig in einer Schüssel zugedeckt (mit einem Deckel oder Folie gut vor Luft geschützt!) eine

Viele Eigelbe geben den Nudeln Farbe und Biß

Der Teig muß unbedingt vor dem Verarbeiten ruhen und entspannen

Zum Drehen an der Nudelmaschine ist eine Hilfskraft sehr angenehm

Für 6 Personen:
500 g Mehl, 10 Eigelb, 2 ganze Eier, 1 TL Salz, Mehl – oder besser noch Hartweizengrieß zum Bestreuen der Arbeitsfläche und der Nudeln

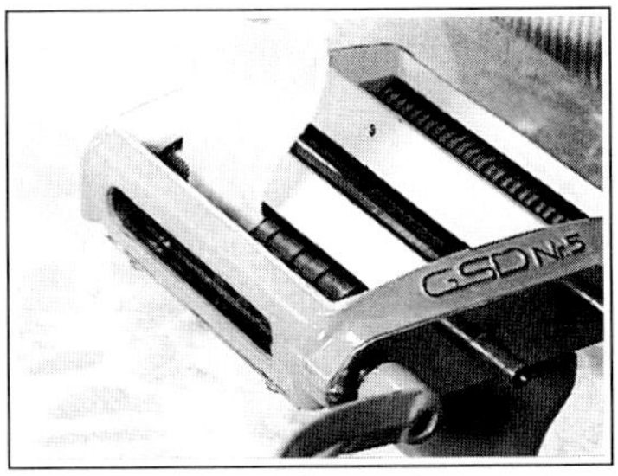

Zunächst die Teigportion zu einem dünnen Band auswalzen

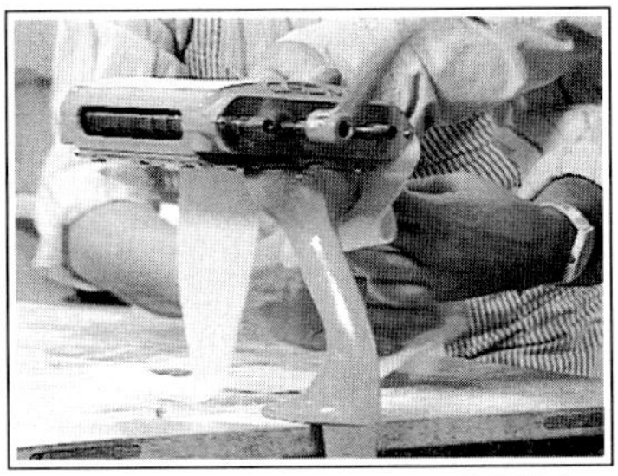

Die Teigbänder sollten wirklich durchscheinend dünn sein

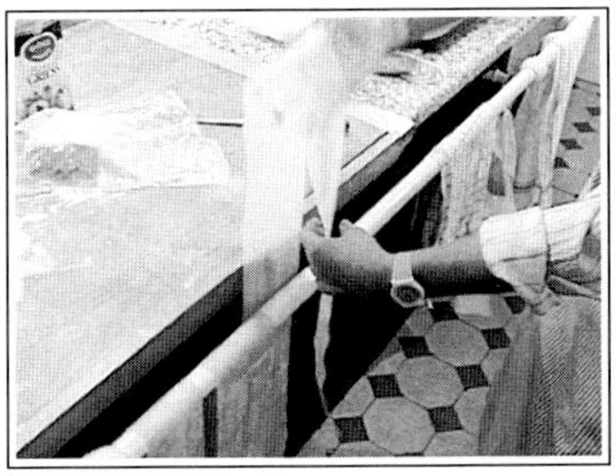

Die Teigbänder ein wenig antrocknen lassen

Mit den Schneidewalzen der Nudelmaschine in schmale Nudeln schneiden

halbe Stunde ruhen lassen. Das ist wichtig, damit sich der Kleber im Mehl entwickeln und dem Teig die richtige Konsistenz geben kann.

❹ Schließlich den Teig in Portionen teilen und entweder mit Hilfe einer Nudelmaschine oder mit einem Nudelholz in hauchdünne Teigplatten ausrollen. Diese etwas antrocknen lassen, damit sie nicht mehr kleben. Beim Hantieren mit den Teigblättern immer wieder mit Mehl oder mit Grieß bestäuben, damit sie auf keinen Fall zusammenkleben.

❺ Die Teigbänder entweder mit der Maschine in feine Nudeln schneiden oder aufrollen und mit einem scharfen Messer in schmale Streifen schneiden. Die Nudeln auseinanderschütteln, mit Mehl oder Grieß bestäuben oder über einem Besenstiel hängend trocknen lassen.

Serviervorschlag: 50 Gramm Butter sanft schmelzen, in Streifen geschnittene Salbeiblätter darin kurz anrösten, bis sie duften, sofort mit einem Schuß Nudelkochwasser ablöschen und sprudelnd aufkochen, bis sich Fett und Wasser zur cremigen Emulsion verbunden haben. Die frisch gekochten Nudeln darin wenden und sofort servieren. Den geriebenen Käse extra dazu reichen.

Immer wieder mit Mehl oder Grieß bestäuben, damit sie nicht zusammenkleben

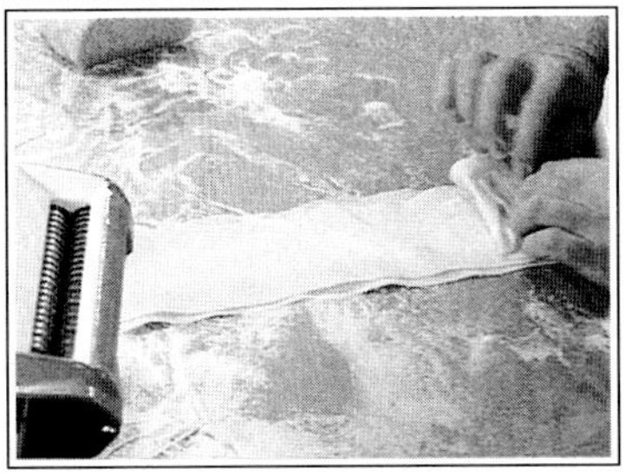

Man kann die Nudeln auch von Hand schneiden. Dafür das Teigband aufrollen

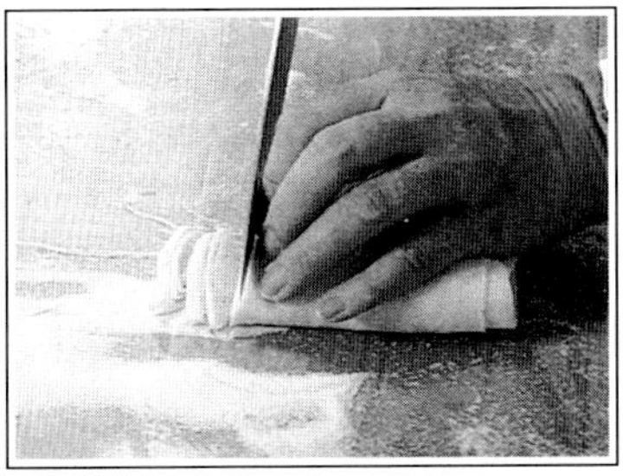

Mit einem großen, sehr scharfen Messer in möglichst feine Nudeln schneiden

Die Nudeln sorgsam auseinanderschütteln und gut trocknen

Piemontesische Mandelplätzchen

In einem gut geführten Haushalt wird natürlich nichts weggeworfen, sondern alles genutzt, was immer anfällt. Aus den Eiweiß, die beim Nudelmachen übrigbleiben, entstehen köstliche Plätzchen. Sie schmecken pur zum Kaffee, man kann sie aber auch für eine ganze Reihe von Desserts verwenden – zum Beispiel für einer Art Tiramisu (abwechselnd mit Eiercreme übereinandergeschichtet). Die Plätzchen bleiben in einer gut schließenden Blechdose monatelang frisch. Diese Art Plätzchen heißen auf italienisch *brutti ma buoni*, auf deutsch *häßlich aber gut*. Erstere Beschreibung erscheint uns stark übertrieben, letztere allerdings stimmt ohne Einschränkung!

❶ Die Mandeln in kochendes Wasser werfen, abgießen, kalt abschrecken, schließlich die Häute abschnipsen. Auf einem Backblech ausbreiten und im Backofen bei 150 Grad etwa 10 Minuten trocknen. Schließlich in der Mandelmühle oder in der Küchenmaschine fein reiben.

❷ Die Eiweiß in der Küchenmaschine zu weichem Schnee schlagen, dann erst löffelweise geriebene Mandeln und Zucker, schließlich auch die Gewürze zufügen.

❸ Wenn alles eingearbeitet ist, die Masse in einen großen Topf füllen und auf mildem Feuer etwa 30 bis 40 Minuten lang mehr trocknen als kochen lassen, dabei immer wieder mit einem Holzlöffel rühren.

❹ Mit zwei Teelöffeln kleine Häufchen auf ein mit Backpapier belegtes Blech setzen. Die Mandelplätzchen bei 130 Grad im Backofen etwa 40 Minuten lang mehr trocknen als backen. Die Plätzchen sollen dabei hell bleiben.

Zutaten:
600 g Mandeln,
500 g Zucker, 7 Eiweiß
(250 g), 30 g Butter,
je 1 Messerspitze Zimt
und Vanillemark

Eiweiß mit dem Handrührer steif schlagen

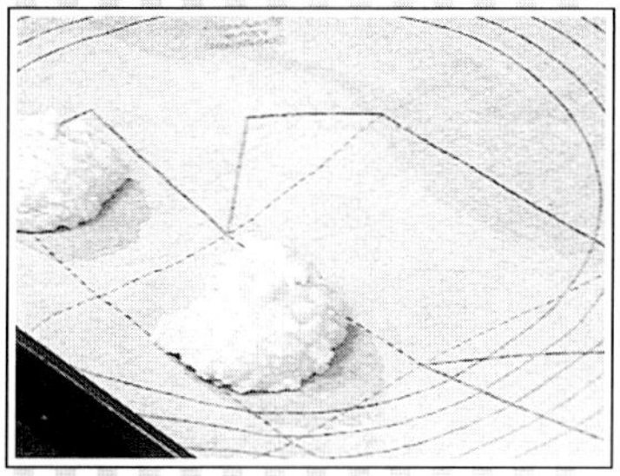

Backpapier verhindert, daß die Plätzchen am Blech kleben

Die Plätzchen gut auskühlen lassen und in Blechdosen aufbewahren

DAS GEHEIMNIS GUTER SAUCEN

Das Geheimnis guter Saucen

Fond und Bratensaft – die konzentrierte Würze

Bratensaft (Jus) ist die natürlichste Grundlage einer guten Sauce, die beim Braten (in manchen Fällen auch beim Schmoren und Dünsten) von Fleisch, Geflügel, Wild, Fisch, Meeresfrüchten, Pilzen und Gemüsen entsteht und die eine perfekte Verbindung von Speise und Sauce schafft. Ein Fond ist im Prinzip nichts anderes, doch stellt man ihn meistens nicht in Verbindung mit dem Braten, sondern getrennt her, aus viel billigeren Zutaten wie Fleischabschnitten, Resten und vor allem Knochen.

Das Praktische an den Fonds: Man kocht sie, wenn man gerade Zeit hat, friert kleine Portionen davon ein und kann dann im Handumdrehen eine köstliche Sauce binden und fertigstellen!

Hier die vier wichtigsten Entstehungsprinzipien von Fonds:

❶ Der **„kleine"** oder **„kurze"** Fond, der beim Anbraten in der Pfanne entsteht und durch Ablöschen mit einer Flüssigkeit, dem Loskochen des Bratensatzes und anschließender Bindung (falls nötig) zur Sauce wird.

❷ Der **klassische Bratenjus**, der beim Braten im Ofen aus Fleisch und mitgerösteten Knochen und Gemüse entsteht und der ebenfalls abgelöscht und nach Belieben gebunden wird.

❸ Der **braune Fond**, aus angerösteten Knochen, Fleischabschnitten, Gemüsen und Gewürzen durch mehrmaliges Aufgießen und Einkochen gezogen, wie man sagt.

❹ Der **helle Fond**, aus nicht angeröstetem Fisch oder Geflügel, ohne Anbraten durch Ablöschen und Einkochen gewonnen.

Fonds kosten wenig Geld

Zum Auskochen nimmt man Teile, die man sonst kaum verwendet – gerade sie sind dafür am besten geeignet, weil sie viel Gelatine enthalten, eine gebundene Form von Eiweiß: knochennahe Partien, Gelenke, sehnige Fleischstükke, alle Abschnitte, die man nicht am feinen Braten haben will. Beim Fisch sind es Kopf und Gräten, bei den Plattfischen der Flossenkranz mit seiner unglaublich gelierenden Kraft. Je jünger ein Tier, desto mehr Gelatine steht zur Verfügung: Die besten Stücke für Fonds kommen vom Kalb – neben den Knochen nimmt man vor allem den Fuß und den Schwanz, um kräftig bindende Jus oder Fonds zu bekommen.
Wichtiger Bestandteil für Fonds sind auch „Abfälle", also etwa die Karkasse, das ist das Gerippe von Geflügel, die Knochen eines Rehrückens, Krebs- oder Garnelenschalen, Haut und Fettpartien von größeren Bratenstücken. Solche „Reste" kann man bis zur Verwendung – und um eine ansehnliche Menge zu sammeln – auch gut einfrieren. Äußerst praktisch ist das „Prinzip der Rotation des Fonds", wenn nämlich aus verbleibenden Knochen, den vor der Zubereitung eines Bratens abgeschnittenen Flachsen oder zwischenzeitlich eingefrorenen Resten der Fond für das nächste Essen bereitet wird …
Nun mögen die Zutaten für einen Fond zwar billig sein (Knochen kosten Pfennige) oder gar nichts kosten (beim Geflügelhändler bekommt man oft Füße, Köpfe, Hälse und Flügelspitzen umsonst, der Fischhändler wird vielleicht sogar gerne seine Gräten und Köpfe los), aber in den meisten Fällen kann man sich nicht kurzfristig entscheiden, einen Fond zu kochen, sondern muß vorbestellen, was man dazu braucht.

Sind selbstgemachte Fonds aus der Mode gekommen?

Vor einiger Zeit wollten wir beim Metzger einen Kalbsfuß kaufen, um ihn neben den Schmorbraten zu legen, damit die Sauce dadurch kräftiger würde. Nein, den müßten wir vorbestellen. Ob dann wenigstens andere, normale Kalbsknochen da wären? Nein, auch nicht, denn man könne sie nicht mehr verkaufen, höchstens zufällig ein, zwei Portionen pro Woche. Deshalb besorge man sie nur, wenn sie jemand vorbestelle … Ja, vor 10 Jahren sei das ganz anders gewesen, da habe man mindestens 20 kg pro Woche verkauft, und vor 20 Jahren hätte es eine solche Nachfrage gegeben, daß man Kalbsknochen nur an zwei Tagen der Woche überhaupt hätte bekommen können. Auf unsere erstaunte Frage, woher das komme, was denn da inzwischen passiert sei, hieß es lapidar: „Die Leut' kochen halt keine richtigen Saucen mehr!" Und nach einem Seufzer ergänzte die Metzgersfrau die Erklärung ihres Mannes mit der bitteren Feststellung: „Die kochen ja gar nichts mehr, die wissen ja gar nicht mehr, was schmeckt, die rühren nur noch ihre Packerl an!" Das war der Auftakt einer längeren Unterhaltung, in der uns klar wurde, was einstmals bürgerliches Qualitätsbewußtsein, was bürgerlicher Anspruch bedeutete: Alles wurde im Haus gemacht, war hausgemacht! Da gab es keine Fertigsauce, die einfach mit Wasser angerührt und dann

Einer, der sein Handwerk liebt: Der Metzger Greiner in Ergolding bei Landshut

Konzentrierter Fond

über den Braten geschüttet wurde. Schließlich entstand eine gute Sauce während des Bratens doch nahezu von selbst, wenn man nur Gemüse neben das Fleisch legte, mit Wein, Bier, Brühe oder Wasser begoß und dafür sorgte, daß die Sauce auch nach was schmeckte: mit ein paar Kalbsknochen (beim Schweinebraten taten es auch die weniger feinen Schweineknochen, eine Pfote oder ein Ringelschwänzchen), die besonders gelatinös sind und deshalb der Sauce „Stand" gaben. Die Knochen wurden entweder einfach mitgebraten, bräunten dabei und gaben – nach dem Umwenden – der Sauce zusätzlich Farbe. Oder sie wurden vorher auf dem Herd in einem gußeisernen Bräter geröstet, damit guter Geschmack und eine schöne braune Tönung entstand. Knochen kamen nicht nur an die klassische klare Bratensauce, sondern spielten auch bei Rahmsaucen eine Rolle, bräunten einst sogar im gulaschartigen Ragout. Einmal des Geschmackes wegen, natürlich, aber auch, weil die Standfestigkeit einer Sauce ganz wesentlich vom Gelatinegehalt abhängt: Je mehr Gelatine darin gelöst ist – man kann das an der „Klebrigkeit" einer Sauce bemerken –, desto besser verbindet sie sich mit Butter oder Sahne, und desto weniger dieser kalorienträchtigen Zutaten benötigt man, um eine stabile Bindung zu erzie-

len. Die Meister der großen Küche haben sich das schon immer zunutze gemacht, kochen deshalb stets konzentrierte Fonds, die viel Gelatine enthalten und deshalb hervorragend zum Binden geeignet sind.

Tüten- und Päckchensaucen sind ein Notbehelf

Sie sind einst auch als ein solcher entstanden: Die Knochen waren begehrt, zum Kochen ebenso wie für die Seifensiederei. Sie waren keineswegs wirklich billig, und man hatte, mangels ausreichender Kühlung, auch nicht die Möglichkeit, sie Tag für Tag anzubieten. Da war dann ein trockener Extrakt höchst praktisch. Und billiger allemal.
Heute entfällt dieses Argument, denn Knochen bekäme man, hielte der Metzger sie bereit, für ein paar Groschen – und das kosten die Tütensaucen auch. Freilich entsteht ein guter Fond nicht in Minuten, sondern in Stunden. Trotzdem zieht das Argument „Zeit ist Geld" nicht: Zum Braten noch ein paar Gemüse putzen, zum Schluß die Sauce abseihen – das macht doch nicht zu viel Arbeit, braucht nicht mehr Zeit als das Anrühren eines Päckchens! Aber das Ergebnis ist ungleich besser: eine kräftige Sauce, klar und mit Fettaugen, wie sie früher so beliebt war und heute leider nur noch selten zu finden ist. Eine Essenz sozusagen, die dem Fleisch erst die höhere Weihe gab – und gibt!
Fährt man heute ins bayerische Oberland (in anderen Gegenden wird's nicht anders sein!?) und bestellt einen Schweinebraten, so wird man in den meisten Fällen zwar einen ordentlichen Braten bekommen, als Sauce aber ein undefinierbares Etwas. Den echten Bratenfond hat man dann verlängert, mit einem Industrieprodukt gebunden und oft abenteuerlich gewürzt – sollte es nur mit würzflüssigem Knoblauch oder gefriergetrocknetem Estragon sein, so hat man noch Glück gehabt ... Braten und Saucen passen in den seltensten Fällen mehr wirklich zueinander. Wie soll solch ein Essen, das selber keine Seele mehr hat, des Menschen Leib und Seele zusammenhalten?
Es ist an der Zeit, wieder zur bürgerlichen Saucenküche zurückzukehren! Da hätte der Wirt nichts anderes zu machen brauchen, als alle die Knochen, die er ohnehin im Haus hat, aber ungenützt wegwirft, anzurösten und auszukochen ... Wäre ihm das nicht zuzumuten?

Unser Wunsch an die Lebensmittelindustrie

Die heutige Technik würde es den Herstellern von Fertigsaucen erlauben, den öden Einheitsgeschmack weitgehend zu vermeiden. Und sie könnten auch auf die aufdringlichen und uniformierenden Zugaben von Aromastoffen verzichten (die zwar *naturidentisch* heißen, weil sie in der Natur vorkommen können, tatsächlich aber in den allermeisten Fällen synthetisch hergestellt werden, weil das viel billiger ist, als sie aus natürlichen und erstklassigen Produkten zu extrahieren). Das würde

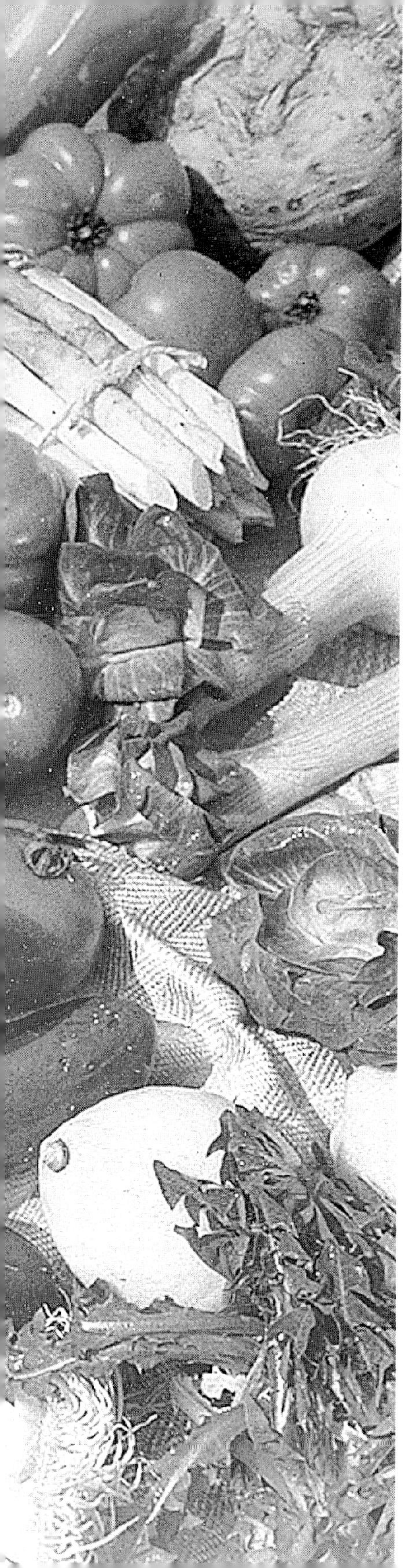

freilich ein wenig mehr Geld kosten. Und dieses wiederum wollen viele Leute, die von sich selbst durchaus behaupten, große Saucenfreunde zu sein, in Wirklichkeit aber nichts als Saucenmuffel sind, nicht bezahlen. Verantwortlich für die schlechte Qualität unserer Fertigsaucen sind also im weitaus überwiegenden Maße die Verbraucher selbst, nicht die Hersteller. Man kann diese nur bitten, auch die anspruchsvolle Minderheit, die Anhänger der echten bürgerlichen Küche, zu berücksichtigen und für sie Spitzenprodukte anzubieten, die dann ruhig mehr kosten dürften. Auch die Tiefkühlindustrie hätte hierzu beste Möglichkeiten, denn sie könnte genau das herstellen, was man zu Hause auch macht: Knochen und Fleischreste mit Gemüse ansetzen und mit Wein und Wasser prächtige Saucenfonds kochen. In Portionen abgepackt, könnten sie immer greifbar in der Tiefkühltruhe liegen, Saucen in Sekunden Würze und Stand geben. Lediglich in Gläsern gibt es bislang Fonds: Kalbs-, Geflügel-, Wild- und Fischfond. Allerdings handelt es sich hier eher um stark eingekochte Bouillon, ein richtiger Fond ist wesentlich dichter, gelatinöser und bindet besser – diese Fertigfonds schmekken recht natürlich und gut, müssen aber vor der von uns angegebenen Verwendung noch einmal um die Hälfte oder zwei Drittel eingekocht werden. Wenn es mal schnell gehen soll – und das ist ja der größte Vorteil von Fonds! –, sind sie ungeeignet.

Basisrezepte für Fonds

Solange also nichts Konzentrierteres auf dem Markt ist, wird der Feinschmecker sich zwei- oder dreimal im Jahr der kleinen Mühe unterziehen, sich seine Fonds selbst zu kochen – viel Arbeit ist ja auch das nicht, nur seine Zeit dauert es halt.

Die Mengen

Es ist eigentlich unsinnig, beim Kochen eines Fonds genaue Mengenangaben zu machen – zu sehr kommt es darauf an, was Sie gerade an Grundmaterial zur Verfügung haben: danach richtet sich schließlich die Menge des zu erwartenden Fonds. Schon mit ein paar Abschnitten kann man in einem kleinen Topf den Fond für

Ohne Wurzelwerk geht gar nichts: es wird kleingewürfelt, damit es Geschmack abgeben kann

ein Gericht zubereiten. Andererseits darf man keine Wunder erwarten: wenn man wenig in den Topf tut, kommt auch kein konzentrierter Fond heraus!
Wenn Sie speziell einen Fond auf Vorrat zubereiten wollen, können Sie von folgendem Richtmaß für einen guten Liter konzentrierten Fond ausgehen: Nehmen Sie ein bis zwei Kilo Fleisch und Knochen oder Fischgräten und -köpfe, dazu wenigstens ein Pfund gemischte Wurzelgemüse.

Hühnerfond

Wir kochen ihn auch aus vom Fleisch befreiten Hühnergerippen und -resten. Eventuell entsteht der erste Ansatz beim Kochen eines Huhns für ein Frikassee. Haut, Knochen und Gerippe werden dann ausgelöst, und mit dem ohnehin im Sud befindlichen Suppengemüse plus Zwiebel, Knoblauch und Gewürzen weiter ausgekocht, abgegossen und schließlich zu einer konzentrierten Flüssigkeit eingedampft. Oder man nimmt ein ganzes Suppenhuhn, kauft vielleicht noch ein paar Geflügelteile dazu (Flügelspitzen, Hälse) und setzt alles wie folgt auf:

Die Karkasse, das heißt Knochen, Haut und Sehnen

Die Gewürze: vom Piment bis zum Pfeffer. Ein wenig Knoblauch schadet nie

Das Hühnerfleisch in einem breiten Topf auf dem Herd nur ganz leicht in Hühnerfett anrösten. Zwiebel, Möhre, Sellerie, Porree und Petersilie, möglichst mit etwas Wurzel, kleingeschnitten zugeben, mit Lorbeerblatt, weißen Pfefferkörnern, Thymian und Muskatnuß oder Muskatblüte würzen. Ehe die Zutaten zu bräunen beginnen, mit wenigstens einer halben Flasche trockenem Weißwein angießen.
Bei kräftiger Hitze ohne Deckel stark einkochen lassen, bis fast alle Flüssigkeit verkocht ist. Dann mit Wasser bedecken und bei weniger starker Hitze langsam einkochen lassen, bis nur noch 1/4 bis 1/2 Liter Flüssigkeit übrig ist, die etwas dicklich sein sollte. Erneut mit Wasser auffüllen und in vier bis sechs Stunden leise köchelnd um die Hälfte einkochen – am besten noch etwas durchgedrehtes rohes Fleisch zufügen und durch das daraus gezogene Eiweiß vollkommen klar werden lassen. Abseihen und versorgen.

Lichtbrauner Kalbsfond

Kalbsknochen und Fleischabschnitte (z.B. von Bratenfleisch, von Brust, Schulter, Hals oder Haxe) werden entweder zusammen mit Gemüse in etwas Öl auf dem Herd rundum goldbraun angebraten und dann mit trockenem Weißwein abgelöscht. Ist dieser fast verkocht, gießen wir mit Wasser auf, bis alles gut bedeckt ist und lassen dann unbedeckt einkochen, bis kaum mehr Flüssigkeit im Topf ist. Dies wird zweimal wiederholt, bis beim Reduzieren des dritten Aufgusses der Sud konzentriert genug ist. Oder wir schieben Knochen- und Fleischreste im Bräter in den auf 220 Grad vorgeheizten Ofen und lassen sie dort bräunen. Dann im Ofen erst mit Wein, später zweimal mit Wasser aufgießen und weiter verfahren wie oben – auch im Backofen kocht die Flüssigkeit ein, am besten und schnellsten im Umluft- oder Heißluftherd.

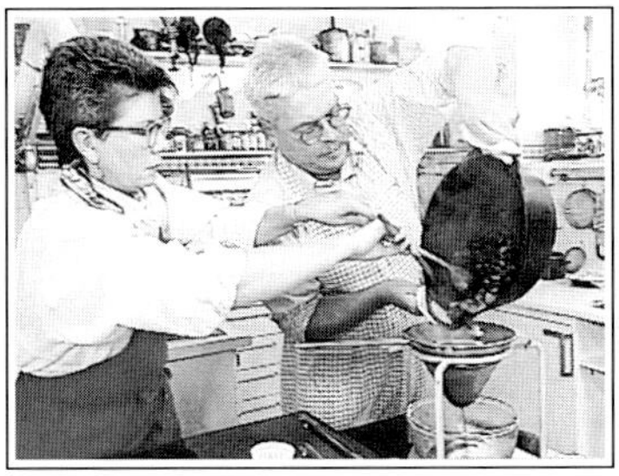

Der fertige Fond wird durch ein feines Haarsieb gefiltert

Als Würze dienen Suppengemüse (Möhren, Sellerie, Lauch, Petersilienwurzel und -stengel, Zwiebel), eventuell ein paar Knoblauchzehen, unbedingt Lorbeerblatt und Thymian sowie Pfeffer. Wichtig: Auf Salz dabei verzichten, denn durch das Einkochen könnte die Konzentration zu stark werden und das Gericht, zu dem der Fond später gebraucht wird, versalzen. Abschmecken kann man dann schließlich immer noch.

Dunkelbrauner Saucenfond

Ihn bereiten wir im Prinzip wie den lichtbraunen, doch entsteht er entweder aus Ochsenschwanz und Rindfleischabschnitten (von Bratenstücken) oder aus Wildknochen und Wildabfällen oder aus Lammknochen und Lammfleisch, jeweils mit einem Kalbsfuß oder Kalbsknochen und Kalbsabschnitten, damit die Sauce einen guten Stand bekommt. Beides lassen wir wie oben beschrieben anbraten, nur etwas stärker, und löschen dann mit kräftigem Rotwein ab. Die Grundwürze entspricht ebenfalls obiger, doch kommen, je nach Fleischart, noch stärkere Würzen hinzu: So schmeckt **Wildfond** besonders gut mit mehr Lorbeerblättern, ein paar Wacholderbeeren und auch Pimentkörnern, eventuell sogar etwas Zimt. Ein **Rinderfond** gewinnt mit etwas Kreuzkümmel, weiterhin paßt Sternanis, ein paar Käpselchen Kardamom, ein wenig Ingwer und Zitronengras oder Zitronenschale. **Alle dunklen Fonds** können durch die Beigabe von Pilzen (Champignons, Pilzabfälle, getrocknete Steinpilze, Tongu- bzw. Shiitakepilze) noch schmackhafter werden. Ebenfalls erst den dritten Aufguß als Fond verwenden.

Für den Fischfond braucht man Gräten und Fischköpfe. Beim Fischhändler einpacken lassen!

Fischfond

Wird genau wie heller Saucenfond bereitet, doch wird er wesentlich weniger lang gekocht – er würde sonst trüb, und die Gelatine bliebe nicht angenehm klebrig, sondern würde unangenehm schleimig. Natürlich besorgen wir uns zu den mit dem eigenen Fisch gekauften Abschnitten ein paar Abfälle (Köpfe und Gräten) von Plattfischen (am besten von Seezunge oder Steinbutt) hinzu. Abgelöscht wird mit trockenem Weißwein oder einem guten Schuß weißem Wermut (vorzugsweise Noilly Prat). Zusätzlich würzen mit ein paar Fenchelkörnern und etwas Zitronenschale! Wenn der Wein verkocht ist, alles gerade eben mit Wasser bedecken und nur etwa 30 Minuten einkochen lassen. Erst durch ein Sieb abgießen, danach auch noch durch ein feines Tuch seihen.

Immer wieder wichtig: die Gewürze

Muschelfond oder ein Fond von **Krustentieren** (Garnelen, Krabben, Scampi, Langusten, Hummer) wird ähnlich zubereitet, im Gegensatz zum Fischfond werden aber die Schalen hier zunächst in Butter oder Öl angeröstet, um die Geschmacksstoffe und Farbe zu lösen. Und es empfiehlt sich immer, beim anschließenden Auskochen ein paar Gräten und Köpfe von weißfleischigen Fischen als Basis zu nehmen.

Falls das Sieb nicht feinmaschig genug ist: mit einem Stück Küchenpapier oder einer Filtertüte auslegen

Tip für klare Fonds

Fonds sorgfältig entfetten, dann einige Stunden stehenlassen und die klare Flüssigkeit von den Trübstoffen, die sich unten abgesetzt haben, vorsichtig abgießen.

Fonds einfrieren

Zum Entfetten den Fond kalt stellen. Das Fett erstarrt an der Oberfläche und läßt sich leicht abheben

Natürlich kann man einen Fond speziell für ein Essen bereiten. Aber das macht gerade dann zusätzliche Arbeit und blockiert den Herd, wenn man anderes zu tun hat. Es ist deshalb besser, Fond nach dem Essen zu bereiten und den Ansatz fürs nächste zu gebrauchen und so fort, beziehungsweise in größeren Mengen herzustellen, wenn man über die nötige Zeit verfügt. Das Ergebnis wird dann eingefroren. Wir haben es als praktisch empfunden, stets verschiedene Mengen abzufüllen: Ein großer Eiswürfel genügt für ein schnelles Schnitzel, 1/5 l für die Sauce für sechs bis acht Personen.

Der Fond wird zur Sauce

Man gibt den Fond einfach in die Pfanne, in der Fleisch oder Fisch gebraten wurde, in den Topf, in dem es schmort, in den Bräter, aus dem man es gerade genommen hat, und verlängert so die beim Garen entstandene Flüssigkeit oder den Bratenansatz. Alles noch kurz aufkochen, würzen und die Sauce klar lassen oder binden. Das kann – dank der im Fond enthaltenen Gelatine – sehr rasch und leicht vonstatten gehen: Ein wenig eiskalte Butter einschwenken oder einrühren, schon ist alles fertig und kann serviert werden! Oder etwas Sahne oder Crème fraîche einrühren. Eventuell zusätzlich mit etwas Saucenbinder, Mehlbutter (1 EL Butter und 1 EL Mehl verkneten, nur kurz einrühren und aufkochen) oder einer frisch gekochten Kartoffel andicken.

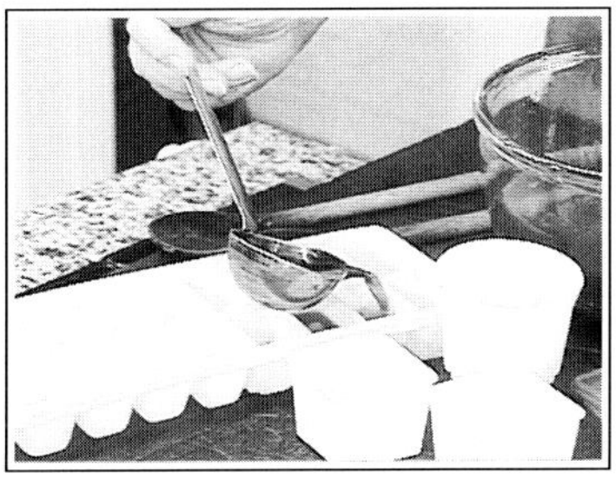

Zum Einfrieren in kleine Portionsbecher füllen. Oder in Eiswürfelschalen – so hat man stets die richtige Portion zur Hand

DIE REZEPTE

Filetsteak mit grünem Pfeffer

Für 2 Personen:
2 schöne, etwa 4 cm dicke Scheiben aus dem Mittelstück des Filets, 1 EL Öl, 50 g Butter, Salz, Pfeffer aus der Mühle, 1/2 Glas kräftiger Rotwein, 1/2 Glas Fleischbrühe oder brauner Fleischfond, je 1 EL gehackte Petersilie und grüne Pfefferbeeren, 3 EL süße Sahne

Es ist die klassische Zubereitung des feinen, schnellen Steaks, die man natürlich mit allerlei Gewürzen und Zutaten leicht und in unendlichen Variationen abwandeln kann.

❶ Die Filetscheiben sauber parieren, also von allen nicht zum Filet gehörenden Teilen befreien (leider geschieht dies selbst bei diesem teuren Fleisch nur in den wirklich guten Metzgereien schon vorher).

❷ Öl und die Hälfte der Butter in einer Eisenpfanne erhitzen – das Gemisch verträgt mehr Hitze als pure Butter, und auf deren Geschmack wollen wir nicht verzichten.

❸ Die Fleischstücke sanft einlegen, damit sie nicht alles Fett gleich beiseite drängen, und fünf Minuten auf dieser ersten Seite braten. Nicht umwenden, nicht daran rütteln – das Fleisch brät zunächst an, löst sich aber nach einigen Minuten von selbst.

Die Steaks scharf anbraten

Auf einem Teller zum Nachziehen warm stellen

So können sich die Fleischsäfte verteilen

Für die Sauce den Bratensatz mit Wein ablöschen

❹Umdrehen und auf der zweiten Seite drei Minuten braten. Dabei die Oberseite salzen und leicht pfeffern.

❺Herausnehmen und umgedreht auf einen vorgewärmten Teller legen, wieder salzen und pfeffern, mit einem anderen warmen Teller oder Alufolie abdecken und ruhen lassen, bis die Sauce fertig ist. Dabei kann sich das Fleisch entspannen, die Säfte verteilen sich.

❻Überflüssiges Bratenfett abgießen, den Bratensatz mit dem Rotwein ablöschen und unter Rühren mit dem Holzspachtel ablösen. Kurz bevor alle Flüssigkeit verdampft ist, den Fond angießen und auch einkochen. Den beim Ruhen aus den Steaks getretenen Saft ebenfalls zugießen.

❼Zum Schluß die restliche eiskalte Butter mit dem Schneebesen untermischen, Petersilie und Pfefferbeeren zugeben und die Sahne einrühren. Noch einmal brausend aufkochen lassen und mit Salz abschmecken. Sofort über die Steaks gießen und diese servieren.

Beilage: Brot oder Kartoffelpüree und ein erfrischender Salat.

Getränk: ein kräftiger Rotwein.

Varianten:

❶Gleich nach dem Braten die restliche Butter in die Pfanne geben und darin 100 g geputzte und in Scheiben geschnittene Champignons mit einer feingewürfelten Schalotte anbraten, dann erst mit Rotwein und Fond ablöschen und die Sauce mit Petersilie und Sahne fertigmachen.

❷Eine große Artischocke bis auf den Boden schälen, den Boden in schmale Keile schneiden und diese in Zitronensaft wenden, damit sie nicht anlaufen. Statt der Butter Öl in die Pfanne geben, die Artischockenkeile darin rösten, dann die Sauce fertigmachen.

❸Zwei geschälte, entkernte und gehackte Fleischtomaten mit etwas Olivenöl nach dem Braten in der Pfanne schmelzen und mit Estragon- oder Basilikumblättchen würzen. Sauce ohne Wein und Sahne, aber mit etwas Fond fertigmachen, um ihr Geschmack und Bindung zu geben. Mit etwas Balsamico-Essig abschmecken.

Für 4 Personen:
8 kleine Kalbsschnitzelchen von je 40 bis 50 g, 1 bis 2 EL Olivenöl oder 30 g Butterschmalz, Salz, Pfeffer, 2 bis 3 Würfel Kalbsfond (selbst eingefroren in der Eiswürfelschale), etwas feingehackte Petersilie, 20 g Butter

Kalbsschnitzelchen nature

Was die Italiener so lieben: Nach der sättigenden Pasta zwei kleine Schnitzelchen in die Pfanne, mit etwas Fond eine kräftige Sauce dazu, würzen, schon ist die Hauptmahlzeit fertig!

❶ Schnitzelchen mit sanften Hieben (breite Messerklinge) ein wenig flachklopfen.

❷ Öl oder Schmalz in einer Pfanne erhitzen – wenn Sie eine beschichtete Pfanne nehmen, genügen 1 TL Öl oder 10 g Butterschmalz. Wenn das Fett zu rauchen beginnt, die Schnitzelchen darin auf beiden Seiten nur eine bis zwei Minuten braten. Herausnehmen, salzen und pfeffern und warm stellen.

❸ Den Kalbsfond in der Pfanne schmelzen und noch etwas einkochen, abschmecken, die Petersilie zufügen und die eiskalte Butter durch kräftiges Schwenken der Pfanne im Fond schmelzen und dadurch die Sauce binden.

❹ Über die Schnitzelchen gießen und sofort servieren.

Beilage: Weißbrot.

Getränk: Rosé oder ein leichter Rotwein.

Varianten:

❶ In der Pfanne mit dem Fond ein paar Zitronenschnitze und etwas Zitronensaft erhitzen.

❷ Ein wenig gehackten Knoblauch in die Pfanne werfen, geschälte, entkernte und gehackte Tomaten dazu und ein paar Schnitze von schwarzen Oliven sowie etwas Origano oder Basilikum.

❸ Gehackte Zwiebel einstreuen und anrösten, mit Fond ablöschen, zum Schluß zwei gehäufte EL Kapern zufügen.

❹ Sauce bereiten wie angegeben, aber zum Schluß noch feingehackte Gewürzgurken und viele Kräuter untermischen, die Sauce mit etwas Dijon-Senf binden.

Fischfilet in Senfsahne

Hierzu paßt jedes Fischfilet, man kann auch gut tiefgekühlte Ware nehmen (nature eingefroren).

❶Fischfilets waschen, abtrocknen, mit Zitronensaft beträufeln und leicht salzen.

❷Butter in einer Pfanne zerlassen, aber nicht stark erhitzen. Fischfilets einlegen und leise vor sich hin bräteln lassen. Am besten eine beschichtete Pfanne nehmen, in der die empfindlichen Filets nicht anhängen, so daß sie beim Umwenden nicht zerfallen.

❸Herausheben und warm stellen. Den Fischfond in der Pfanne bei jetzt größter Hitze schmelzen lassen. Senf und Sahne einrühren, mit Salz und Pfeffer abschmekken. Zum Schluß den Schnittlauch unterrühren.

❹Sauce über die Filets geben und sofort servieren.

Beilage: Salzkartoffeln.

Getränk: ein trockener Weißwein (Weißburgunder).

Fischfilet salzen und mit Zitrone würzen

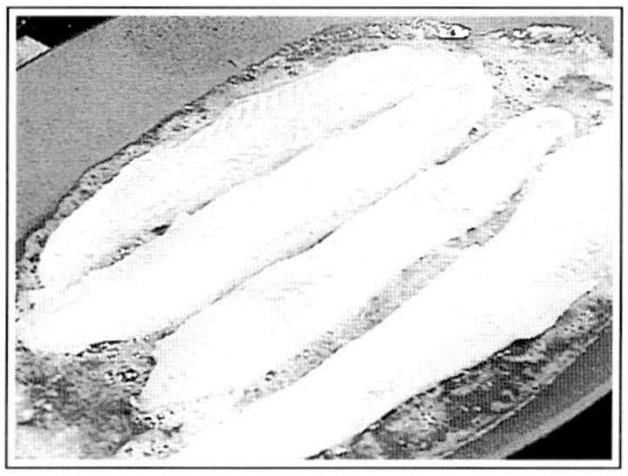

Die Filets sanft in Butter braten

Rasch die Sauce einkochen

Variante:

❶Statt mit Dijon-Senf mit süßem Senf abschmecken und mit viel gehacktem Dill würzen – schmeckt erstaunlich gut!

Für 4 Personen:
4 Fischfilets von je 150 bis 200 g (je nach Appetit), 1/2 Zitrone, Salz, 40 g Butter, 1/4 Liter Fischfond (selbst zubereitet), 1 EL Senf, 1 Becher (150 g) süße Sahne, Pfeffer, etwas feingehackter Schnittlauch

Rehmédaillons

Für 4 Personen:
8 Médaillons aus dem Rehrücken, je ca. 60 g schwer (ersatzweise Hirsch oder Damwild), 1 EL Öl, 80 g Butter, Salz, Pfeffer, 1/8 l Wildfond (selbstgemacht)

Die schnellste Art, Wild zu servieren – übrigens auch für Leute akzeptabel, die behaupten, eigentlich kein Wild zu mögen.

❶Die Médaillons sollten möglichst gleich dick geschnitten sein, damit sie gleichmäßig gar werden – vorzugsweise sollte das Wild frisch sein, nur zwei Tage abgehangen.

❷Das Öl und 30 g Butter in einer Pfanne – möglichst nicht beschichtet, damit ein kräftiger Satz entsteht – zerlassen und das Fleisch einlegen. Nicht rütteln, es löst sich bald von alleine.

❸Nach drei bis vier Minuten umdrehen, salzen und pfeffern, weitere zwei bis drei Minuten braten, dann herausnehmen und umgedreht auf einen vorgewärmten Teller legen, wieder salzen und pfeffern. Mit einem zweiten Teller zudecken und warm halten.

❹Den Fond in der Pfanne aufkochen und dabei den Bratensatz lösen. Abschmecken und mit dem beim Ruhen ausgetretenen Fleischsaft vermischen. Zum Schluß die restliche, eiskalte Butter unterziehen. Sofort mit den Médaillons auftragen.

Beilage: ein Püree aus halb Sellerieknolle und halb Kartoffeln.

Getränk: ein kräftiger Rotwein – Bordeaux, Côtes-du-Rhône, Chianti Classico Riserva.

Variante:
❶In die Pfanne zwei EL Hagebuttenmark geben und mit dem Fond aufkochen, mit etwas scharfem Paprika abschmecken.

Die Karkasse des Rehrückens für den Wildfond verwenden

Das ausgelöste Rehfleisch in der Pfanne braten

Für die Sauce wird der Bratensatz mit Wildfond losgekocht und mit Butter aufgemixt

Kalbsleber nature

Für 2 Personen:
2 schöne Scheiben Kalbsleber – etwa 150 bis 180 g, 3 EL Butter, Salz, Pfeffer aus der Mühle, 1 guter Schuß (1/10 l) Madeira, 6 EL frischer oder 3 Würfel Kalbsfond (selbst eingefroren), 2 EL gemischte, gehackte Kräuter (Schnittlauch, Petersilie, Kerbel, Estragon, Liebstöckel u. a.)

Es muß nicht immer die Berliner Art sein – Kalbsleber kommt mit wenigen aromatischen Zutaten bestens zur Geltung!:

❶Die Kalbsleber in ganz gleichmäßig dicke Scheiben von etwa 2 cm schneiden lassen, damit nicht die dünnen Stellen übergar und hart sind, die dicken dagegen noch blutig, wie man es leider nur zu oft erlebt.

❷Die Butter zerlassen, die Leberscheiben einlegen und bei mittlerer Hitze auf jeder Seite etwa drei bis vier Minuten braten. Herausnehmen und auf einen vorgewärmten Teller legen, salzen und pfeffern, umdrehen und auch die zweite Seite salzen und pfeffern. Zudecken und warm halten.

❸Den Bratensatz in der Pfanne mit Madeira ablöschen und aufbrausen lassen. Den Fond zugeben und alles etwas einkochen. Mit Salz und Pfeffer abschmecken und den beim Ruhen aus den Lebern getretenen Saft angießen. Zum Schluß die Kräuter einrühren und über die Leberscheiben gießen.

Beilage: Bratkartoffeln oder Rösti.

Getränk: voller Rotwein (Burgunder, Beaujolais, Spätburgunder, Domina oder Lemberger aus Deutschland).

Variante:
❹Vor dem Angießen mit Madeira noch eine feingehackte Zwiebel in der Pfanne anrösten, auch ein paar Salbeiblättchen zugeben und kroß werden lassen, dafür auf die anderen Kräuter zum Schluß verzichten.

Poulardenbrust auf Erbsen

Für 4 Personen:
4 Poulardenbrüste, 1 kleine Zwiebel, 40 g Butter, 300 g Erbsen (gepalt, tiefgekühlt), 1/8 l frisch gekochter oder eingefrorener (aufgetauter) Hühnerfond, Salz, Pfeffer aus der Mühle, 100 g süße Sahne, 1 gehäufter EL gehackte Petersilie oder Kerbel

Auch für gedünstete Gerichte eignet sich als Rückgrat der Sauce ein kräftiger Fond.

❶Die Poulardenbrüste von Haut und Sehnen befreien. Zwiebel fein hacken.

❷In einer Kasserolle die Butter zerlassen und die Zwiebeln darin bei milder Hitze glasig werden lassen. Die Erbsen zugeben und den Hühnerfond angießen. Salzen und pfeffern. Zudecken und 10 Minuten köcheln lassen.

❸Die Poulardenbrüste einlegen und etwas zwischen die Erbsen drücken, so daß sie vollkommen vom Fond bedeckt sind. 15 Minuten zugedeckt sanft ziehen lassen.

❹Brüste aus den Erbsen nehmen und in einer Schüssel anrichten. Die Sauce mit der Sahne binden, abschmecken und die Kräuter einrühren. Über die Poulardenbrüste gießen.

Beilage: Reis.

Getränk: ein eleganter, trockener Weißwein mit wenig Säure – Pinot Grigio aus Norditalien, Tokay d'Alsace oder ein deutscher Grauburgunder Spätlese trocken.

Varianten:
❶Die Erbsen mit reichlich frischer Minze abschmecken.

❷Die Poulardenbrüste zunächst vor dem Einlegen getrennt in einer Pfanne mit wenig Butter leicht anbraten.

Sülze mit Vinaigrette

Häufig sind die Essig-Öl-Saucen zu zarten, aber geschmackvollen Sülzen viel zu sauer – und zerstören sie regelrecht. Versuchen Sie mal diese mit Kalbsfond verlängerte und gleichzeitig aromatisch gebundene Variante:

❶Sülzenscheiben auf Tellern verteilen und zimmerwarm werden lassen.

❷Zwiebel erst unmittelbar vor dem Servieren in hauchdünne Ringe schneiden und darüber verteilen. Geht gut auf dem scharfen Gurkenhobel und noch besser auf der Aufschnittmaschine.

❸Essig mit Fond, Gewürzen und Salz zu einer cremigen Sauce aufschlagen und darübergießen. Rasch servieren.

Beilage: dunkles Sauerteigbrot.

Getränk: Bier oder ein trockener, säurebetonter Weißwein.

Varianten:

❶In die Sauce 1 EL eingelegte rosa Beeren (Baies roses – nicht ganz korrekterweise auch als rosa Pfeffer bezeichnet) mischen und ein wenig gehackten Dill.

❷Die Sauce zusätzlich mit Dijon-Senf binden und pikanter machen. Oder etwas grünes, japanisches Meerrettichpulver (Wasabi) dazu nehmen und mit einem Schuß Sojasauce abschmecken.

Für 6 Personen:
6 Scheiben Sülze beliebiger Art, 1 große Zwiebel, 2 EL Weißweinessig mit Estragon, 4 EL frischer oder 2 Würfel eingefrorener Kalbsfond aus der Eiswürfelschale, Salz, Pfeffer, 1 Spritzer Worcestershiresauce, 2 EL Olivenöl extra vergine

Boeuf Stroganoff

Das berühmte Geschnetzelte aus der Spitze des Rinderfilets – beste Schnellküche!

❶Das Fleisch in schmale Streifchen schneiden, die Zwiebel und die Knoblauchzehe fein hacken.

❷20 g Butter in einer Pfanne zerlassen, die Zwiebeln zugeben und leicht anrösten. Dann erst den Knoblauch und das Fleisch zufügen und bei mittlerer Hitze unter ständigem Wenden braten, bis es rundum braun ist. Herausheben und warm stellen.

❸Inzwischen die Pilze putzen und in feine Blätter schneiden. In der Pfanne in weiteren 10 g Butter kurz angehen lassen. Kalbsfond zufügen, alles durchkochen, salzen, pfeffern und schärfen.

❹Das Fleisch samt Saft und Zwiebeln wieder in die Pfanne geben, Petersilie und Crème fraîche einrühren und alles zusammen noch einmal aufwallen lassen. Dann sofort vom Feuer nehmen und servieren.

Beilage: Bandnudeln.

Getränk: kräftiger Rotwein (Nebbiolo d'Alba, Barolo, Barbaresco).

Für 2 Personen:
Die Spitze eines Rinderfilets: 250 – 300 g schwer, 1 kleine Zwiebel, 1 Knoblauchzehe, 50 g Butter, 125 g frische Champignons, 4 EL frischer oder 2 Würfel Kalbsfond aus der Eiswürfelschale, Salz, Pfeffer aus der Mühle, ein Hauch Cayennepfeffer, 1 EL gehackte Petersilie, 2 große EL Crème fraîche

SCHOLLEN

die preiswerte Delikatesse aus dem Meer

Schollen – die preiswerte Delikatesse aus dem Meer

Mögen Sie Fisch? Es ist ja erstaunlich: Entweder liebt man Fisch, ißt ihn gern und so oft wie möglich. Oder man schüttelt sich allein bei dem Gedanken. Meist hängen die Reaktionen eng mit dem Wohnort des Befragten zusammen. An der Küste findet man häufiger Fischfans als im Binnenland. Ausnahmen bestätigen hier wieder mal die Regel! In jedem Fall hat diese Liebe oder Abneigung etwas mit den Erfahrungen zu tun, die man im Laufe seines Lebens gemacht hat. Wer sein Leben lang Freitag für Freitag von Fisch"geruch" geplagt worden ist – kein Wunder, daß er dann lieber einen weiten Bogen um Fisch macht.
Er weiß eben noch nicht: Fisch riecht nicht! Niemals! Fisch duftet nach Meer, frisch und würzig. Riecht er doch, dann ist er schlicht zu alt, stinkt er gar, ist er für den menschlichen Verzehr nicht mehr geeignet. Deshalb ist das A und O im Zusammenhang mit Fisch seine Frische. Wenn es im Fischgeschäft unangenehm riecht, verlassen Sie es sofort wieder. Kaufen Sie woanders, oder verzichten Sie auf Fisch!

Wie man frischen Fisch erkennt

Man sieht es bereits mit dem bloßen Auge, wenn man die Auslage eines Fischgeschäfts betrachtet. Wirkt alles appetitlich und sauber, liegt der Fisch sorgfältig zwischen Schichten von frischem, zerkruschtem Eis? Glänzt seine Haut, zeigt sie leuchtende Farben? Bei den prächtigen Schollen zum Beispiel, sollten auf der dunklen Haut die charakteristischen roten Punkte leuchten. Die Augen müssen klar und prall wirken sowie stark nach außen gewölbt sein, die Kiemen sollten hellrot leuchten und feucht schimmern. Auch die Flossen müssen glänzen und straff sein. Auf Fingerdruck schließlich muß das Fleisch elastisch nachgeben und sofort wieder in die ursprüngliche Form zurückgehen.
Fisch, dessen Haut blaß und dessen Schleimschicht bereits trübe wirkt, die Flossen gar angetrocknet sind, dessen Kiemen bräunlich oder grau geworden sind, verströmt jenen unangenehmen Geruch, der so vielen Menschen das Fischessen verleidet hat; sein Fleisch ist fludrig, weich und hat keinerlei Elastizität mehr, Druckstellen bleiben sichtbar.
Die Frische von Filet läßt sich natürlich weniger einfach durch bloßen Augenschein abschätzen – man kann jedoch darauf achten, daß das Fleisch appetitlich hell wirkt, auf keinen Fall gelbliche Ränder zeigt. In jedem Fall muß man dem Händler trauen und ansonsten seine Nase bemühen. Sie ist untrüglich!

Wie der Fisch küchenfertig wird

Wenn Sie ihn nett bitten und dies nicht unbedingt während der schlimmsten Stoßzeit tun, sondern vielleicht sogar rechtzeitig vorbestellen, dann wird der Händler für Sie ganz sicher diese notwendigen Vorbereitungsarbeiten übernehmen. Er hat mehr Übung als Sie , deshalb geht es ihm leichter von der Hand. Aber im Prinzip ist gerade eine Scholle, die ja ein Plattfisch ist, besonders einfach zu filieren: Zunächst trennt man mit einem großen, scharfen Messer den Kopf ab. Dann sticht man mit einem kleineren Messer, das eine lange, schmale Klinge haben sollte, in die Bauchöffnung und löst die Innereien aus, indem man die Klinge mehrmals um sich selbst dreht – so lassen sich die Innereien ganz leicht herausziehen.

Ablösen der dunklen Haut

Schließlich kürzt man mit einer Küchenschere die Flossen rundum. Jetzt ist die Scholle küchenfertig, wie der Fachmann sagt. So werden die Schollen im allgemeinen im Handel verkauft.

Wenn Sie das wünschen, wird ein freundlicher Fischhändler auch die Filets auslösen:

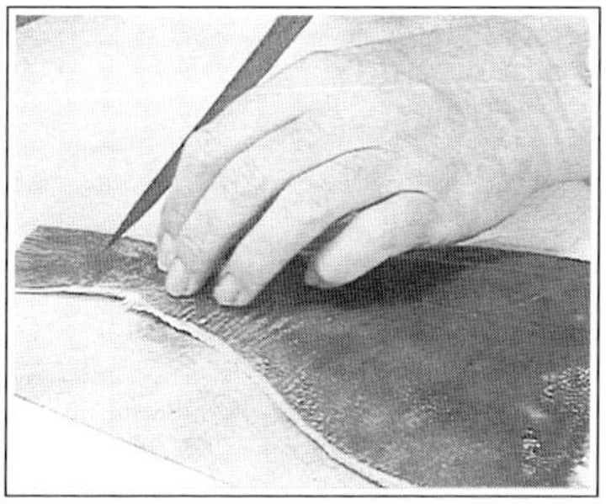

Ein Schnitt am Schwanzende

Zuerst muß man dafür die schwarze Haut abziehen, dann kann man die Filets aus dem Flossenkranz schneiden und von der Mittelgräte lösen. Und schließlich lassen sich die Filets ganz einfach abheben. Gräten und Kopf lassen Sie sich unbedingt mitgeben, daraus kochen Sie den Fond für eine kräftige und würzige Sauce. Zum Beispiel nach folgendem Rezept:

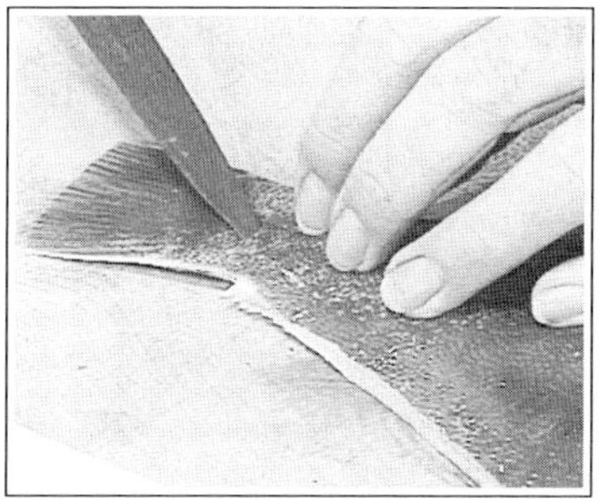

Die Haut etwas ablösen

Dann läßt sie sich packen ...

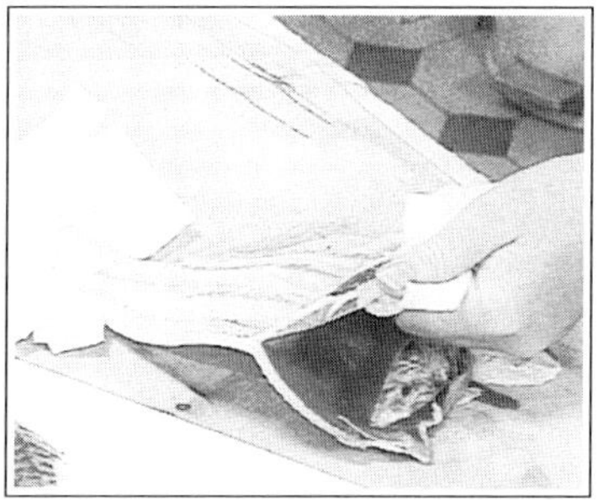

... und mit einem Ruck abziehen

Auf der anderen Seite ebenso verfahren

Fischfond

Man braucht dafür die Gräten, das heißt, vor allem die Mittelgräte von Plattfischen (am besten von Seezunge, Steinbutt oder von der Scholle) sowie Wurzelwerk, vor allem aber sind Zwiebel und Stangensellerie

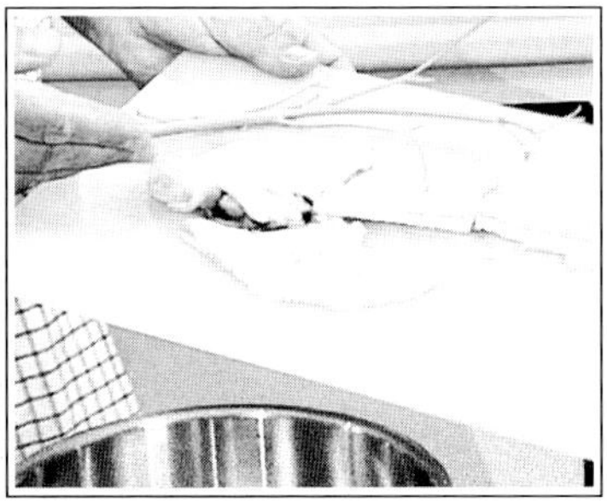

Wichtig für den Fischfond sind die Gräten ...

... Wurzelwerk, Zwiebeln und Stangensellerie, ...

...Fenchelkörner, Zitronenschale und Thymian

fürs Aroma wichtig. Die Fischabfälle brauchen nicht angeröstet zu werden, man füllt einfach alles in einen breiten Topf, füllt mit trockenem Weißwein oder einem guten Schuß weißem Wermut (vorzugsweise Noilly Prat) auf. Es wird zusätzlich mit ein paar Fenchelkörnern und etwas Zitronenschale gewürzt! Auch ein Thymianzweig darf mitkochen. Wenn der Wein verkocht ist, alles gerade eben mit Wasser bedecken und nur etwa 30 Minuten einkochen lassen. Erst durch ein Sieb abgießen, danach auch noch durch ein feines Tuch seihen.
Fischfond niemals länger als eine halbe Stunde kochen, er würde sonst trüb und die Gelatine bliebe nicht angenehm klebrig, sondern würde unangenehm schleimig.
Fischfond sollte man immer im Vorrat haben: In Eiswürfelschalen kann man ihn portionsweise einfrieren; für eine größere Saucenmenge empfehlen sich auch Joghurtbecher als portionsgerechtes Gefrierbehältnis.

Wie schrecklich: Fisch mit dem Messer!

Daß man Fisch unmöglich mit dem Messer essen darf – das hatte mal seinen Sinn, als nämlich die Messerklingen noch aus Eisen waren und daher rosteten, und diesen scheußlichen Geschmack dem Fisch mitgeteilt hätten. Man fertigte deshalb spezielle Fischmesser mit silbernen Klingen an oder, wer sich so etwas nicht leisten konnte, benutzte statt eines Messers eine zweite Gabel zum Zerteilen. Schließlich gibt es ja beim zarten Fisch ohnehin nichts zu schneiden. (Vorausgesetzt, man hat ihn richtig zubereitet und nicht so lange gekocht, bis er hart ist). Heute ist das im Prinzip nicht mehr nötig, weil edelstählerne oder verchromte Messerklingen geschmacksneutral sind. Wer ein Fischbesteck besitzt, wird es jedoch immer gerne benutzen – wie hübsch sieht ein perfekt gedeckter Tisch aus, dem man sofort ansieht, wieviele und welche Gänge der Gast erwarten darf!

Die Scholle: Sie gilt als weniger fein als die vornehme Seezunge oder gar der Steinbutt. Sozusagen als die arme Verwandte – denn die Schollen gehören zur selben Familie. Es handelt sich in allen Fällen um sogenannte Plattfische, genauer um die Familie der Butte. Die Scholle wird denn auch Goldbutt genannt. Das klingt sehr hübsch, ist aber rätselhaft, denn sie trägt keine goldenen, sondern hübsche rote Punkte auf ihrer dunklen Haut. Die Schollen kommen gottlob noch so zahlreich in unseren nördlichen Fanggründen vor, daß sie billig sind. Snobs glauben deshalb, sie sei weniger fein als die teuren Seezungen. Aber das

Eisgekühlte Schollen halten sich länger frisch

stimmt ganz und gar nicht. Ihr Fleisch ist herrlich sanft und von wunderbarem Wohlgeschmack. Aber: Es ist auch sehr empfindlich, nimmt zu lange Transportwege übel, das sonst feste Fleisch wird schnell flokkig und weich. Man rechnet im allgemeinen einen Fisch pro Portion – die Fische haben eine Durchschnittsgröße von ca. 35 Zentimetern. Bis die eßbaren Bestandteile ausgelöst sind, bleibt kaum mehr die Hälfte des ursprünglichen Gewichts übrig. Das Fleisch besteht vorwiegend aus Eiweiß, hat kaum Fett – daher wenig Kalorien (100 g nur 76 Kalorien, das ist die reinste Schlankheitskost!), dafür viele Mineralstoffe, reichlich Kalium, Calcium und Phosphor.

DIE REZEPTE

Für 2 Personen:
250 g Kartoffeln, 2 kleine Gärtnergurken, 2 EL Butter, 2 – 3 Frühlingszwiebeln, 2 – 3 Knoblauchzehen, 100 g Sahne, Salz, Pfeffer, Muskatblüte, 1 Bund Dill, 2 küchenfertige Schollen, 3 EL Mehl, 4 – 5 EL neutrales Pflanzenöl

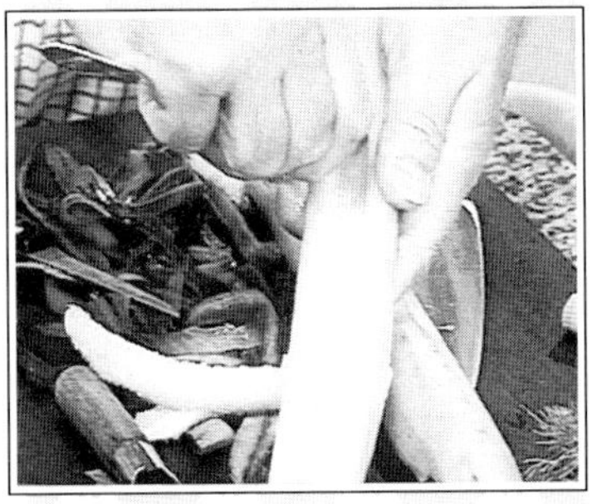

Die Gurke halbieren. Mit einem Löffel die Kerne herausschaben

Gebratene Scholle auf Gurken-Kartoffelgemüse

❶ Die Kartoffeln schälen und in zwei Zentimeter große Würfel schneiden. Mit Wasser bedecken, salzen und zugedeckt zehn Minuten kochen.

❷ Inzwischen die Gurken schälen, längs halbieren, mit einem Löffel die Kerne herausschaben. Die Hälften quer in Scheibchen schneiden.

❸ Das Kartoffelwasser abgießen, stattdessen die Butter im Topf aufschäumen lassen, die Gurkenstückchen zufügen und andünsten.

❹ Die in Ringe geschnittenen Frühlingszwiebeln in den Topf streuen (das Grün vorerst beiseite legen!) sowie den feingewürfelten oder durch die Presse gedrückten Knoblauch.

❺ Die Sahne angießen, salzen, pfeffern und mit einem Hauch

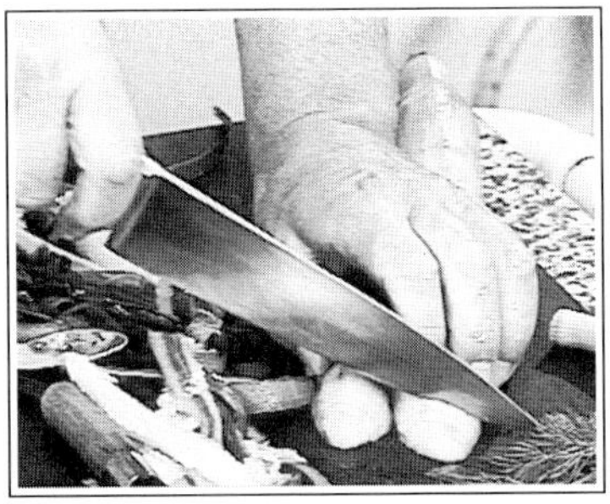

Die Gurkenhälften würfeln, so daß sie in der Größe zu den Kartoffeln passen

Das Gurken-Kartoffelgemüse wird mit Dill und Frühlingszwiebeln gewürzt

Muskatblüte würzen. Das Gemüse zugedeckt etwa zehn Minuten sanft köcheln lassen.

❻ Inzwischen die Fische mit einem scharfen Messer auf beiden Seiten an ihrer dicksten Stelle fast bis zur Mittelgräte einritzen. Das ist nötig, damit die Hitze überall gleichmäßig eindringen und auch die Gewürze einwirken können.
Die Fische in Mehl wenden, das mit Salz und Pfeffer gewürzt ist (siehe TIP), alles überschüssige Mehl gut abschütteln. Die Fische nunmehr im heißen Öl auf beiden Seiten etwa vier bis fünf Minuten auf mittlerem Feuer knusprig braten. Es ist ganz wichtig, daß die Fische nicht zu heiß gebraten werden, weil sie sonst in der äußeren Schicht bereits trocken werden, bevor sie ganz innen, an der Gräte, ausreichend gar sind. Genauso schlecht ist eine zu niedrige Temperatur, weil sonst der Mehlfilm aufweichen würde.

❼ Das Frühlingszwiebelgrün und den Dill fein schneiden und unter das Gemüse rühren. Zu den gebratenen Schollen servieren.

Getränk: ein kräftiger, trockener Weißwein – etwa eine Grauburgunder Spätlese aus Baden, eine Silvaner Spätlese aus Franken oder Hessen.

Tips und Tricks

Auf einen normalen Teller paßt so ein großer Fisch wie die Scholle nicht drauf – damit Sie ihn trotzdem rundum schön mit Mehl bepudern können, empfehlen wir den Zeitungstrick: Geben Sie Mehl, Salz und Pfeffer auf ein großes Zeitungsblatt, und wenden Sie den Fisch ganz bequem auf dieser beweglichen Fläche so lange, bis er von einem feinen Film überzogen ist. Die Zeitung faßt nach dem Essen noch die übrigen Gräten und Abfälle und wird bequem mit dem Biomüll entsorgt.

Die Fische schräg einritzen

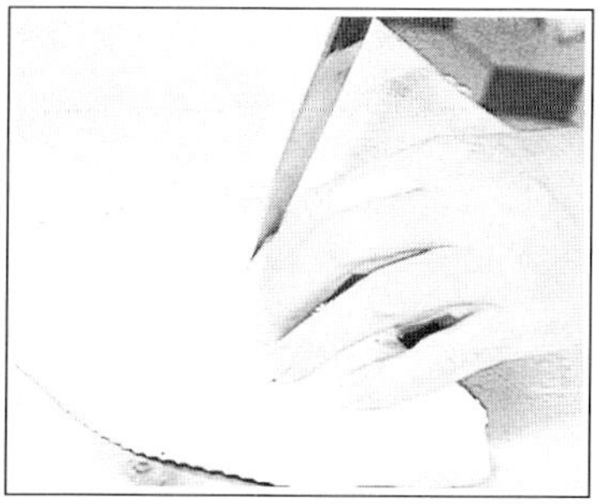

Fast bis auf die Mittelgräte schneiden

So kann die Hitze gleichmäßig eindringen

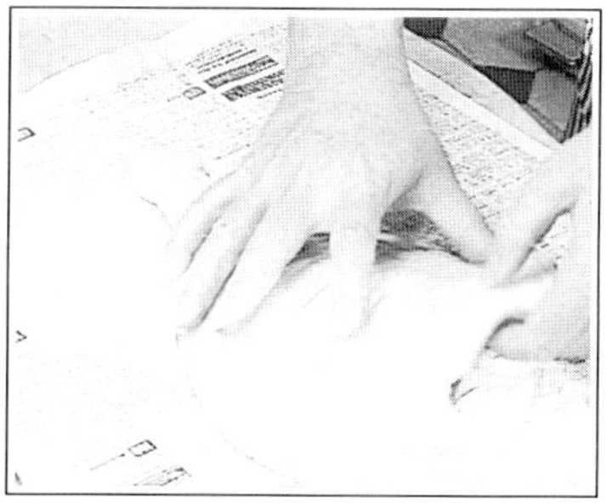

Die Fische auf einer Zeitungsseite in Mehl wenden

Für 2 Personen:
1 Lauchstange, 500 g junge Möhren, 2 EL Butter, Salz, Pfeffer, 1/2 TL gemahlener Kreuzkümmel, 1 Messerspitze Cayennepfeffer, 1/4 l Fischfond (nach Grundrezept selbstgemacht oder fertig gekauft), 1 Glas Weißwein

Gedünstete Scholle im Möhrenbett

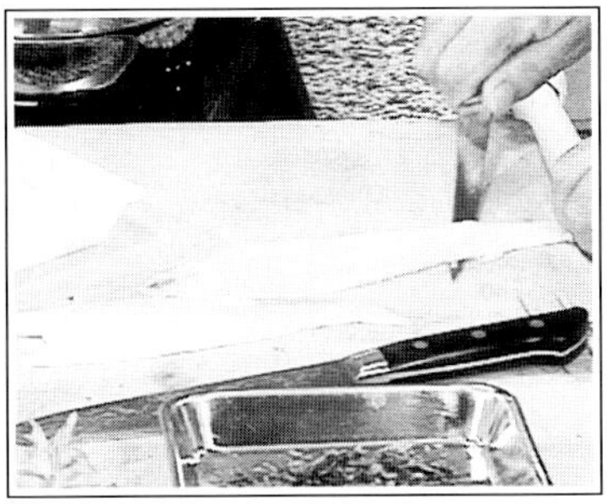

Ablösen der hellen Haut

❶ Den Lauch putzen, quer in feine Ringe schneiden. Die Möhren schälen oder schaben und auf dem Gemüsehobel längs in streichholzfeine Streifen hobeln. In einem flachen Topf die Butter erhitzen. Das Gemüse darin andünsten. Salzen, pfeffern, mit Kreuzkümmel und Cayennepfeffer würzen. Zugedeckt etwa zehn Minuten auf kleinem Feuer dünsten.

❷ Die Fische inzwischen küchenfertig machen (falls noch nicht vom Händler erledigt). Die Haut abziehen. Die nun offenliegenden Filets salzen und pfeffern.

Ein Bett aus feinen Gemüsestreifen

❸ Die Hälfte des Gemüses auf dem Boden einer feuerfesten Form verteilen, die Fische darauf betten und mit dem restlichen Gemüse zudekken. Den Fischfond und den Wein über alles gießen.

❹ Die Form in den 220 Grad heißen Ofen stellen, die Fische etwa 20 Minuten garziehen lassen.

Tip: Dazu schmecken kleine, neue Kartöffelchen, die in Petersilienbutter geschwenkt sind.

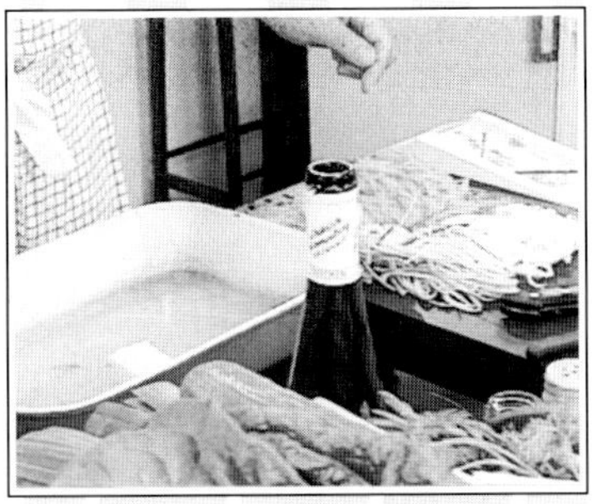

Der Bräter darf nicht zu klein sein

Getränk: ein nicht vollkommen trockener, leicht fruchtiger Riesling (QbA, kräftiger Kabinett oder Spätlese) aus dem Rheingau oder von Mosel/Saar/Ruwer.

Gedämpfte Schollenfilets mit Asienduft

❶Die Schollenfilets glattstreichen und im Kreis auf einem großen Teller anordnen, der mit Sesamöl eingepinselt ist.

❷Die Fischfilets mit Ingwer und feingewürfeltem oder durch die Presse gedrücktem Knoblauch bestreuen.

❸Die Frühlingszwiebeln in feine Ringe schneiden und auf den Filets verteilen. Die Chilischote entkernen, fein würfeln und ebenfalls auf den Fischfilets verteilen.

❹Zucker, Sojasauce und Sherry verrühren und gleichmäßig über die Fischfilets träufeln.

❺Grob zerzupfte Koriander- oder Petersilienblätter über die Fische streuen.

❻Zum Dämpfen am besten den Wok benutzen; wer keinen hat, stellt den Teller in einen ausreichend großen Topf – eine Tasse als Untersatz dafür nehmen, denn der Teller soll über dem Wasserspiegel schweben. Das Wasser zum Dämpfen sollte etwa zweifingerhoch im Topf stehen. Sobald es kocht und Dampf entwickelt, den Teller mit dem Dämpfgut auf die Tasse stellen, den Topf mit einem Deckel verschließen. Die Schollenfilets etwa drei Minuten dämpfen.

❼Sofort servieren. Dazu paßt am besten Reis, zum Beispiel ein wohlduftender indischer Basmati.

Getränk: ein bukettreicher, nicht süß ausgebauter Weißwein wie Scheurebe, Muskateller oder Traminer.

Für 4 Personen:
die Filets von 4 Schollen, 1 TL chinesisches Sesamöl, 1 TL feingewürfelter Ingwer, 2 Knoblauchzehen, 2 Frühlingszwiebeln, 1 rote oder grüne Chilischote, 1 TL Zucker, 2 EL Sojasauce, 2 EL Sherry, Koriandergrün oder glatte Petersilie

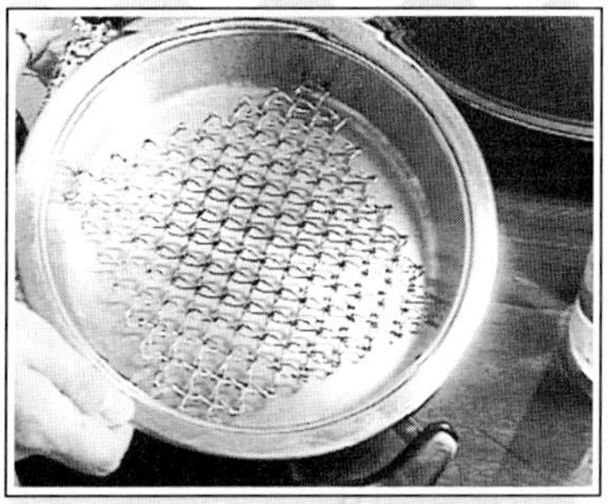

Zum Dämpfen im normalen Topf genügt ein Untersetzer

Die Filets würzen und auf einem Teller verteilen

Ein Einsatz für den Wok, auf dem das Dampfgut ruht

Hier kann der Dampf gut zirkulieren

Für 4 Personen:
die Filets von 4 Schollen, 100 g Butter, Salz, Pfeffer, 2 Tassen gehackte Kräuter (was der Garten oder der Markt gerade hergeben: z.B. Kerbel, Estragon, Petersilie), 2 Eigelb, etwas Zitronensaft, Worcestershiresauce

Gedünstete Schollenfilets mit Kräutersabayon

❶Die Fischfilets in zwei Eßlöffel heiße Butter legen, sofort salzen und pfeffern und sanft, auf milder Hitze, zunächst eine Minute dünsten.

❷Die Kräuter darüberstreuen, die Filets nunmehr zugedeckt zwei Minuten sanft ziehen lassen.

❸Inzwischen die Eigelb in einem Topf aus gut leitendem Material mit dem Schneebesen dick und cremig rühren, die Flüssigkeit aus der Fischpfanne hinzugießen. Unter ständigem Rühren auf der für die Fischpfanne verwendeten Herdplatte erhitzen, dabei stückchenweise die Butter hinzufügen, bis eine cremige Emulsion entstanden ist.

❹Die Sauce mit Salz, Pfeffer, reichlich Zitronensaft und einem Schuß Worcestershiresauce abschmecken.

❺Die Fischfilets mitsamt den Kräutern auf Tellern hübsch anrichten und mit der Sauce überziehen. Dazu schmecken feine Bandnudeln.

Getränk: ein milder, aber trockener und volumenreicher Weißwein aus südlichen Ländern oder ein zartfruchtiger aus Deutschland.

Für 4 Personen:
die Filets von 4 Schollen, Salz, Pfeffer, 2 EL Mehl, 3 EL neutrales Öl, 4 – 5 EL Fischfond, 2 EL Marsala oder Sherry Amontillado, 2 Zitronen, 50 g Butter, 3 EL feinste Kapern, 1 Prise Zucker, glatte Petersilie

Gebratene Schollenfilets mit Kapern

❶Die Fischfilets salzen, pfeffern und im Mehl wenden. Wenn alles überschüssige Mehl abgeschüttelt ist, die Filets in einer Pfanne im heißen Öl rasch auf beiden Seiten jeweils eine Minute braten. Herausheben und warm stellen.

❷Das Bratfett aus der Pfanne wegkippen. Statt dessen den Fond und den Marsala oder Sherry in die Pfanne gießen und rasch um die Hälfte einkochen.
Die Zitronen mit einem scharfen Messer bis auf das Fleisch schälen, also auch das innere, weiße

Häutchen abschneiden. Die nun freiliegenden Zitronenschnitze aus ihren einzelnen Kammern schneiden. Den herabtropfenden Saft auffangen und in die Pfanne gießen.

❸Die Butter, sie sollte eiskalt sein, damit sie besser bindet, flöckchenweise unter die Flüssigkeit in der Pfanne schlagen. Die Kapern und die Zitronenfilets in diese cremige Sauce rühren.

❹Die Sauce mit Salz, Pfeffer und Zucker abschmecken, die feingehackte Petersilie einrühren. Über die Fischfilets gießen und sofort servieren. Dazu schmecken Bratkartoffeln!

Getränk: ein kräftiger, herb-würziger Weißwein aus der Provence, Spanien oder Italien.

Schollenfiletröllchen mit Spinat

Für 4 Personen:
500 g Blattspinat, Salz,
die Filets von 4 Schollen,
150 g Crème fraîche,
Salz, Pfeffer, Muskat,
1/4 l Fischfond,
1/4 l Weißwein,
150 g Crème double,
Cayennepfeffer,
Worcestershiresauce

❶Den Spinat verlesen, die Stiele abknipsen, die Blätter mehrmals sorgfältig waschen, in kochendem Salzwasser eine Minute blanchieren; abgießen, eiskalt abschrecken, damit die schöne, grüne Farbe erhalten bleibt, und sehr fest ausdrücken.

❷Den trockenen Spinat mit Salz, Pfeffer, reichlich Muskat und Crème fraîche im Mixer pürieren, dabei drei Fischfilets mitmixen. Diese Farce gut abschmecken.

❸Die übrigen Fischfilets auf der Arbeitsfläche nebeneinander ausbreiten und glattstreichen. Sparsam salzen und mit einem Hauch Pfeffer würzen. Die Spinatfüllung auf den Filets verteilen, diese aufrollen und nebeneinander in eine feuerfeste Form setzen.

❹Die Hälfte des Fischfonds über die Röllchen gießen. Die Form mit Alufolie gut verschließen und für etwa zehn Minuten in den 200 Grad vorgeheizten Backofen stellen.

❺Inzwischen den restlichen Fond, den Wein und die Crème double in einer Kasserolle aus kräftigem Feuer um die Hälfte einkochen. Schließlich den Sud aus der Form hinzugießen. Erneut einkochen, bis die Sauce schön cremig geworden ist. Abschmekken, über die Röllchen gießen und in der Form zu Tisch bringen.

Tip: Dazu paßt am besten ein sahniges, duftiges Kartoffelpüree.

Getränk: ein frischer, fruchtiger Weißwein, vorzugsweise aus Deutschland.

KNOBLAUCH

Der Duft von Sommer und Ferien

Sommer- und Ferienküche

So duftet es nach Sommer

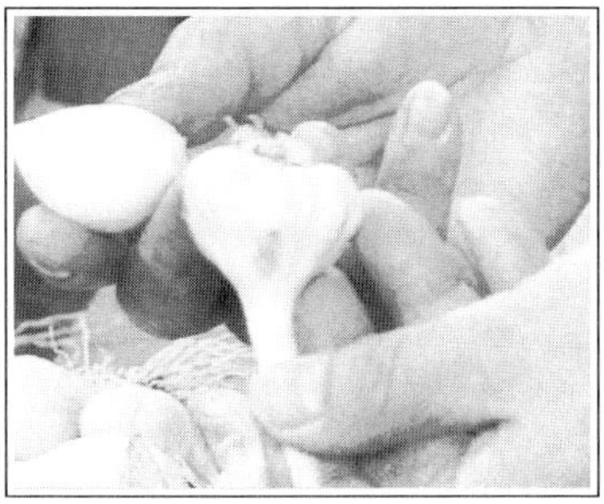

Des einen Freud´ ist bei Knoblauch des anderen Leid

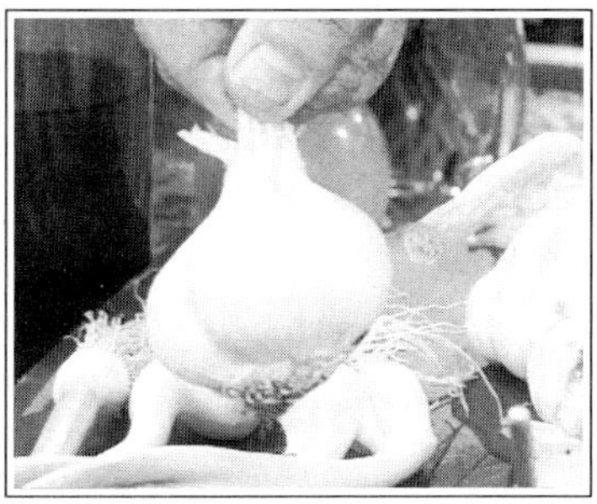

Türkischer Knoblauch

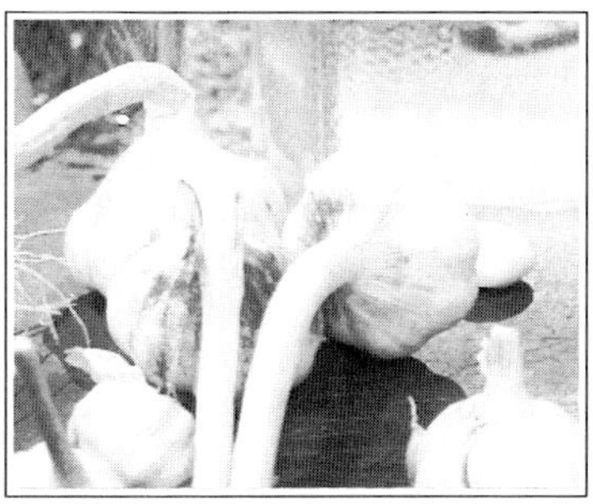

Ägyptischer Knoblauch

Nichts spaltet die Menschen gründlicher in zwei Lager: Die einen lieben Knoblauch über alles, für sie wäre eine knoblauchlose Mahlzeit kulinarisch eine verlorene Mahlzeit; die anderen verabscheuen ihn, halten den typischen Duft für unerträglich.

Es läßt sich jedoch feststellen, daß man Knoblauch lieben lernen kann, zum Beispiel auf Reisen in südliche Länder. Und mobil, wie wir Menschen sind, werden die Knofelfans deutlich spürbar immer mehr ... Acht von zehn Deutschen, so hat eine repräsentative Umfrage ergeben, essen Knoblauch. Frauen sind übrigens die größeren Fans: sie schätzen die duftende Knolle zu 88 Prozent, während nur 75 Prozent der Männer angaben, daß sie gerne Knoblauch essen.

Erfreuliche Begleiterscheinung ist, daß die gesteigerte Nachfrage in unseren Gemüseläden das Angebot deutlich verbessert hat. Die armseligen Knoblauchknöllchen, klein, verhutzelt und ohne Saft, die man früher nach einigem Suchen ganz unten im Regal der Gemüseabteilung fand, gibt es heute kaum mehr, zumindest ist der Knoblauchliebhaber längst nicht mehr darauf angewiesen. Denn es wird überall auch frischer Knoblauch angeboten, handtellergroße, saftige Exemplare, ab März bereits zum Beispiel aus der Türkei oder aus Ägypten importiert. Noch besser ist der Knoblauch, der im April schon aus Sizilien kommt; Ende Mai und Juni kann man dann in jungem Knoblauch aus der Provence schwelgen. Von hier kommt der feine violette Knoblauch, der als besonders köstlich gilt. Schon Ende Juli und im August kann man auch in unseren Breiten Knoblauch ernten. Und wer weiß – wenn die Knoblauchbegeisterung sich weiter so ausbreitet, werden ja vielleicht auch unsere Bauern und Gärtner wieder verstärkt Knoblauch anbauen. Im sogenannten Knoblauchland, der Region südöstlich von Nürnberg, wird ja leider trotz des Namens heute kaum mehr Knoblauch gezogen. Dabei ist die schöne weiße Knolle anspruchslos und gedeiht in lockerem Boden ohne große Fürsorge. Auch tut Knoblauch im Gemüsegarten besondere Dienste: Möhren lieben diese duftende Nachbarschaft und danken sie mit kräftigem und gesundem Wuchs. Und ein Knoblauchsud hilft, über die Pflanzen gesprüht, Ungeziefer zu vertreiben.

Knoblauch im Garten

Auch in einem kleinen Garten läßt sich ein Knoblauchvorrat selber ziehen: einzelne Knoblauchzehen am besten bereits im Herbst, bevor die ersten Fröste übers Land ziehen, nicht zu tief in den Boden stecken. Die Spitze sollte nach oben zeigen und nicht mehr als zwei Zentimeter von der Oberfläche entfernt sein. Im Frühjahr wird sich schon bald das lauchähnliche Laub zeigen. Und im Juni, Juli, sobald dieses Laub sich braun färbt und umkippt, darf man ernten: behutsam aber energisch am Laubschopf packen und mit der Grabgabel schräg darunterstechen und nach oben drücken und dabei die Knolle aus dem Boden ziehen. Die

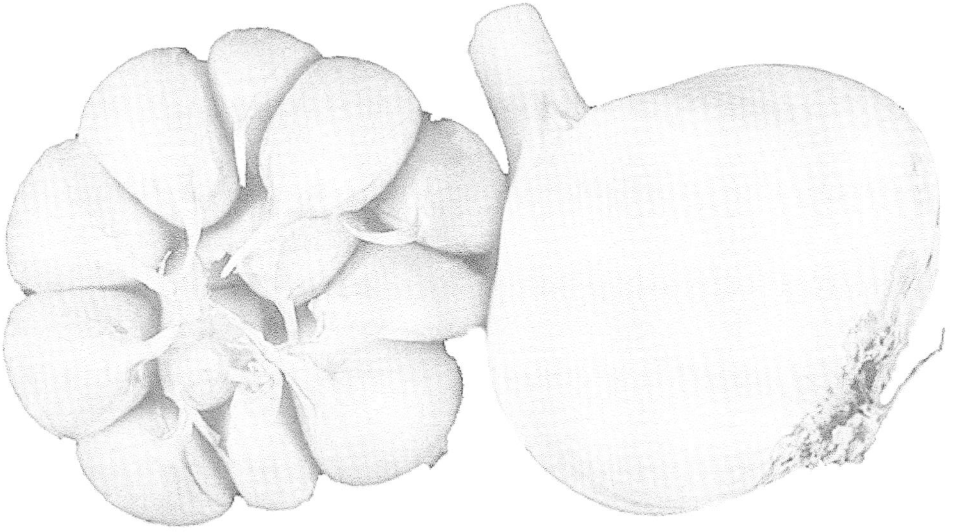

Knoblauchknollen trocknen lassen, bevor man sie bündelt – oder sich sogar die Mühe macht, sie zum Zopf zu flechten. Die kleinen Würzelchen am unteren Ende abschneiden, dabei jedoch darauf achten, daß die eigentliche Knolle nicht verletzt wird. Wer im Herbst versäumt hat, Knoblauch zu stecken, holt dies im März nach, kann dann jedoch erst Ende August oder im September ernten.

Ganz junger Knoblauch

Eine anrüchige Sache oder vielmehr unschätzbares Heilmittel?

Die Knoblauchgegner stört der typische Geruch. Tatsächlich durchdringt Knoblauchduft alles; niemand, der Knoblauch gegessen hat, kann dies verheimlichen. Und es nützt auch gar nichts, wenn man anschließend

Petersilie speist, Kaffeebohnen zerbeißt oder Milch trinkt – all diese angeblichen Hausmittel, um Knoblauch zu vertreiben, haben eines gemeinsam: sie taugen nichts. Denn der Knoblauchduft entströmt nicht nur dem Mund, sondern auch der Haut und den Poren, er sitzt dann in den Kleidern und ist einfach da. Das einzige Mittel, dem zu entgehen: ebenfalls Knoblauchwürziges essen; denn wer selber Knoblauch gegessen hat, nimmt den Duft gar nicht mehr wahr. So einfach ist das.

Manche Menschen halten Knoblauch für unfein. Ein ganz und gar überflüssiger Dünkel, zumal es wohl kaum ein bekömmlicheres und der Gesundheit zuträglicheres Gewürz gibt. Schon im Altertum wurde Knoblauch als Heilmittel eingesetzt. Längst sind inzwischen seine vielfältigen medizinischen Fähigkeiten wissenschaftlich erforscht und nachgewiesen: Knoblauch wirkt keimhemmend, also antibakteriell, blutreinigend, blutdrucksenkend, schützt vor Arterienverkalkung und hilft, den Blutfettspiegel (Cholesterin!) zu senken. Menschen, die regelmäßig Knoblauch essen, werden uralt, bleiben aktiv und erhalten sich ihre Widerstandskräfte.

Knoblauchdragees sind in Mode gekommen, weil sie die gesundheitlichen Vorzüge des Knoblauch ohne seine angeblichen Nachteile – den Duft! – in sich haben. Aber uns geht es doch schließlich um den Genuß und nicht nur um die gesundheitlichen Aspekte. Zudem sehen wir im Duft durchaus keinen Nachteil. Daß man nicht vor einem Zahnarztbesuch große Knoblauchorgien feiert, ist sicherlich selbstverständlich –

aber das hat etwas mit Erziehung und einer anderen Art von gutem Geschmack zu tun ...

Und noch eins: Je frischer der Knoblauch, desto weniger unangenehm oder aufdringlich ist der Duft!

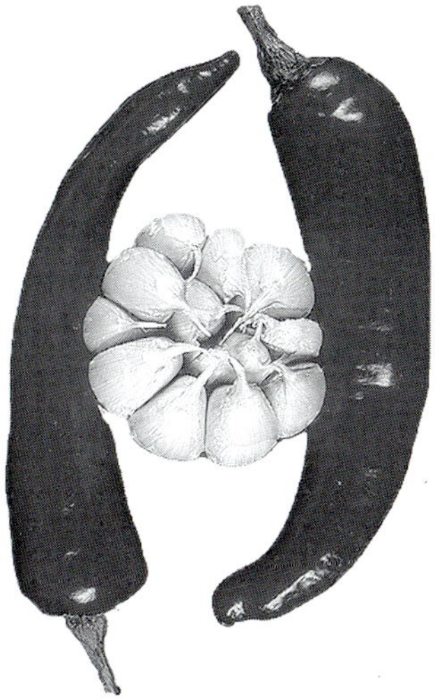

Die Mär vom grünen Keim

Im späten Herbst und im Winter beginnt auch sorgsam gelagerter Knoblauch zu keimen: in jeder einzelnen Zehe sprießt ein zunächst weißer, sobald er Licht erwischt, zunehmend grünlich werdender Keim. Ihn solle man entfernen, heißt es immer, er sei bitter. Vielleicht gab es früher mal Sorten, die bittere Keime entwickelten – wir haben jedoch noch nie Bitternis schmecken können und verwenden diese Keime mit, solange sie nicht dick und hart geworden sind. Aber das geschieht eigentlich erst zu einem Zeitpunkt, an dem wir längst schon wieder Knoblauch aus neuer Ernte in der Küche verwenden.

Knoblauch im Haushalt

Im Kleiderschrank aufbewahrt, hilft Knoblauch Motten zu vertreiben. Allerdings ist es nicht jedermanns Sache, die Liebe zum Knoblauch bereits am Duft der Kleider erkennen zu lassen. Damit Knoblauch frisch bleibt, gehört er jedoch keinesfalls in den Kühlschrank. Er liebt es zwar kühl, aber braucht es trocken und luftig. Er muß also dunkel, damit er nicht vorzeitig keimt, nicht zu warm (damit er nicht vorzeitig austrocknet) und absolut trocken (damit er nicht schimmelt oder schwitzt) aufbewahrt werden. Knoblauch sollte also in einem Korb oder auf einem Holzrost in der Speisekammer ausgebreitet lagern, in einer Papiertüte, nicht in Plastikbeuteln oder, wenn es schon ein Gefäß sein sollte, dann unbedingt weithalsig und oben offen.

Knoblauchzöpfe, die man sich aus dem Urlaub mitgebracht hat, gehören zügig verbraucht und sollten nicht unbedingt neben dem Herd im Wasserdunst hängen.

Für 4 bis 6 Personen:
5 EL Tahinpaste,
Saft einer Zitrone,
5 – 6 Knoblauchzehen,
1 TL Chilipaste (Sambal oelek oder rotes Thaicurry), 1 TL Sojasauce,
Salz, Pfeffer,
ca. 1/8 l Olivenöl

Tahini (Knoblauch-Sesamsauce)

Diese Sauce kann man auch als Dipsauce nehmen, in die man rohes Gemüse oder auch nur Fladenbrot stippt, als Sauce zu Gegrilltem, zu Fondue oder zu gekochtem Gemüse. Man braucht dafür Tahin, das ist eine fertige Sesampaste, die man in türkischen Läden oder in Asienshops kaufen kann.

❶ Die Sesampaste zusammen mit Zitronensaft, Knoblauch und Gewürzen in den Mixer füllen. Zunächst nur die Hälfte des Öls angießen. Alles zu einer cremigen Paste zerkleinern.

❷ So viel Öl in den laufenden Mixer nachgießen, bis die Sauce eine dickflüssige, nicht mehr zu feste Konsistenz hat.

❸ Die Sesamsauce kann man einige Tage in einem verschlossenen Glas im Kühlschrank aufbewahren.

Basis für die Sauce: Tahin, Sesampaste aus dem türkischen Laden

Alles in den Mixer füllen

Das Öl in die laufende Maschine gießen

Panzanella

In diesem Wort steckt der italienische Begriff für Brot (pane) sowie das Wort für Wiege beziehungsweise Brotschüssel – denn man verwendet dafür das Brot, das vom Vortag in der Brotschüssel übriggeblieben ist, also bereits in Scheiben aufgeschnitten war und so durch und durch getrocknet ist. Was in anderen Regionen Italiens die Pasta oder der Reis bedeutet, nämlich Grundnahrungsmittel, ist in der Toskana das Brot. Helles, grobporiges, wunderbar knuspriges, übrigens ungesalzenes Brot. Daß es ungesalzen ist, verblüfft anfangs, man gewöhnt sich allerdings rasch daran, wenn man die stark gewürzten Ragouts oder Pasten dazu genießt. Natürlich wird das Brot vom Vortag nicht weggeworfen, sondern sinnvoll in den Speiseplan eingebaut. Zum Beispiel als Salat:

❶ Die Brotscheiben in einer Schüssel mit Wasser beträufeln und einweichen.

❷ Inzwischen die Zwiebeln schälen, halbieren und in hauchfeine Ringe hobeln. Die Tomaten in kleine, unregelmäßige Stücke schneiden (häuten ist bei dieser Sorte nicht notwendig!). Die Gurke schälen, längs halbieren und mit einem Löffel entkernen. Das Gurkenfleisch in zentimeterkleine Würfel schneiden. Den Knoblauch fein würfeln. Die Kräuterblätter von den Stielen zupfen und in Streifen schneiden.

❸ Aus Salz, Pfeffer, Essig und Öl mit dem Schneebesen eine cremige Marinade rühren.

❹ Das Weißbrot gut ausdrücken und in einer Salatschüssel zerzupfen. Mit der Marinade gründlich mischen.

❺ Die vorbereiteten Zutaten zufügen, alles sorgsam vermengen und etwa 15 Minuten durchziehen lassen, bevor serviert wird.

Getränk: ein milder Weißwein, zum Beispiel ein Malvasia, ein Pinot bianco aus der Toskana oder auch ein kräftigerer Pinot grigio aus dem Friaul.

Für 4 Personen:
6 – 8 Scheiben altbackenes, italienisches Weißbrot (oder 1/2 Baguette, in Scheiben geschnitten), 2 rote Zwiebeln, 2 – 3 nur halbreife, noch grüne Stellen zeigende italienische Salattomaten, 1 kleine Salatgurke, 6 junge Knoblauchzehen, je 1 Strauß glattblättrige Petersilie und Basilikum, Salz, Pfeffer, 3 – 4 EL Rotweinessig, 4 EL aromatisches Olivenöl

Erfrischend und sommerlich

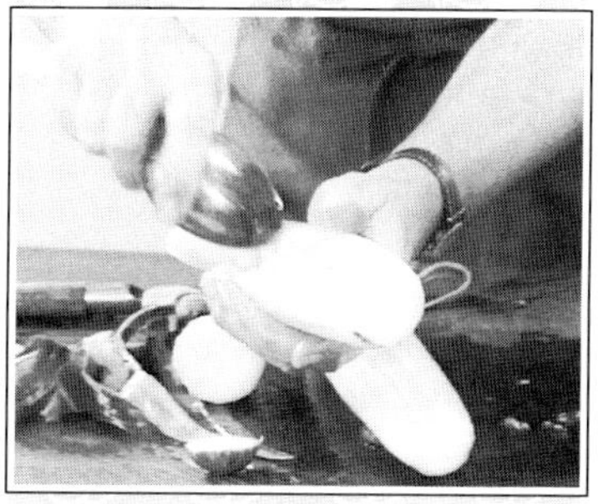

Gurken sollte man stets entkernen

Ajo blanco (Spanische Knoblauchsuppe)

Für 4 Personen:
1/2 Brötchen oder 2 Baguettescheiben, 100 g Mandeln, 6 Knoblauchzehen, 3 EL Olivenöl, 2 EL Zitronensaft, Salz, Pfeffer, Wasser

Außerdem:
1 Apfel, Zitronensaft oder milder Essig, 50 g luftgetrockneter Schinken, Zitronenmelisse oder glattblättrige Petersilie

❶ Das Brötchen in Wasser einweichen.

❷Inzwischen die Mandeln mit kochendem Wasser überbrühen, kalt abschrecken und von der Haut befreien. Das geht ganz einfach, indem man die Mandeln zwischen Daumen und Zeigefinger schnipst.

❸ Die Knoblauchzehen schälen. Zusammen mit dem gut ausgedrückten Brötchen und dem Öl und 1/4 l Wasser in den Mixer füllen.

❹Auf starker Stufe zu einer glatten Paste mischen, dabei mit Essig, Salz und Pfeffer würzen. Mit so viel Wasser verdünnen, bis eine angenehm glatte Konsistenz erreicht ist.

❺Die Suppe bis zum Servieren kalt stellen.

❻In Suppentassen anrichten. Für die Garnitur den Apfel schälen, vom Kerngehäuse befreien und in kleine Würfel schneiden. Mit Zitronensaft beträufeln, damit sie sich nicht verfärben. Den Schinken in feine Streifen schneiden, ebenso die Petersilienblätter. Jeweils einen Teelöffel dieser Zutaten auf die Suppe streuen und zu Tisch bringen.

Mandeln immer frisch häuten

Gewürfelte Äpfel als Garnitur

Provenzalisches Knoblauchhuhn

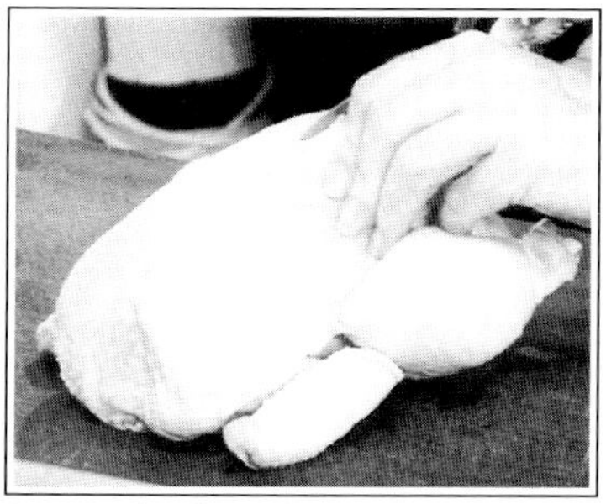

Das Huhn in acht Portionsstücke schneiden: Zuerst halbieren

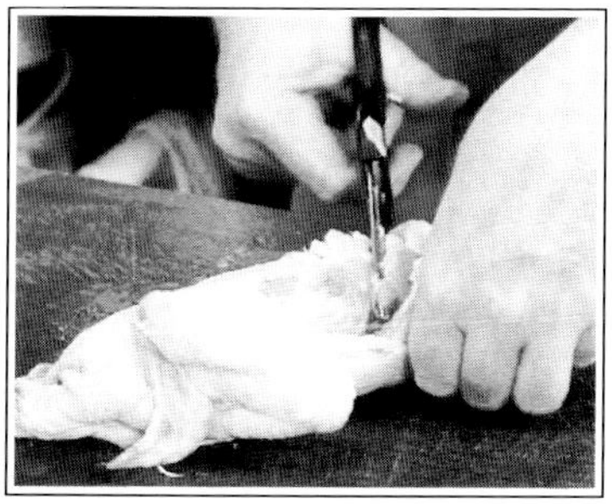

Die Schenkel abtrennen, das Bruststück schräg in zwei Portionen teilen

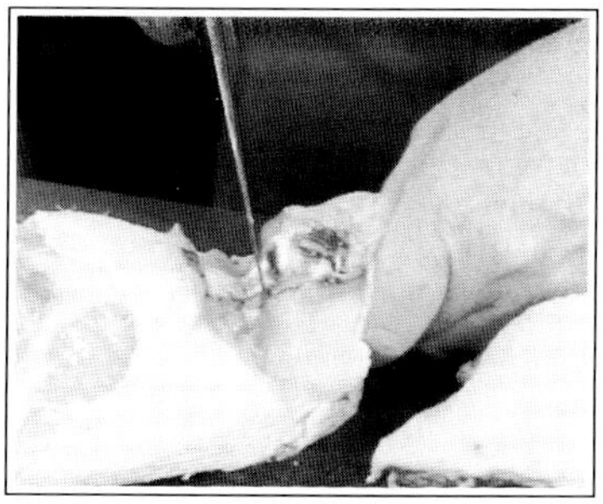

Ober- und Unterschenkel im Gelenk auseinanderschneiden

Ein leichtes, herkömmliches Sommeressen, das man auch gut in großer Portion für viele Leute im Backofen auf dem tiefen Blech zubereiten kann. Für die Normalportion für vier Personen nimmt man lieber einen normalen Schmortopf.

❶ Das Huhn in acht Portionsstükke teilen: dafür zunächst mit einer Schere entlang dem Brustbein und des Rückgrats in zwei Hälften schneiden. Die Schenkel abtrennen und im Gelenk in Ober- und Unterschenkel teilen. Das Bruststück schräg in zwei gleichwertige Stücke schneiden.

❷Das Öl in einem breiten Schmortopf erhitzen. Die Kräuterzweige zufügen. Die Knoblauchknollen, ungeschält, aber quer halbiert, auf ihrer Schnittfläche anbraten. Herausheben, um Platz für die Hühnerstücke zu schaffen.

❸ Sie auf allen Seiten schön golden anbraten, dabei salzen und pfeffern. Knoblauch wieder zufügen, ebenfalls die geachtelten Zitronen. (Wenn Sie nicht sicher sind, ob sie gespritzt sind oder nicht – im Zweifel sind sie es – bürsten Sie sie unter fließendem Wasser gründlich ab!).

Für 4 Personen:
1 schöne Poularde von ca. 1200 g, 3 EL Olivenöl, Salz, Pfeffer, je 3 Thymian- und Rosmarinzweige, 6 Knoblauchknollen, 2 Zitronen (möglichst unbehandelte), 1 Glas Weißwein, ca. 1/8 l kräftige Hühnerbrühe oder Hühnerfond.

In einem schweren Bräter anbraten

Die ganzen Knoblauchknollen ungeschält quer halbieren

Auf der Schnittfläche anbraten

Zitronen mit ihrer Schale achteln

❹ Den Wein angießen. Darauf achten, daß die Hautseite der Hühnerstücke nach oben zeigt und nicht von Flüssigkeit bedeckt wird, damit sie schön knusprig werden kann.

❺ Im 200 Grad heißen Ofen etwa 30 Minuten braten. Die Hühnerteile und Zitronenstücke auf eine vorgewärmte Platte betten. Die Kräuterstiele aus dem Topf fischen und wegwerfen. Die Knoblauchhälften gut ausdrücken, das Püree in den Schmorsud rühren.

❻ Die Hühnerbrühe angießen. Mit einem Schneebesen, besser noch mit dem Pürierstab diese Sauce cremig aufschlagen, abschmekken und getrennt zu den Hühnerstücken servieren.

❼ Dazu paßt ein sahniges Kartoffelpüree oder einfach nur krumiges Weißbrot, mit dem sich die Sauce gut aufnehmen läßt. Und ein erfrischender Salat.

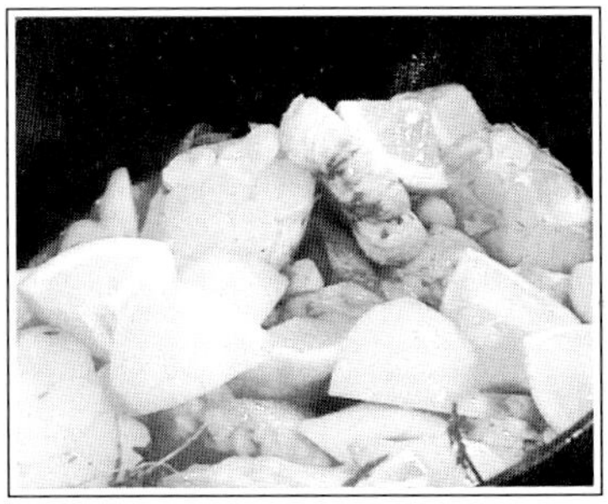

Hühnerteile und Zitronenachtel warmstellen

Schmorgemüse und Knoblauch durch ein Sieb passieren

Die Sauce mit dem Mixstab aufschlagen

Die große Aioli

Das traditionelle Freitagsessen in der Provence: Fisch (meistens pochierter Stockfisch oder auch gedünsteter Kabeljau) mit Gemüsen der Saison und ein Schüsselchen mit jener steifen, gelben Sauce, nach der das ganze Gericht seinen Namen hat. Ursprünglich wurde diese Sauce aus Knoblauch und viel Olivenöl mit enormem Kraftaufwand im steinernen Mörser hergestellt. Ein Stückchen altbackenes, in Milch eingeweichtes, mitgestoßenes Brot machte die Sauce leichter, ließ sie allerdings auch schneller wieder zusammenfallen. Erst mit steigendem Wohlstand wurde auch etwas Eigelb eingearbeitet. Inzwischen gibt es unzählige Aioli-Rezepte, jede Hausfrau schwört auf eine andere Zusammensetzung. In den feinen Restaurants, vor allem an der Küste, wo viel für Touristen gekocht wird, verzichtet man häufig auf einen Großteil des Knoblauchs, blanchiert ihn gar, um ihn seines Duftes zu berauben oder nimmt gleich eine fertige Mayonnaise... Für den wahren Aioli-Fan natürlich undenkbar!

❶ Für die Sauce das Eigelb und den Knoblauch mit dem Senf im Mixer pürieren, nach und nach langsam das Öl hinzufließen lassen. So lange mixen, bis die Sauce angenehm dick und standhaft ist. Mit Salz, Pfeffer, einigen Tropfen Zitronensaft, Worcestershiresauce, Senf und einer Prise Zucker würzen.

❷ Die Gemüse putzen: Den Blumenkohl in Röschen teilen, die Bohnenspitzen oben und unten abschneiden, kleine Zucchini

Für 4 bis 6 Personen:
1 Eigelb, 6 Knoblauchzehen, 1 TL scharfer Senf, 1/4 l Olivenöl, Salz, Pfeffer, Zitronensaft, eine Prise Zucker

Außerdem:
Gemüse der Saison: Blumenkohl, grüne Bohnen, Zucchini, Möhren, Kartoffeln, hartgekochte Eier.

Eventuell:
800 g Kabeljaufilet, Salz 1 TL Senfsaat, 1 TL Pfefferkörner, einige Petersilien-, Thymian- und Basilikumstengel

Aus dem Geschäft für Laborbedarf: Mörser aus Porzellan

ganz lassen, größere quer in fingerdicke Scheiben oder längs in fingerstarke Stifte schneiden. Auch die Möhren je nach Größe ganz lassen, in Scheiben oder in Stifte schneiden.

❸Die Gemüse getrennt in Salzwasser bißfest kochen und heiß auf einer Platte anrichten, die Pellkartoffeln und hartgekochten Eier dazwischen drapieren.

❹Wer mag, serviert auch den Fisch dazu: Dafür einen Sud aus Salzwasser mit Senfkörnern, Pfeffer und Kräuterstengeln zehn Minuten leise köcheln. Kurz vor dem Servieren die Fischfilets darin nur wenige Minuten sanft garziehen lassen.

Einfacher geht es im Mixer

Tip: Man ißt das frisch gekochte Gemüse, jeden Bissen gewürzt mit etwas Aioli. Dazu gibt es Weißbrot und am besten einen kräftigen Rosé aus der Provence.

Eingelegter Knoblauch

Für 2 Einmachgläser á 500 g Inhalt:
300 ml milder Essig (z.B. Apfelessig),
300 ml Wasser,
300 g Zucker,
1 gestrichener TL Salz,
500 g Knoblauchknollen

Paßt zu gebratenem oder gekochtem Fleisch, zum Abendbrot mit Wurst und Schinken oder beim Grillfest. Die Knoblauchzehen müssen vor dem Verzehr aus ihrer Schale gepellt werden. Aber das geht ganz leicht.

❶Essig, Wasser, Zucker und Salz etwa fünf Minuten kochen.

❷Die Knoblauchknollen nur soweit pellen, daß die äußeren Zehen frei liegen, die Zehen selbst sollen jedoch ungeschält bleiben.

❸Die Knoblauchknollen in die Einmachgläser schichten. Mit dem kochendheißen Sud übergießen. Mindestens eine Woche ziehen lassen, bevor man den Knoblauch probiert. Er hält sich jedoch jahrelang.

ZUSATZREZEPTE

Auberginen-Schweine-Gulasch

Für 4 Personen:
500 g Schweinefleisch (vorzugsweise durchwachsen, am besten aus Schulter oder Nacken), 2 EL Butter, 1 EL Öl, 1 Zwiebel, 5 – 8 Knoblauchzehen, 2 mittelgroße Auberginen, 2 EL Paprika edelsüß, 1/2 EL Rosenpaprika scharf, Salz, eventuell etwas Pfeffer, je 1 Bund Schnittlauch und Petersilie, nach Belieben ein wenig saure Sahne

❶ Das Schweinefleisch in Würfel schneiden, dabei die Fettpartien, Sehnen und Flachsen aber keinesfalls entfernen, denn sie geben dem Gulasch erst Geschmack und Geschmeidigkeit! Vielleicht sieht das Gulasch später nicht so schön aus, auch muß man die unschönen Teile während des Essens entfernen und auf den Tellerrand schieben – aber jeder Kenner ist von einem Gulasch nur dann entzückt, wenn er diese Partien am Fleisch entdeckt.

❷ Butter und Öl in einem Topf erhitzen und gut vermischen – so bekommt man einen guten Buttergeschmack, der nicht getrübt wird durch verbrannte Butterteilchen. Die gehackte Zwiebel und den Knoblauch – ebenfalls feingehackt, durch die Presse gedrückt oder auch nur geviertelt – hinzugeben.

❸ Wenn alles gerade trocken zu werden beginnt, das Fleisch hinzufügen und rasch auf allen Seiten hellbraun braten – besitzt der Topf nicht einen Durchmesser, der allen Würfeln gleichzeitig auf dem Topfboden zu liegen erlaubt, sollten Sie in zwei Partien anbraten, damit das Fleisch kein Wasser zieht und also zäh wird.

❹ Wenn die Fleischwürfel angebraten sind, alle herausnehmen und in einem Suppenteller warm halten. Die Aubergine mit Schale würfeln und in den Topf geben. Unter ständigem Wenden braten und alles Fett aufsaugen lassen. Das Fleisch wieder zugeben. Mit Paprika bestäuben und gut umwenden und durchmischen, bis sich der Paprika gleichmäßig verteilt hat. Noch etwa 5 Minuten braten, damit der Paprika sein ganzes, herrliches Aroma entfalten kann.

❺ Salzen, eventuell pfeffern und mit so viel Wasser aufgießen, daß alles gerade eben bedeckt ist. Den Deckel auflegen und das Gulasch im 200 Grad heißen Ofen 3 Stunden schmoren – oder auch 2 Stunden auf dem Herd ganz leise vor sich hinköcheln lassen. Die erste Methode ist besser, weil das Garen (Schmoren) sanfter vonstatten geht. In beiden Fällen ab und zu nachsehen und etwas Wasser nachfüllen, falls der Topfdeckel nicht absolut dicht schließt.

❻ Das fertige Gericht aus dem Ofen nehmen und noch einmal abschmecken. Mit einer Gabel kräftig durchrühren, damit sich das Auberginenfleisch auflöst und der Sauce die erwünschte Bindung gibt. Mit gehackter Petersilie und Schnittlauch bestreut servieren.

Dazu passen am besten Kartoffeln oder Kartoffelklöße (Knödel). Wir essen das Gericht am liebsten mit einem kleinen Schuß saurer Sahne, die wir erst auf dem Teller dazugeben und nur locker in das Gulasch ziehen (einmal mit der Gabel durchfahren), damit sich heiß und kalt auf wohltuende Art ergänzen.

Schnecken

Aus Burgund stammt das „klassische" Rezept für Weinbergschnekken von heute schon beinahe „deutscher" Art: Reichlich Butter – anstelle derer die nicht qualitäts-, sondern nur preisbewußten deutschen Wirte gerne Margarine nehmen – wird mit überaus reichlich Knoblauch und Petersilie sowie Salz und Pfeffer vermischt und mit den Schnecken in die Häuschen gefüllt. Bestimmt war das ursprünglich etwas Köstliches – diese Zubereitung setzt aber voraus, daß man sehr würzige Schnecken bekommt, am besten selbst einkocht. Dies allerdings ist keineswegs einfach, schon gar nicht appetitlich. Dosenschnecken dagegen scheinen mir doch recht fade – allerdings gibt es bei diese Ware, mit der man freilich ganz unabhängig von der Saison wird, erhebliche Qualitätsunterschiede – und sollten deshalb folgendermaßen behandelt werden: Zunächst in jedes Häuschen einen halben Teelöffel von dem Schneckensud geben, damit die Butter nicht als Flüssigkeit die Schnecken einhüllt und fett macht. Eventuell auch einen Spritzer Weißwein oder Vermouth (beides natürlich trocken!) hineingeben. Geben Sie auch einen kleinen Schuß Cognac und eine Prise Thymian an die Butter, die Sie anstelle von Petersilie mit Kerbel, Estragon, Pimpinelle, Koriander oder Basilikum abschmekken können.

Schnecken in Champignons

Für 4 Personen:
2 Dutzend Weinbergschnecken aus der Dose, 2 Dutzend schöne Egerlinge oder französische Champignons (ersatzweise natürlich auch weiße), 50 g roher, durchwachsener Speck, 40 g Butter, 2 Schalotten, 1 Knoblauchzehe, 2 EL sehr fein gehackte Petersilie, 1 EL feingehackter Kerbel, 1 EL Tomatenmark, schwarzer Pfeffer, Salz

Am besten nimmt man hierzu nicht die weißen Champignons, sondern die braunen Egerlinge oder französische Champignons, die weitaus aromatischer und intensiver schmecken als die normalen und die damit auch die kräftigen Schnecken viel besser zur Geltung bringen:

❶Die Schnecken abtropfen lassen, den Sud erwärmen, bis er lauwarm geworden ist. Die Champignons putzen, wenn nötig – und dann so kurz wie möglich, damit sie sich nicht mit Wasser vollsaugen können –, waschen und sofort trockenschütteln oder besser abtrocknen. Die Stiele aus den Köpfen herausdrehen. Letztere beiseite legen, die Stiele jedoch fein hacken.

❷Den Speck sehr fein würfeln und diese Würfelchen in einer winzigen Pfanne unter ständigem Rühren und Wenden auslassen und gerade eben ein wenig kroß braten. Die Butter schmelzen, die feingewürfelten Schalotten, die zerdrückte Knoblauchzehe und die gehackten Stiele zugeben und unter ständigem Umrühren alles ein wenig braten, jedoch nur das Wasser verdampfen, nicht die Oberfläche bräunen lassen.

❸Alles zusammen zu dem erwärmten Schneckensud geben. Petersilie und Kerbel zufügen, das Tomatenmark einrühren und alles nun noch einmal mit Pfeffer und Salz abschmecken.

❹ Jeweils eine Schnecke in einen Champignonkopf setzen und diese entweder, falls genügend Platz vorhanden ist, in Schneckenpfannen oder in eine feuerfeste Form setzen.

❺ Mit der Sauce begießen und im heißen Ofen 12 bis 15 Minuten überbacken. Dabei trocknet die Sauce ein wenig ein, die Champignonköpfchen werden nicht ganz gar – so schmecken sie am besten.

Nach Belieben die Schnecken auch noch mit etwas geriebenem Emmentaler bestreuen.

Als Getränk trockenen, fruchtigen Weißwein oder Rosé, nach Belieben auch einen leichten, nicht zu warm servierten Rotwein.

Schnecken in Tomatensauce

Für 4 Personen:
4 Dutzend Schnecken (Dose),
je 1 kräftige Prise frischer Thymian und Rosmarin,
1 frisches Lorbeerblatt,
1 EL Olivenöl,
1 große, gehackte Zwiebel,
5 – 8 Knoblauchzehen,
4 schöne, ausgereifte Fleisch- oder 8 kleinere Tomaten,
Pfeffer, Salz

❶ Dieses Rezept, das ohne die Häuschen auskommt, hätte man noch vor wenigen Jahren gar nicht vollendet frisch zubereiten können, weil zur Schneckenzeit noch keine Tomaten zu bekommen waren – und wenn, dann nur fade Treibhausware. Heute finden wir zur Schneckenzeit ausgezeichnete Ware aus Marokko oder von den Kanarischen Inseln. Versuchen Sie also einmal dieses einfache Rezept, das den neuen saisonalen Bedingungen Rechnung trägt!

❷ Schnecken und Sud trennen. Die Würzkräuter vorbereiten: Blättchen bzw. Nadeln von den Zweigen zupfen und mit dem Lorbeerblatt in ein Beutelchen geben bzw. in ein speziell hierfür reserviertes Tee-Ei (eine praktische Lösung, wenn man es nicht liebt, in seinen Saucen alle möglichen Gewürze herumschwimmen zu haben).

❸ Das Olivenöl in einer Pfanne erhitzen und die Zwiebelwürfelchen sowie die feingehackten oder auch durch eine Presse gedrückten Knoblauchzehen darin anbraten und ganz leicht Farbe nehmen lassen.

❹ Dann sofort die inzwischen überbrühten, geschälten, entkernten und gehackten Tomaten darin dünsten, wobei der größte Teil der in ihnen enthaltenen Flüssigkeit verdampfen soll. Dabei auch die Kräuter einlegen und ihr Aroma abgeben lassen.

❺ Den Schneckensud angießen und alles einkochen, bis eine relativ dickliche Sauce entstanden ist.

❻ Die Schnecken einlegen, mit frisch gemahlenem Pfeffer und Salz abschmecken. Die Kräuter herausnehmen, abtropfen lassen. Diese Schnecken auf getoastetem oder in Olivenöl angeröstetem Brot servieren, eventuell auch mit Reis.

Dazu einen leichten, frisch und etwas säuerlich angemachten Blattsalat oder einen mit Muskatnuß und Zitronensaft abgeschmeckten Spinat.

Als Getränk einen leichten, frisch-fruchtigen Rotwein vom vorigen Jahr.

Grillen – aber richtig!

Im Freien und in der Küche

Im Sommer ist Grillen die liebste Freizeitbeschäftigung. Da werden selbst Küchenmuffel wach und finden es durchaus nicht ehrenrührig, sich eine Schürze umzubinden.

Das Wichtigste beim Grillen ist die Glut; damit die auch wirklich stimmt, sollte man etwa eine Stunde, bevor das erste Stück Fleisch aufgelegt werden soll, beginnen. Denn es dauert immer länger, als man denkt, bis die Glut so weit ist, und nichts ist schlimmer, als hungrige Gäste um den Grill und noch lange kein Essen in Sicht.

Grillen ist die wohl älteste Garmethode der Menschheit; nachdem die Menschen über das Feuer gebieten konnten, merkten sie rasch, daß über der Glut gegartes Fleisch nicht nur besser schmeckte, sondern auch bekömmlicher war als rohes. Beim Grillen wird durch die intensive Strahlungshitze gegart; dabei schließen sich die Poren schnell, es entsteht eine schützende, besonders wohlschmeckende Kruste, und der Fleischsaft wird im Innern eingeschlossen.

Die Kohle

Es werden unterschiedliche Holzkohlesorten angeboten, die man in Tüten kaufen kann; im allgemeinen lohnt es sich nicht, dabei auf den Pfennig zu achten. Die etwas teureren Holzkohlebriketts sind nicht nur angenehmer in der Handhabung, weil sie weniger Dreck machen und auch an den Händen keine schwarzen Spuren hinterlassen, wenn man mal zupacken muß. Sie fangen allerdings beträchtlich schwerer Feuer als normale (billige) Holzkohle in Stücken, halten dafür jedoch wesentlich länger ihre Glut.

Tip, wie man ganz gewöhnlicher Holzkohle Duft verleihen kann: einfach getrocknete Kräuter, wie Thymian, Rosmarin, Lorbeer, Fenchel, darüberstreuen und verglühen lassen.

Die Glut

Heutzutage braucht man sich nicht mehr zu plagen, um die Kohle zu entzünden, es gibt eine ganze Reihe verschiedener Anzündhilfen, und es ist durchaus nicht ehrenrührig, sich ihrer zu bedienen. Man steckt sie als Tabletten zwischen die Kohle, es gibt sie in flüssiger Form oder als Gel, mit dem man die Briketts benetzt oder tränkt. Und in kurzer Zeit läßt sich damit die Kohle gleichmäßig in Brand setzen. Und immer daran denken: niemals Spiritus oder gar Benzin zum Anzünden verwenden!

Wichtig: Erst wenn die Kohle zur Weißglut gebracht ist, also überall von einer weißen Ascheschicht überzogen ist, mit dem Grillen beginnen!

Der Grill

Auf den Grill selbst kommt es am wenigsten an. Da gibt es aufwendige Luxusmodelle, fahrbar und mit allen Schikanen; aber mit dem Rost aus dem Backofen, der auf ein paar Backsteinen über der Glut ruht, lassen sich gleich gute Ergebnisse erzielen. Es ist allenfalls eine Frage der Bequemlichkeit oder der Ästhetik. Sofern das Prinzip stimmt: Der Rost sollte verchromt oder aus Edelstahl sein, damit er sich leicht sauberhalten läßt, und die Glut muß von unten/oder seitlich genügend Luft bekommen.

Wenn der Rost in seiner Entfernung zur Glut nicht verstellbar ist, muß man öfter das Grillgut drehen und wenden, damit es nicht

Unter den eigenartigen Keramikhauben verbirgt sich ein Ragout aus Schweinefleisch, das so besonders aromatisch bleibt. Eine Idee aus arabischen Ländern, wo man diese Tajines genannten Steinguttöpfe mit ihrem pyramidenförmigen Deckel für viele Schmorgerichte nutzt

Großes Grillfest: Vor der senkrechten Glut drehen sich einerseits Hähnchen, auf der anderen Seite Lammkeulen, die immer wieder mit Marinade bepinselt werden

außen verbrennt, obwohl es innen noch nicht gar ist.

Wichtig: Es sollte immer ein Grillmeister bestimmt werden, der sich um das Grillgut kümmert. Ihm dürfen die anderen Gäste zur Hand gehen, sollten jedoch nicht eigenmächtig Veränderungen am Grill vornehmen. Denn auch hier gilt das Sprichwort: Viele Köche verderben den Brei!
Unerläßliche Requisiten beim Grillen sind: Schaufel für die Glut; eine Zange zum Drehen der Fleischstücke; ein Pinsel, um die Marinade aufzutragen; ein dicker (waschbarer) Handschuh, mit dem man große Bratenstücke anfassen kann; eventuell auch ein Blasebalg zum Anfachen der Glut ...

Das Grillen in der Küche

Auch wer keinen Garten hat, braucht aufs Grillen nicht zu verzichten. Es gibt mobile oder fest eingebaute Gas- oder Elektrogrills, deren Grillroste von Heizschlangen erhitzt werden, auf denen man wie auf einem Gartengrill arbeiten kann; außerdem verfügen wohl die meisten Backöfen heute über die Grillschlangen, die die Hitze statt von unten von oben liefern, und mit denen sich auch eine Menge anstellen läßt. Im Prinzip läßt sich damit genauso arbeiten – man sollte sich jedoch genau an die Anweisungen des Herstellers halten. Manche Backofengrills darf man nur mit geschlossener Ofentür verwenden, andere im Gegenteil nur mit geöffneter ...

Was kann man grillen?

Die Grill-Klassiker kennt jedes Kind: Würste der unterschiedlichsten Machart; da gibt es je nach Region ganz verschiedene Sorten, roh oder bereits gebrüht. Zu beachten ist dabei, daß Würstchen stets angeschnitten oder angestochen werden müssen, damit sie nicht platzen. Und rote, also gepökelte Würste sollen überhaupt nicht auf den Grill, weil sich darin Nitrosamine bilden können. Natürlich ist jegliche Art von Steaks zum Grillen gut geeignet. Eine Marinade aus Olivenöl, Knoblauch und Kräutern tut ihnen als Zartmacher und als Gewürz immer gut.
Vor allem ist die Qualität des Fleisches fürs Grillen von Bedeutung: Es sollte vor allem gut von Fett durchzogen sein. Es trifft eigentlich immer die Faustregel zu, daß das fettere Fleisch das bessere ist; man kann die Hausfrauen nur immer wieder beschwören, endlich zu glauben, daß mageres Fleisch nichts taugt! Und daß sie mit daran schuld sind, daß es so schwierig geworden ist, gutes Fleisch zu finden. Denn ihren Wünschen haben sich dummerweise die Züchter untergeordnet. So sollten die Verbraucherinnen und Verbraucher zum Beispiel lieber das Fleisch einer Kuh, beziehungsweise einer Färse, also eines weiblichen Rindes kaufen und eigens danach fragen; denn es hat mehr Fett eingelagert als das von Bullen und schmeckt daher einfach besser. Dasselbe gilt auch fürs Schweinefleisch: die Fettschicht am Kotelett kann man schließlich nach dem Braten auf dem Teller leicht abschneiden; wenn es aber schon vorher fehlt, gerät das Kotelett nur trocken ...
Und auch ein Huhn schmeckt um so besser, je fetter es ist.
Noch einmal: Nicht grillen sollte man gepökeltes Fleisch! In der starken Grillhitze können Nitrosamine entstehen. Ins Gerede gekommen ist das Grillen auch wegen der Benzpyrene, die sich dann bilden können, wenn Fett in die Glut tropft und Rauch entwikkelt. Natürlich können sie ungesund wirken – jedoch, wir sollten uns vor Panikmache hüten: In der Bundesanstalt für Fleischforschung in Kulmbach hat man errechnet, daß die Werte, die bei fachkundigem Grillen entstehen, völlig unbedenklich sind.

Unsere Grill-Ideen

Damit die Gäste nicht hungrig warten müssen, bis endlich der Braten so weit ist, gibt es zunächst ein paar Kleinigkeiten zum Knabbern. Zum Beispiel:

Eine solch perfekte Grillanlage hat man leider selten zur Verfügung

Auf Drehspieße gesteckt: gewürzte Lammkeulen, die sehr langsam vor der Glut gegart besonders saftig bleiben

Chinesische Hähnchenflügel und bunte Gemüsespießchen

Für 6 Personen:
6 Hähnchenflügel,
6 Hähnchenkeulen,
0,1 l Sherry,
1 EL Honig,
1/10 l Sojasauce,
1 EL feingehackter Ingwer,
1 TL feingehackter Knoblauch,
1 – 2 getrocknete Chilischoten

Für die Spieße:
2 grüne Paprikaschoten,
500 g Champignons,
3 – 4 junge weiße Zwiebeln,
hölzerne Schaschlikspieße zum Auffädeln, Olivenöl zum Einpinseln, Salz und Pfeffer

Das Vorbereiten:

Die Hähnchenflügel und Keulen in einen Gefrierbeutel betten.
Sherry, Honig und Sojasauce miteinander verrühren, in der Mikrowelle oder auf der Herdplatte aufkochen, damit der Honig sich auflöst und der Alkohol verfliegt. Ingwer, Knoblauch und zerriebene Chilischote zufügen.
Etwa die Hälfte dieser Marinade in den Beutel gießen, ihn so verschließen, daß alle Hühnerteile davon umgeben sind und von Marinade getränkt werden. So kann man die Hühnerteile im Kühlschrank durchziehen lassen, mindestens zwei Stunden, ruhig sogar bis zum nächsten Tag. Den Rest der Marinade in einem Schälchen kalt stellen.

Tip: Übrigens hat dieses Verfahren mit dem Gefrierbeutel gegenüber dem „normalen" Marinieren in einer Schüssel den Vorteil, daß man mit weniger Flüssigkeit auskommt und das Fleisch außerdem niemals Kontakt mit der Luft hat, also länger frisch bleibt.

Für die Gemüsespieße die Paprikaschoten vierteln, entkernen und in zweifingerbreite Stücke schneiden. Die Champignons rasch unter fließendem Wasser abbrausen, nicht im Wasser liegend waschen, weil sie sich sonst vollsaugen. Je nach Größe der Köpfe ganz lassen oder halbieren. Die Zwiebeln vierteln, in die einzelnen Schichten teilen.
Die Gemüsestücke abwechselnd auf Holzspieße fädeln. Mit Olivenöl einpinseln, damit sich die Gemüsestücke nicht an der Luft verfärben.

Das Grillen:

Die Hähnchenflügel und -keulen aus dem Beutel nehmen, die Marinade zur aufbewahrten Marinade in das Schüsselchen füllen. Hiermit wird während des Grillens das Fleisch immer wieder eingepinselt, damit es eine schöne, glänzende und wohlschmeckende Glasur bekommt. Die Fleischstükke auf den eingeölten Rost betten und zunächst in größerem Abstand, dann zunehmend näher an der Glut grillen, bis sie gar sind und brutzeln. Dabei immer wieder drehen und wenden und jedesmal mit Marinade einpinseln.

Die Gemüsespießchen ebenfalls auf die geölten Grillstäben legen und während des Grillens immer wieder mit Olivenöl einpinseln. Erst zum Schluß mit Salz und Pfeffer würzen.

Gegrillter Paprika

Rote, grüne und gelbe Schoten werden über der Glut so lange geröstet, bis ihre Haut dunkel wird und Blasen wirft. Die Schoten werden dabei immer wieder gedreht, damit sie rundum gleichmäßig von der Glut erreicht werden. Schließlich läßt sich die Schale kinderleicht abziehen.

Die Paprikaschoten auf die eingeölten Grillstäbe legen, sie alle zehn Minuten drehen, damit die Haut rundum bräunen kann. Sobald sie sich dunkel färbt und Blasen wirft, die Schoten vom Grill nehmen.

Einen Moment lang abkühlen lassen, bis man sie anfassen kann. Dann die Haut abziehen. Den Stiel entfernen, dabei über einer Schüssel arbeiten, damit der Saft aufgefangen wird. Die Kerne herausstreifen und entfernen.

Das Paprikafleisch längs in breite Streifen schneiden. Zum Paprikasaft in die Schüssel geben, dabei in Farben gemischt dekorativ auseinanderbreiten. Den Paprika salzen und pfeffern. Mit Zitronensaft beträufeln und mit Olivenöl übergießen. Den Knoblauch schließlich erst kurz vor dem Servieren fein hacken und darüberstreuen.

Für 6 Personen:
je 2 rote, gelbe und grüne Paprikaschoten,
Salz, Pfeffer,
Saft einer Zitrone,
4 – 5 EL Olivenöl,
3 – 4 Knoblauchzehen

Tip: Man kann die Paprikaschoten auch unter den Grillstäben im Backofen oder im auf 250 Grad vorgeheizten Ofen (ohne Grill) rösten, bis die Haut Blasen wirft und sich leicht ablösen läßt.

Gekräuterter Schweinebraten

Für 6 bis 8 Personen:
ca. 2,5 kg Schweinekotelett am Stück, ohne Knochen, jedoch mit dem Bauchstück, 2 EL grobes Salz, Pfeffer, zwei Handvoll Kräuter: Lorbeerblätter, Thymian, Rosmarin, Majoran, Petersilie, 4 – 8 Knoblauchzehen (oder noch mehr, ganz nach Geschmack), ca. 1/4 l trockener Weißwein

Wir haben die Idee in Italien kennengelernt und gefunden, daß auf diese Weise zubereitet das Fleisch einfach viel zarter und saftiger gerät, als wir das sonst kennen. Dafür muß man beim Metzger ein ganz bestimmtes Stück vorbestellen: Er soll von einem etwa 2 – 3 Kilogramm schweren Kotelettstrang den Knochen auslösen, das anschließende Bauchstück jedoch unbedingt dranlassen. Dieses durchwachsene Stück (der Metzger verkauft es normalerweise als Schweinebauch) wird für unseren Grillbraten um das magere Kotelettfleisch gewickelt und hält es beim Grillen schön saftig. Übrigens: die Fettschicht unter der Schwarte soll der Metzger ebenfalls belassen, darf sie auf keinen Fall, wie üblich, gänzlich wegschneiden.
Und noch eins: Kalt, auf der Aufschnittmaschine in dünne Scheiben geschnitten, schmeckt der Grillbraten am nächsten Tag noch einmal so gut. Es macht also nichts, wenn etwas übrigbleibt. Im Gegenteil: hier sind „Reste" ausdrücklich erwünscht.

Das Vorbereiten:

Das Bratenstück auf den Rücken legen, die Innenseite also nach oben. Gleichmäßig mit Salz und Pfeffer bestreuen. Die Kräuter dick darauf verteilen.
Den Bauchlappen um das magere Fleisch wickeln, den Braten mit festem Küchenzwirn zusammenschnüren, damit er seine Form behält.

Tip: Falls Sie nur normalen Küchenzwirn haben, der so dünn ist, daß er später über dem Grill gleich verbrennt, ihn doppelt oder sogar dreifach nehmen. Er muß auf alle Fälle so lange halten, bis das Eiweiß des Bratenstücks geronnen ist und die Rolle von selbst zusammenhält.

Das Grillen:

Die Holzkohle muß vollkommen durchgeglüht sein, damit sie ausreichend starke Hitze abstrahlt. Das Bratenstück auf den eingeölten Rost betten.
Wer einen Schwenkgrill hat, muß jetzt nur noch darauf achten, daß zunächst der Braten ausreichend weit von der Glut entfernt ist und

der Rost in Bewegung gehalten wird. Das Fleischstück alle 20 Minuten drehen.
Wer auf einem festinstallierten Grill arbeitet, ist mehr beschäftigt: Er muß den Braten alle fünf bis zehn Minuten wenden, damit die Hitze fast ebenso gleichmäßig auf das Fleisch einwirkt wie beim Schwenken. Immer wenn die Nahtstelle nach oben zeigt, etwas Weißwein hineingießen. Dorthinein kann der Wein versickern und tropft nicht in die Glut.
Nach gut zweieinhalb Stunden ist der Braten gar. Vor dem Anschneiden noch etwa zehn Minuten unter Folie ruhen lassen. Die Scheiben nicht zu dick schneiden.

Dazu gibt es frisches Brot, eine Riesenschüssel Salat und eine würzige, ganz leichte Kräutersauce, die im Mixer blitzschnell zubereitet ist:

Kräutersauce

Für 6 Personen:
2 EL Senf, 2 Tassen gemischte Kräuter (Petersilie, Basilikum, Liebstöckel, Bohnenkraut, Dill, Estragon etc.), 1/10 l Öl (nach Geschmack (neutrales Sonnenblumenöl oder aromatisches Olivenöl), 3 – 4 Knoblauchzehen, Salz, Pfeffer, Zitronensaft

Senf und Kräuter im Mixer pürieren, dabei in langsamem Strahl das Öl hinzufließen lassen. Zwischendurch die Knoblauchzehen zufügen. Sobald die Sauce hellgrün leuchtet und eine cremigdicke Konsistenz erreicht hat, mit Salz, Pfeffer und Zitronensaft abschmecken.

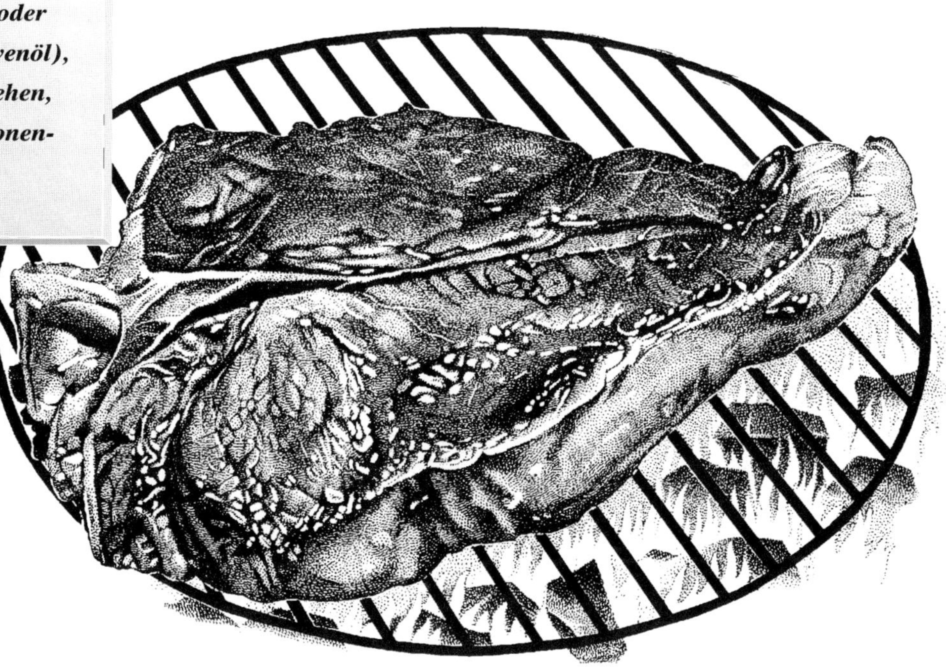

SOMMERKÜCHE MIT AUBERGINEN

Die schönsten Rezepte aus aller Welt rund um die bildschöne Exotenfrucht

Auberginen-Warenkunde

Glänzend und straff müssen die Früchte aussehen, sich prall und fest anfühlen. Weiche, auf Fingerdruck wattig nachgebende Exemplare, womöglich gar mit Runzeln in der lila Haut, sind alt und kulinarisch kein Vergnügen. Früchte, die unter der heißen Mittelmeersonne haben reifen können, sind natürlich kräftiger im Geschmack als Treibhausware, die man mit mehr Gewürzen aufpeppen muß. Die Form der Früchte sagt über ihren Geschmack weniger aus: es gibt die länglichen, sehr schlanken Sorten, die meist rund ums Mittelmeer angebaut werden. Die dickbauchigen in Keulenform kommen eher aus Frankreich und den Treibhäusern Hollands. Aus Asien kommen kleine, nur fingerlange, sehr würzige Sorten im vertrauten Lila, aber auch grüne, leuchtend gelbe, gelb gestreifte Auberginen, in Größe und Form an Enteneier erinnernd. Tischtennisballkleine, runde Auberginen liebt man in Thailand, sie schmekken sogar, im Gegensatz zu den anderen Auberginensorten, roh. Und dann kann man im Blumenladen manchmal Pflanzen kaufen, die eiförmige und eierschalenfarbene Früchte tragen – auch sie kann man wie alle anderen Auberginen kochen, braten, schmoren, dünsten – und anschließend essen.

Die Zutaten für die klassische Ratatouille: von Aubergine bis Zucchini

AUBERGINENREZEPTE

Für 4 bis 6 Personen:
500 g Auberginen,
1 große Fleischtomate,
1 rote Paprikaschote,
3 Knoblauchzehen,
Saft einer halben Zitrone, Salz, Pfeffer,
3 EL Olivenöl

Kostprobe erlaubt!

Auberginen-Kaviar

Eine fruchtig-erfrischende Creme, die man zusammen mit knusprigem Fladenbrot zum Aperitif servieren kann, die auch gut auf das Vorspeisebüffet paßt oder als Sauce beim Grillfest. Heiß in ein Schraubglas abgefüllt hält sich der Auberginen-Kaviar auch gut einige Tage im Kühlschrank. Kaviar nennt man diese Speise, weil die kleinen Kernchen der Aubergine auch dann nicht zerkleinert werden, wenn man das Fruchtfleisch im Mixer püriert.

❶Die Auberginen, Tomate und Paprika auf einem Stück Alufolie in den auf 250 Grad vorgeheizten Backofen legen und etwa 20 Minuten backen, bis jeweils das Innere weich und die Schale rundum schwarz geworden ist.

❷Aus den Auberginen mit einem Löffel das Fleisch herausschaben. Von der Tomate und der Paprikaschote die Haut abziehen und die Kerne herausstreifen. Das Fleisch in einen Mixer füllen.

❸Die Knoblauchzehen schälen, zusammen mit dem Zitronensaft, Salz, Pfeffer und Olivenöl ebenfalls in den Mixer füllen.

❹Auf stärkster Stufe zum glatten Püree mixen, noch einmal abschmecken und warm oder gut gekühlt servieren.

Auf Alufolie in den Ofen

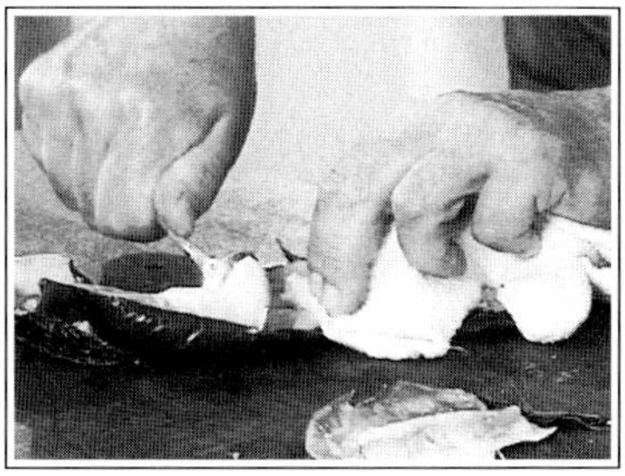

Das Fleisch herausschaben

Mit Olivenöl mixen

Tip: Man kann auf die Paprikaschote verzichten und die Tomate roh zufügen – schmeckt noch leichter und erfrischender!

Geschmorte Auberginen auf Szechuan Art

❶Die Pilze mit Wasser überbrühen und einweichen.

❷Das Hackfleisch mit Stärke, Sesamöl und Sojasauce gründlich mischen und marinieren.

❸Das Weiße der Frühlingszwiebeln in schmale Ringe schneiden, das Grün in drei Zentimeter lange Stücke.

❹Die Auberginen ungeschält längs in fingerdicke Streifen schneiden, dann auf etwa 5 Zentimeter kürzen. Im heißen Öl zwei Minuten lang anbraten, bis die Streifen rundum gebräunt sind. Mit einer Schaumkelle herausheben, beiseite stellen, salzen und pfeffern.

❺Im restlichen Bratenfett das Hackfleisch anbraten, dabei in rascher Folge Knoblauch, Ingwer, Schalotte, das Weiße der Frühlingszwiebeln, eingeweichte Pilze und entkernte Chilis zufügen. Sojasauce, Sherry oder Reiswein und Hühnerbrühe angießen.

❻Die Auberginen untermischen, zugedeckt alles miteinander etwa zehn Minuten schmoren.

❼Zum Schluß noch einmal abschmecken und den in Streifen geschnittenen Schnittlauch unterrühren.

❽Dazu paßt ein duftiger Reis. Übrigens schmecken die geschmorten Auberginen auch kalt!

Für 4 Personen:
2 EL Wolkenohrpilze, 250 g Schweinehackfleisch, 1 TL Speisestärke, 1 TL Sesamöl, 1 EL Sojasauce, 2 Frühlingszwiebeln, 2 mittelgroße Auberginen, 2 EL Öl, Salz, Pfeffer, je 1 EL gehackter Knoblauch, Ingwer und Schalotte, 2 getrocknete Chilischoten, 2 EL Sojasauce, 2 EL Sherry oder Reiswein, 1/8 l Hühnerbrühe, chinesischer Schnittlauch

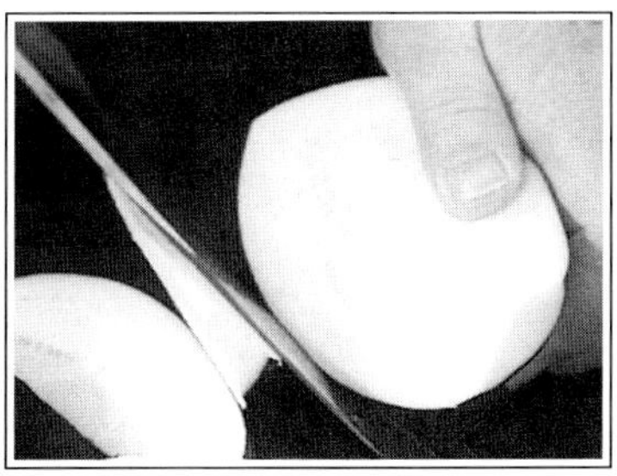

Auberginen längs vierteln

Chinesischer Schnittlauch

Der Imam fällt in Ohnmacht

Für 4 Personen:
4 etwa gleich große Auberginen, 1 Tasse Olivenöl, 4 große Zwiebeln, 5 Knoblauchzehen, 250 g Hackfleisch, 1 Bund glattblättrige Petersilie, Salz, Pfeffer, Paprika, Cayennepfeffer, 2 Tomaten

Tatsächlich soll der Imam, also der „Priester", so viel davon gegessen haben, weil das Gericht so köstlich schmeckt, daß er in Ohnmacht gefallen ist.

❶ Die Auberginenhaut mit einem Sparschäler in einem Abstand von etwa zwei Zentimetern längs jeweils einen Zentimeter breit abschneiden, rundum, bis die Aubergine wie gestreift wirkt.

❷ Die Auberginen in einer Pfanne im heißen Öl langsam und rundum schön golden anbraten.

❸ Die Zwiebeln schälen, auf einem Hobel in dünne Streifen hobeln. Im restlichen Öl bei mittlerer Hitze goldbraun braten, dabei salzen und pfeffern. Schließlich das Hackfleisch zufügen und mitbraten, bis es krümelig geworden ist.

❹ Gegen Ende der Garzeit den gehackten Knoblauch sowie die ebenfalls feingehackte Petersilie zufügen. Alles mit Salz und Pfeffer sowie mit Paprika und Cayennepfeffer würzen.

❺ Die Auberginen mit einem spitzen Messer tief einschneiden, so daß eine Tasche entsteht. Die Zwiebelmischung dort vorsichtig hineinstopfen. Die Früchte dann mit der Füllung nach oben nebeneinander in eine feuerfeste Form setzen.

❻ Die Tomaten in Scheiben schneiden und dachziegelartig auf die Zwiebelfüllung betten. Salzen, pfeffern und mit geriebenem Käse bestreuen, etwas Olivenöl darüberträufeln. Die Form für etwa 20 bis 25 Minuten in den auf 200 Grad vorgeheizten Ofen schieben.

Mit dem Sparschäler Streifen schneiden

Längs tief einschlitzen

Die Zwiebeln einfüllen

Überbackene Auberginenröllchen mit Mozzarella und frischen Tomaten

Eine herrliche Vorspeise, die sich mühelos vorbereiten läßt, zumal man sie sogar sehr gut lauwarm servieren kann.

❶Die Auberginen längs mit einem großen, scharfen Messer oder auf der Aufschnittmaschine in gleichmäßig dicke, gut halbzentimeterstarke Scheiben schneiden.

❷In einer großen Pfanne das Öl erhitzen, die Scheiben nebeneinanderliegend im heißen Öl sanft, aber energisch so lange auf beiden Seiten braten, bis sie schön braun geworden sind und das Fleisch weich und zart ist. Währenddessen mit Salz und Pfeffer würzen. Schließlich auf Küchenpapier abtropfen lassen.

❸Den Käse in zentimetergroße Würfel schneiden. Die Basilikumblätter zerzupfen – nicht hacken, weil sonst die ätherischen Öle, in denen aller Duft und Geschmack steckt, verfliegen – und damit vermischen.

❹Die Tomaten häuten, entkernen und das Fruchtwasser entfernen. Das Tomatenfleisch fein hacken. Unbedingt mit der Hand und nicht im Mixer, es soll eine Struktur erhalten bleiben. Das Tomatenfleisch in einem Sieb abtropfen lassen.

❺Ein Drittel des Tomatenfleischs mit dem Käse und Basilikum mischen, dabei mit Salz, Pfeffer und einigen Tropfen Olivenöl würzen.

❻Jeweils ein Häufchen dieser Käsemischung auf ein Ende der gebratenen Auberginenscheiben setzen, diese aufrollen und nebeneinander in eine flache, feuerfeste Form setzen.

❼Das restliche Tomatenfleisch darüber verteilen, den geriebenen Käse darüberstreuen und alles mit Olivenöl beträufeln.

❽Die Form für etwa 15 Minuten in den 220 Grad heißen Ofen schieben, bis die Tomaten brodeln und der Käse im Inneren der Röllchen geschmolzen ist.

Für 4 bis 6 Personen:
2 mittelgroße Auberginen, 3 – 4 EL Olivenöl, Salz, Pfeffer, 250 g Mozzarella, 1 Bund Basilikum, 1 kg Tomaten, 100 g frisch geriebener Parmesan, Olivenöl zum Beträufeln

Gebratene Scheiben abtropfen

Hübsche Röllchen wickeln

Geschmorte Knoblauch-Auberginen

Für 4 Personen:
5 – 8 Knoblauchknollen, 1/8 l Olivenöl, 2 Thymianzweige, 4 gleich große Auberginen, Salz, Pfeffer, 1/8 l Hühner- oder Gemüsebrühe

Außerdem:
2 reife Fleischtomaten, Salz, Pfeffer, 1 EL Olivenöl, 1 EL aromatischer Essig (Sherryessig oder guter Rotweinessig), frische Basilikumblätter

Auch hier bleiben die Früchte ganz, werden jedoch mit Knoblauchzehen regelrecht gespickt. Eine Sache für ausgepichte Knoblauchfans! Gut als Beilage oder als eine ganze Mahlzeit – eben mal ohne Fleisch!

❶ Die Knoblauchzehen schälen, im Olivenöl marinieren, das mit Thymian gewürzt ist.

❷ Die Auberginen mit einem Sparschäler rundum längs so schälen, daß stets ein zentimeterbreiter Streifen der lila Haut stehenbleibt und sie wie gestreift aussehen.

❸ An den geschälten Stellen in Abständen kleine Einschnitte machen, dort hinein jeweils eine Knoblauchzehe stecken – bis zu 20 Stück pro Aubergine.

❹ Die Auberginen in eine feuerfeste Form betten, mit dem Öl der Marinade übergießen und nun im auf 220 Grad vorgeheizten Ofen eine Stunde schmoren. Immer wieder drehen, damit die Früchte von allen Seiten gleichermaßen garen können, dabei mit Salz und Pfeffer würzen. Nach der halben Garzeit mit der Brühe übergießen.

❺ Die Tomaten inzwischen häuten, entkernen und von Hand winzig klein würfeln. Mit Salz, Pfeffer, Öl und Essig würzen. Erst zum Schluß das zerzupfte oder feingeschnittene Basilikum unterrühren. Über die kalten Auberginen verteilen.

Tip: Dazu paßt knusprig aufgebackenes Fladenbrot.

Auberginen als Streifenhörnchen

Mit Knoblauch gespickt

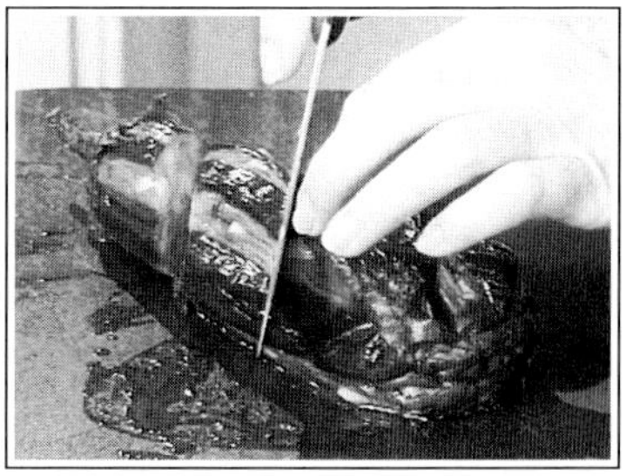

In Portionsstücke schneiden

Gebratene Auberginen mit Joghurtsauce

Für 4 bis 6 Personen:
250 g Joghurt, Salz, Pfeffer, 2 – 3 Knoblauchzehen, 1 EL Olivenöl, 1 Prise Cayennepfeffer, Rosenpaprika oder 1 EL asiatische (scharfe, nicht süße!) Chilisauce, Petersilie oder Basilikum

Die Auberginen werden hierfür genauso in Scheiben geschnitten und gebraten, wie im vorhergehenden Rezept für die Röllchen angegeben. Man kann sie auch grillen, zum Beispiel beim Grillfest im Garten. In diesem Fall läßt man die Auberginenscheiben eine Zeitlang in mit Thymian und Knoblauch gewürztem Olivenöl baden. Die Auberginen werden kalt oder auch warm gegessen. Dazu serviert man folgende Sauce:

❶ Den Joghurt in einem Sieb über Nacht abtropfen lassen. Dann mit Salz, Pfeffer, durch die Presse gedrücktem Knoblauch und Olivenöl glattrühren.

❷ Nach Belieben mit Cayennepfeffer, Rosenpaprika oder einem Schuß Chilisauce schärfen.

❸ Zum Schluß feingeschnittene Petersilie oder Basilikum unterrühren.

Tip: Nur mit gehackter Minze bestreuen!

ZUSATZREZEPTE

Auberginen-Gratin

Für 4 bis 6 Personen:
3 große Auberginen, 3 Zwiebeln, 3 Zucchini, 3 große Fleischtomaten, Salz, Pfeffer, 6 – 8 Knoblauchzehen, 1 Bund Petersilie, 100 g Semmelbrösel, 100 g geriebener Parmesan, Olivenöl zum Beträufeln

❶ Die Gemüse jeweils in zentimeterdicke Scheiben schneiden. Diese senkrecht sehr dicht in eine irdene Auflaufform setzen, dabei regelrecht zusammenpressen, damit die Scheiben auch dann noch senkrecht Halt haben, wenn sie in der Ofenhitze geschrumpft sind.

❷ Die Gemüse salzen und pfeffern.

❸ Knoblauch schälen und durch die Presse drücken, mit der feingehackten Petersilie, den Semmelbröseln, dem Käse und etwas Olivenöl verrühren und auf dem Gemüse gleichmäßig verteilen.

❹ Den ganzen Auflauf mit etwas Olivenöl beträufeln und für zunächst eine Viertelstunde in den auf 200 Grad vorgeheizten Ofen schieben.

❺ Dann die Form herausholen, mit einem Kochlöffel die Gemüse so zusammendrücken, daß ihr Saft austritt und sie sozusagen ganz von ihm umgeben sind.

❻ Die Form erneut in den Ofen schieben und den Auflauf eine weitere halbe Stunde backen, bis die Gemüse weich sind.

Provenzalische Gemüsevorspeise

Für 4 Personen:
jeweils 250 g Aubergine, Zwiebel, Paprika (rot und grün) und Zucchini, 3 – 4 Knoblauchzehen, Thymian, Basilikum, 4 EL Olivenöl, Salz, Pfeffer

Tomatensauce:
500 g reife Tomaten, Thymian, 1 Bund Basilkum, 3 EL Olivenöl, Salz, Pfeffer

❶ Das Gemüse jeweils zentimetergroß würfeln. Knoblauch fein hacken, Thymian- und Basilikumblättchen von den Stielen zupfen.

❷ Die Gemüse nacheinander portionsweise im heißen Öl sehr langsam anbraten, bis alle Gemüsewürfel auf allen Seiten richtige Bratstellen zeigen. Erst jetzt alles mischen, mit frischem Öl beträufeln und für eine Viertelstunde in den 220 Grad heißen Ofen stellen, damit sich alle Aromen eng verbinden. Schließlich in flache Förmchen pressen und abkühlen lassen.

❸ Für die Tomatensauce die gehäuteten, entkernten Tomaten mit den abgezupften Kräuterblättchen im Öl langsam mindestens eine halbe Stunde, ruhig sogar länger, köcheln, bis sie geradezu schmelzen. Salzen, pfeffern und im Mixer pürieren.

❹ Die Gemüse aus ihren Förmchen auf Teller stürzen, mit einigen Tropfen frischem Olivenöl überglänzen. Die Tomatensauce rundum kleckweise verteilen und den Gemüseteller auf diese Weise hübsch garnieren.

Provenzalische Gemüsepfanne – Ratatouille –

Ob dieses Gericht eine kulinarische Offenbarung oder eher ein unansehnlicher Mischmasch ist, hängt davon ab, wie exakt die Gemüse in Würfel geschnitten wurden, und dann, wie geduldig man sie gebraten hat. Wichtig ist nämlich, daß alle Gemüse zunächst richtig angeröstet werden, bevor sie miteinander schmoren dürfen. Dabei beginnt man mit den Auberginen, weil sie erheblich länger zum Garwerden brauchen als jedes andere Gemüse. Ratatouille kann eine Beilage sein, zum gebratenen, gepökelten Schweinebauch mit einem Spiegelei beispielsweise, oder ein eigenständiges Gericht. Sie schmeckt warm und kalt gleichermaßen gut.

❶ Die Auberginen in knapp zwei Zentimeter große Würfel schnei-

Für 6 Personen:
2 mittelgroße Auberginen, 4 EL Olivenöl, 2 große Zwiebeln, 2 Zucchini, je 1 mittelgroße rote, gelbe und grüne Paprikaschote, 3 Fleischtomaten, Salz, Pfeffer, 4 – 6 Knoblauchzehen, Basilikumstengel

den. Im heißen Öl in einer großen Pfanne anbraten. Dabei ständig umwenden, damit alle Würfelseiten angeröstet werden. Bis das der Fall ist, vergeht ganz schön viel Zeit, bitte Geduld!

❷Nach ungefähr 15 Minuten können die weiteren Gemüsesorten folgen, jeweils wie die Auberginen gewürfelt. Paprika und Tomaten gehören entkernt und gehäutet. Vom Paprika schneidet man die Haut hauchdünn mit dem Kartoffelschälmesser ab. Die Tomaten muß man dafür meist mit kochendem Wasser überbrühen – nur bei am Stock ausgereiften Früchten löst sich die Haut ohne diese Prozedur.

❸Das Gemüse salzen, pfeffern und mit reichlich feingehacktem Knoblauch würzen. Zwei Drittel der Basilikumblätter fein schneiden und bereits in diesem Stadium ins Gemüse rühren.

❹Wenn alle Gemüse angebraten sind, sie auf nunmehr etwas reduzierter Hitze zehn Minuten sanft schmoren lassen, damit sich ihre Aromen verbinden. Zum Schluß das restliche, feingeschnittene Basilikum untermischen.

Auberginen mit Hackfleischfüllung

Für 4 bis 6 Personen:
4 gleich große Auberginen, 1 Zwiebel, 4 Knoblauchzehen, 2 EL Olivenöl, 500 g Hackfleisch, Salz, Pfeffer, 1 EL Origano, etwas Thymian (2 – 3 Stengel), 1 TL Paprika, 1 Bund Petersilie, 100 g geriebener Parmesan, 1 Ei, Olivenöl zum Beträufeln, 1 Glas Weißwein, 1/4 l Fleischbrühe

❶Die Auberginen längs halbieren. Mit einem scharfkantigen Löffel das Fleisch vorsichtig herausschaben, so daß rundum ein Rand von ca. einem Zentimeter intakt bleibt.

❷Das Auberginenfleisch mit dem Messer hacken. Zwiebeln und Knoblauch schälen und ebenfalls fein hacken.

❸Das Öl erhitzen, zuerst das Hackfleisch darin anbraten. Sobald es krümelig geworden ist, auch Auberginenfleisch, Zwiebeln und Knoblauch zufügen. Mit Salz, Pfeffer, Origano, Thymian und Paprika würzen.

❹So lange braten, bis die Zwiebeln weich und das Auberginenfleisch zart geworden sind. Etwas abkühlen lassen. Dann gehackte Petersilie, Käse und Ei untermischen. Diese Masse in die ausgehöhlten Auberginen verteilen. Diese nebeneinander in eine feuerfeste Form setzen und mit etwas Olivenöl beträufeln.

❺Zunächst für 20 Minuten in den 220 Grad heißen Ofen schieben, dann Wein und Brühe angießen und bei nunmehr 180 Grad weitere 45 Minuten schmoren.

Dazu paßt ein bunt gemischter Salat! Wer mag, serviert dazu Kartoffelpüree, das den Schmorjus in sich aufnehmen kann.

Auberginen im Thai-Curry

Für 4 Personen:
4 – 6 Schalotten, 4 – 6 Knoblauchzehen, ebensoviel frische Ingwerwurzel, je 1/4 rote und gelbe Paprikaschote, 500 g Auberginen, 2 EL Erdnußöl, 1 TL Sesamöl, 1 EL rote Thai-Curry-Paste, 1/8 l Kokos-Sahne (siehe Anmerkung), 1 EL Zucker, 1 EL Fischsauce, 1 TL Salz, 1/2 Limone oder Zitrone, chinesischer Schnittlauch, Basilikumblätter und Koriandergrün

Als Beilage zu gebratenem oder gegrilltem Fleisch, vorzugsweise Lamm oder Rind, aber auch mit zwei weiteren Curries als Hauptgang mit Reis.

❶ Schalotten, Knoblauch und Ingwer winzig fein würfeln, ebenso die mit dem Sparschäler dünn abgeschälten Paprikaviertel. Erst unmittelbar vor dem Zubereiten die Auberginen mit der Schale in grobe Würfel schneiden.

❷ Erdnuß- und Sesamöl im Wok erhitzen und die Auberginenwürfel darin bei stärkster Hitze kräftig anbraten – sie müssen rundum goldbraune Stellen bekommen. Herausheben und die gewürfelten Gemüse rasch andünsten.

❸ Die Curry-Paste zufügen und die Kokos-Sahne angießen. Mit Zukker, Fischsauce, Salz und Limonensaft abschmecken, die Auberginenwürfel darin aufkochen.

❹ Die Paprikawürfel und den in schräge Stückchen geschnittenen chinesischen Schnittlauch unterrühren. Vom Feuer nehmen und mit Basilikum- und Korianderblättchen bestreut unverzüglich servieren.

Anmerkung: Kokos-Sahne stellt man sich am besten selbst aus frischer Kokosnuß her. Es handelt sich dabei nicht um die in der Nuß schwappende Flüssigkeit, sondern um einen Auszug aus frischen Kokosraspeln. Dafür muß man zunächst die Kokosnuß knacken: mit einem Hammer kurz draufschlagen, das Fleisch dazu aus der Schale lösen und die braune Außenhaut mit dem Sparschäler entfernen. Das Kokosfleisch in der Küchenmaschine raspeln. Mit kochendem Wasser übergießen (1/2l auf 250 g Raspeln) und etwa 10 Minuten ziehen lassen. Dann absieben, die Raspeln gut ausdrücken. Man kann Kokos-Sahne prima portionsweise in Joghurtbechern einfrieren, um stets einen Vorrat zu haben.

Tip: Eine recht gute Kokos-Sahne kann man aus fertig gekaufter „dehydrierter Kokosmilch“ herstellen, aus getrockneten Raspeln erhält man dagegen nichts Besonderes. Bei Dosen-Kokos-Sahne muß man aufpassen – sie ist fast immer gesüßt und dann nur für Barzwecke, also zum Mixen, aber nicht zum Kochen geeignet.

Auberginen-Häppchen

Für 4 bis 6 Personen:
1 mittelgroße Aubergine (ca. 300 g), Salz
Hähnchenfüllung:
200 g Hähnchenbrust, 1/2 Eiweiß, 1 TL Sesamöl, 1 EL Soja-Sauce, 1 Scheibe Ingwer, 1 grüne Chilischote, Salz, Pfeffer

Außerdem:
Mehl zum Wenden und Öl zum Fritieren

❶ Die Aubergine quer in halbzentimeterdünne Scheiben schneiden und in diesem Fall salzen und sich „ausweinen" lassen. Das ist wichtig, weil die Scheiben sehr dünn werden sollen und trotzdem gleichmäßig beim Anbraten bräunen.

❷ Die Scheiben dafür nebeneinander auf ein Brett legen und eine halbe Stunde Saft ziehen lassen. Schließlich abspülen und gründlich auf Küchenpapier abtrocknen. Diese Vorbehandlung schließt die Poren und ermöglicht, daß man beim Braten mit ganz wenig Öl auskommt.

❸ Für die Farce die Zutaten im elektrischen Zerhacker oder im Mixer zur streichfähigen Farce mixen.

❹ Je nach Durchmesser die Auberginenscheiben vierteln oder halbieren. Die Stücke mit etwas Füllung bestreichen, jeweils zwei wie ein Sandwich zusammendrücken. Die Auberginen-Häppchen in Mehl wenden und schwimmend in heißem Öl goldbraun ausbacken.

Tip: Diese Häppchen sehen entzückend aus und sind ein eleganter Leckerbissen zum Aperitif. Statt Hähnchenfarce können Sie für die Füllung auch eine Garnelenfarce verwenden. Sie brauchen dafür 200 g ausgelöste, rohe Garnelenschwänze, 50 g grünen (ungeräucherten, fetten) Rückenspeck, 1 TL Sesamöl, 1 EL Soja-Sauce, 75 g Bambussprossen, 1 TL Speisestärke, 1/2 TL Zucker, Salz, einige Korianderblätter. Und sie ist ebenfalls sehr schnell und einfach gemacht: Die entdärmten Garnelen mit allen übrigen Zutaten im elektrischen Zerhacker mixen, dabei in diesem Fall jedoch darauf achten, daß die Masse nicht völlig zermust und glattpüriert wird – wie die Hähnchenfarce – sondern noch kleine Stückchen spürbar bleiben.

HEISSGELIEBTE
DAMPFNUDELN
Süß oder salzig –
einfach
unwiderstehlich

Heißgeliebte Dampfnudeln

Hefebakterien wachsen ...

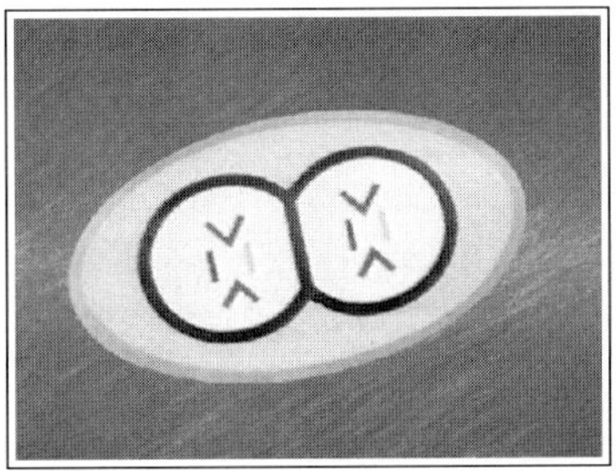

... und verdoppeln sich schnell

Bei Dampfnudeln wird wohl wirklich jeder schwach – schon der Klang des Wortes weckt Kindheitserinnerungen! Die duftenden Teigklöße hat man sich als Kind zum Geburtstag gewünscht. Aber sie gehören zu jenen Gerichten, von denen man immer träumt, die man sich jedoch kaum einmal selber zubereitet. Zu viel Arbeit, zu viel Mühe, zu kompliziert, denkt man sich. Aber spätestens, wenn es die Oma nicht mehr für einen tut, ist der Zeitpunkt gekommen, da man sich bemühen sollte, selber hinter das Geheimnis der Zubereitung zu kommen. Dampfnudeln werden aus Hefeteig zubereitet. Und das ist genau jener Teig, der einen Ruf wie Donnerhall genießt – er sei so überaus empfindlich, so schwierig und heikel. Wahrscheinlich hat dieses Gerücht jemand gestreut, der sich allein im Glanz einer perfekten Leistung sonnen wollte. Denn wahr ist, daß Hefeteig vielmehr zum Kinderspiel wird, wenn man ein paar wenige Grundbegriffe kennt. Und die wollen wir Ihnen heute verraten.

Was ist Hefe?

... aus zwei vier, und so fort

Hefe sind mikroskopisch kleine Lebewesen, die sich in unglaublicher Geschwindigkeit vermehren können: Innerhalb von fünf Tagen, beispielsweise, werden aus einem zehntel Gramm ganze 125.000 Kilogramm! Aus einer Hefezelle, die man sich als ovales Gebilde vorzustellen hat, sprießt eine zweite ebensolche Zelle und aus diesen beiden wiederum zwei weitere. Nach einer weiteren Teilung sind es acht, nach der nächsten 16, dann 32 ... und so fort. Dies geschieht in rasender Geschwindigkeit, wenn die Bedingungen dafür günstig sind.
Was die Hefezelle im Teig dafür braucht, ist Nahrung in Form von Zucker und Wärme (eine gleichbleibende Temperatur von mindestens 17 bis höchstens 27 Grad). Den Zucker zersetzen die Hefezellen und wan-

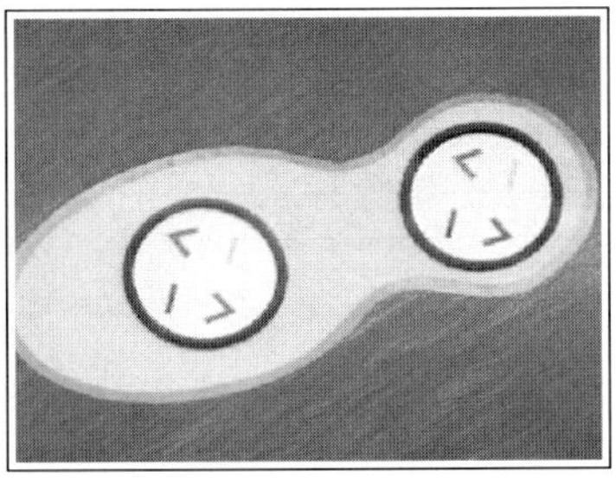

Aus eins wird zwei ...

deln ihn dabei in Alkohol und Kohlensäure um. Diesen Vorgang nennt man „Gärung". Es entwickeln sich dabei Gase, die den Teig wie von Geisterhand sich heben und sein Volumen vergrößern lassen. Ohne Hefe würde der Teig fest und kompakt bleiben, könnte nicht jene typische krumige, großporige Struktur entwickeln, für die der Hefeteig berühmt ist.

Schon im frühen Altertum kannte man Hefe. Es ist nachgewiesen, daß die alten Ägypter schon um 6000 vor Christus ihr Brot mit Hefe locker zu machen wußten. Die kontrollierte Anwendung von Hefebakterien hat jedoch erst 1857 Louis Pasteur ermöglicht, jener französische Wissenschaftler, dem wir in der Küche eine ganze Reihe von Entwicklungen verdanken (zum Beispiel das Haltbarmachen von Lebensmitteln, eine Methode, die ja heute seinen Namen trägt – das Pasteurisieren). Er wies nach, daß Gärung nur entsteht, wenn Hefe im Spiel ist und wenn Luftzufuhr dafür sorgt, daß sich die Hefezellen auch vermehren können. Vor dieser Zeit kannte man Hefebakterien vorwiegend beim Brauen von Bier, man wußte auch, daß zum Gären von Wein Hefe nötig war, aber die kontrollierte Zucht von Hefe ausschließlich für die Teigherstellung kennt man erst seit Beginn unseres Jahrhunderts.

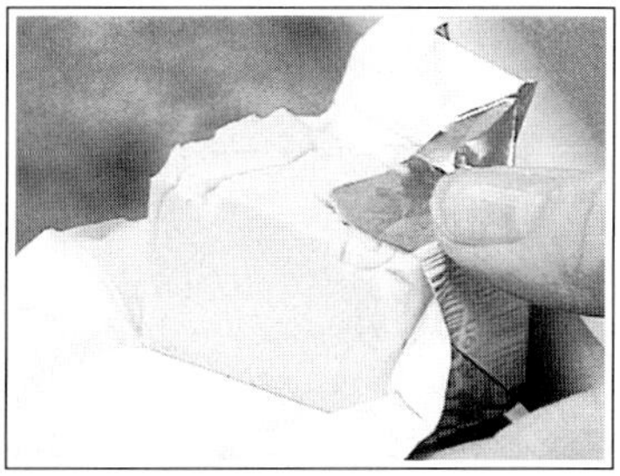

Hefe muß frisch sein

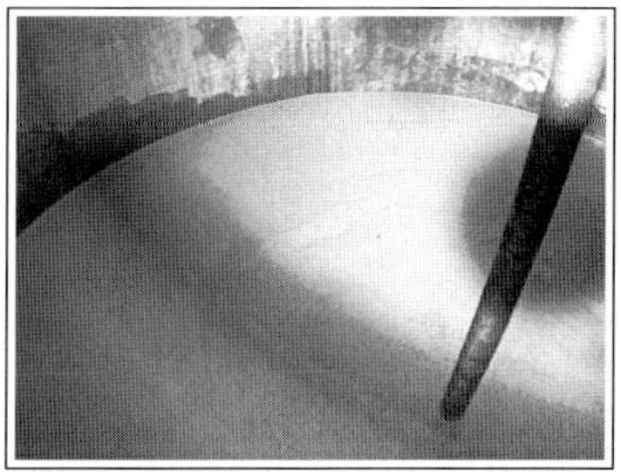

Im Gärbehälter vermehren sich die Mutterzellen

Wie Hefe hergestellt wird

Im Prinzip läßt sich strenggenommen Hefe nicht herstellen, sie entsteht sozusagen von selbst. Denn sie vermehrt sich ganz von alleine, man muß als Hersteller lediglich dafür sorgen, daß die Wachstumsbedingungen optimal sind. Wie überall, wo Lebensmittel produziert werden, ist natürlich absolute Sauberkeit und Hygiene erstes Gebot. Und dann beginnt man im Labor: In einer keimfreien Nährlösung werden zunächst einige Hefezellen vermehrt. Diese sogenannten Mutterzellen gelangen dann in große Zuchtbottiche, sogenannte Fermenter oder Gärbehälter, wo sie mit Hilfe von Nährsalzen bei gleichbleibender Temperatur und ständiger, ausreichender Zufuhr von Zucker (in Form von Melasse) sich vermehren.

Schließlich wird dieser Hefelösung das Wasser entzogen, und die nunmehr feste Paste wird in jene Würfel gepreßt, à 42 Gramm, wie wir sie aus dem Kühlregal im Lebensmittelhandel kennen. Sie wird in schützende Folie verpackt und ist dann zum Versand bereit. Wichtig für die Qualität ist natürlich, daß ständige Kontrollen dafür sorgen, daß sich tatsächlich nur die guten und richtigen Hefezellen vermehren, die immer zu gleich guten Backergebnissen führen.

Auf einer Walze wird der Hefelösung das Wasser entzogen

Die nunmehr feste Paste kann in Würfel gepreßt werden

Preisfrage: Warum wiegt ein Hefewürfel genau 42 Gramm? Es hat lediglich einen praktischen Grund: wenn man ein Kilogramm Hefe in küchenmäßige Portionen teilt, so stellt sich heraus, daß genau 24 praktische Würfel daraus zu schneiden sind, die jeweils 42 Gramm wiegen. Und gleichzeitig hat sich erwiesen, daß diese Menge ein Pfund Mehl auf sichere Weise in angenehm schneller Zeit zum Gehen bringt. Man könnte zwar auch weniger Hefe auf diese Menge verwenden, dann müßte jedoch der Teig mehr Zeit zum Gehen bekommen. Übrigens: Neben der frischen Hefe, die im Kühlregal verkauft wird, gibt es auch Trockenhefe, die problemlos lange haltbar ist. Sie ist gefriergetrocknet und wird erst wieder aktiviert, sobald sie in Flüssigkeit aufgelöst ist.

Hefe – was alles drin steckt

Sie enthält eine unwahrscheinlich große Menge an Vitamin B 1 – nämlich mit 1,45 mg pro 100 Gramm mehr als jedes andere Lebensmittel. Vitamin B braucht der menschliche Körper für den Energie- und Eiweißstoffwechsel, für den Abbau und die Verwertung von Kohlenhydraten, zur Stärkung der Nervengewebe, für Haut und Schleimhäute und zur Blutbildung. Und weil der Körper Vitamin B nicht lagern kann, muß er täglich neu damit versorgt werden. Ein Stückchen Hefe täglich tut also gut, sorgt für den Aufbau des Muskelgewebes, der Knochenstruktur, für schöne Haut und glänzende Haare. Nicht umsonst kennt man in der Kosmetik Hefemasken oder ein Hefebad.

Dampfnudeln, Buchteln oder Rohrnudeln?

Der Unterschied klingt bereits im Wort an: Dampfnudeln werden gedämpft und nicht gebacken, deshalb bleiben sie weiß und bekommen keine braune Kruste. Dafür haben sie sogenannte „Füßchen", so nennt man den am Topfboden zusammen mit Zucker und Butter und Milch karamelisierten Teig, eine Art Kruste, die für viele das Beste an den Dampfnudeln ist. Rohrnudeln sind im Unterschied dazu im Backofen gebakken und ein rundum braunes Gebäck. Buchteln sind die feinen Verwandten aus Österreich, sie sind meist etwas kleiner als Dampf- oder die derberen Rohrnudeln und werden im Ofen gebacken. Je kleiner, desto feiner. Dukatenbuchteln haben etwa den Durchmesser eines Fünfmarkstücks. Im Unterschied zu Rohrnudeln setzt man Buchteln nahe beieinander in eine Form, so daß sie beim Aufgehen und Backen zusammenschmelzen und regelrecht aneinandergebacken werden. Man trennt sie erst bei Tisch.

Was trinkt man zu Dampfnudeln?

Zu süßen Dampfnudeln passen Kaffee, Tee oder ein fruchtiger Wein, etwa eine Riesling Spätlese oder Auslese. Zu salzigen hingegen natürlich ein Wein, der zu der Sauce oder Füllung paßt: kräftiger Weiß- oder Rotwein.

Zu Dampfnudeln trinkt man am besten Apfelsekt ...

... oder Grappa und Kaffee

DIE REZEPTE

Für 4 bis 6 Personen:
500 g Mehl, 80 g Zucker, 1 Würfel Hefe, gut 1/3 l Milch, 1 Ei, 2 Eigelb, Salz, 2 EL Rum, 150 g Butter, 2 EL Zucker, ca. 1 Tasse Milch zum Garen

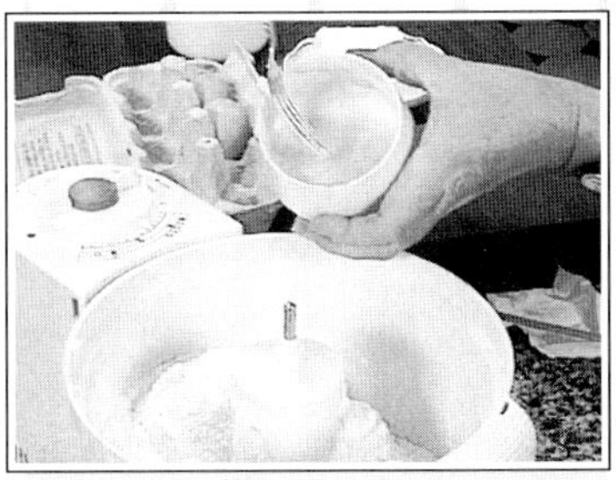

Zuerst den Vorteig ansetzen

Süße Dampfnudeln

❶ Das Mehl in die Rührschüssel der Küchenmaschine schütten und eine Kuhle formen.

❷ Die Hälfte des Zuckers und die Hefe in einer Tasse lauwarmer Milch verrühren und in diese Kuhle gießen, dabei mit etwas Mehl verrühren und mit ein wenig Mehl bedecken. Zugedeckt (einfach den Deckel auf die Küchenmaschine setzen) etwa 15 Minuten gehen lassen, bis dieser sogenannte Vorteig sich im Volumen verdoppelt hat.

❸ Dann den restlichen Zucker, das ganze Ei und die Eigelb, die Salzprise und den Rum zufügen und auf mittlerer Geschwindigkeit zu einem geschmeidigen Teig kneten, dabei nach und nach die restliche Milch zugießen und zum Schluß flöckchenweise die zimmerwarme, weiche Butter. Den Teig geduldig rühren, bis er seidenglatt ist und Blasen wirft.

❹ Den Teig zugedeckt eine weitere halbe Stunde gehen lassen. Dann noch einmal mit der Hand durchkneten und durchwalken, mehrmals energisch auf die Arbeitsfläche werfen, damit er sich entspannt.

❺ Den Teig schließlich auf einer bemehlten Arbeitsfläche knapp zwei Zentimeter dick ausrollen. Mit einem Glas, dessen Rand man immer wieder in Mehl taucht, damit nichts anklebt, Kreise ausstechen. Diese auf einem bemehlten Brett unter einem Tuch noch einmal 15 bis 20 Minuten gehen lassen.

❻ Die restliche Butter in einem breiten, flachen Topf oder in einer tiefen Pfanne erhitzen, den Zukker darin nur sanft schmelzen. Da hinein mit nur kleinen Abständen die Teigflecken setzen. Schließlich die Milch angießen, so viel, daß die Teigflecken knapp zwei Zentimeter hoch davon erreicht werden, diese soll jetzt unverzüglich aufkochen und heftig Dampf entwickeln.

❼ Sofort den Deckel aufsetzen. Die Dampfnudeln garen, bis aus dem Topf ein Zischen und Knakken zu vernehmen ist. Das dauert etwa 10 Minuten.

❽Die Herdplatte ausschalten (Elektro – bei Gas auf kleinste Stufe schalten) und eine Dämmplatte unterlegen, die Dampfnudeln noch weitere 20 Minuten im geschlossenen Topf garen und sich stabilisieren lassen. Erst dann den Deckel lüften.

Vanillesauce mit Mandelduft

Für 4 bis 6 Personen:
1/4 l Milch, 1 Vanilleschote, 5 Eigelb, 50 g Zucker, 1 – 2 EL Amaretto (Bittermandellikör), 50 g blättrige Mandeln

❶Die Milch aufkochen, die Vanilleschote darin ziehen lassen, dann aufschlitzen, das schwarze Mark herauskratzen und in die Milch rühren.

❷Inzwischen die Eigelb mit dem Zucker zu einer dicken, hellen Creme schlagen. Dafür genügt ein Schneebesen.

❸Die Milch noch einmal aufwallen lassen und kochendheiß zu den Eiern gießen, dabei ständig mit dem Kochlöffel rühren, damit das Ei nicht gerinnt. Schließlich alles zurück in den Topf schütten und auf mittlerem Feuer unter ständigem Rühren mit dem Kochlöffel heiß und dicklich werden, aber keinesfalls ins Kochen geraten lassen, weil sonst das Eigelb gerinnt und seine Bindungsfähigkeit verliert. Die Vanillesauce mit Amaretto parfümieren und abkühlen lassen.

❹Die Mandeln in einer trockenen Pfanne rösten, bis sie duften, etwas abgekühlt unter die Sauce rühren.

Aprikosensauce

Für 4 bis 6 Personen:
1 kg reife Aprikosen, ca. 100 g Zucker

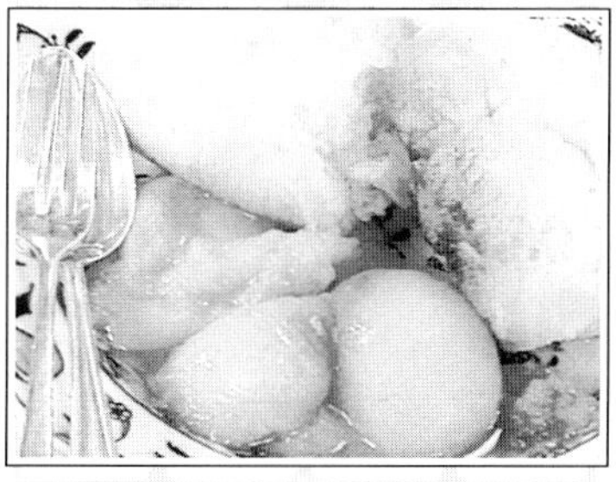

❶Die Aprikosen waschen, halbieren und entsteinen. In einem Topf mit dem Zucker vermischen und auf mittlerem Feuer langsam erhitzen.

❷Im dem nun entstehenden Saft sanft köcheln, bis die Aprikosen weich sind, aber möglichst noch nicht vollständig zerfallen.
Die Aprikosensauce, die eher wie ein Kompott aussieht, zu den Dampfnudeln reichen.

Salzige Dampfnudeln

***Für 4 bis 6 Personen:* 500 g Mehl, 1 EL Zucker, 1 Würfel Hefe, gut 1/3 l Milch, 1 Ei, 1 Prise Salz, 3 – 4 EL Olivenöl, ca. 1/8 l Fleisch- oder Gemüsebrühe**

❹ *Mit einem Glas Kreise ausstechen*

❺ *Die Nudeln gehen lassen*

❶ Das Mehl in die Rührschüssel der Küchenmaschine schütten und eine Kuhle hineindrücken.

❷ Zucker und Hefe in einer Tasse lauwarmer Milch auflösen und in diese Kuhle gießen, dabei mit etwas Mehl verrühren. Zugedeckt etwa 15 Minuten gehen lassen, bis sich dieser Vorteig verdoppelt hat.

❸ Dann die Maschine einschalten und auf mittlerer Geschwindigkeit laufen lassen. Das Ei und eine Salzprise zufügen und zwei Eßlöffel Olivenöl angießen sowie langsam, nach und nach, die restliche Milch. So lange rühren, bis der Teig glatt ist und Blasen wirft.

❹ Den Teig zugedeckt eine halbe Stunde gehen lassen. Dann auf der Arbeitsfläche ein letztes Mal tüchtig durchwalken und durchkneten. Schließlich zwei Zentimeter dick ausrollen und mit einem Glas Kreise ausstechen.

❺ Die Teigkreise auf einem bemehlten Brett mit einem Tuch zugedeckt noch einmal, etwa eine halbe Stunde, gehen lassen.

❻ Das restliche Olivenöl in einer passenden Pfanne oder einem schweren Topf erhitzen, die Teigflecken in Abständen voneinander hineinsetzen. Soviel Brühe angießen, daß die Nudeln knapp zwei Zentimeter hoch darin sitzen. Sofort zum Kochen bringen und schließlich den Deckel aufsetzen.

❼ Nach etwa zehn Minuten, wenn man Knacken und Zischen aus dem Topf hört, ausschalten oder auf kleinste Stufe stellen (Gas). Die Nudeln noch weitere 20 Minuten garen.

Dukatenbuchteln

***Für 4 bis 6 Personen:* 1 Portion süßer oder salziger Hefeteig nach dem Grundrezept für Dampfnudeln, 100 g Butter**

❶ Den Teig wie beschrieben zubereiten und gehen lassen. Dann aber kleine Kreise von höchstens 3 cm Durchmesser daraus ausstechen. Diese gehen lassen wie beschrieben.

❷ Die Butter in einer Auflaufform schmelzen, die Teigflecken darin wenden und dicht nebeneinander hineinsetzen. Zugedeckt noch einmal gehen lassen, bis die Dukatenbuchteln erneut um die Hälfte größer geworden sind.

❸ Erst jetzt in den auf 180 Grad vorgeheizten Ofen schieben und etwa 20 Minuten blaßbraun backen.

Tip: Süße Buchteln vor dem Backen mit Puderzucker bestäuben.

Gefüllte Dampfnudeln (süß)

Klassisch ist eingekochte Pflaumenmarmelade als Füllung, die Österreicher nennen dies Powidl. Gut schmeckt auch Himbeer- oder Aprikosenmarmelade. Am allerbesten natürlich, wenn sie selbstgekocht ist – Sie wissen doch: So gut wie Sie kann kein Hersteller Marmelade kochen! Die Füllung wird folgendermaßen in die Nudeln praktiziert: Der Teig wird ausgerollt, und die runden Teigflecken werden mit einem Glas ausgestochen. Jetzt legt man einen solchen Teigflecken in die Handmulde, setzt in die Mitte einen Löffel Marmelade, schlägt den Teig darüber zusammen und verschließt das Teigbällchen vorsichtig. Mit der Nahtstelle nach unten setzt man dann die gefüllten Nudeln zum zweiten Gehen auf ein bemehltes Brett.

Schneller noch geht das Füllen – vor allem wenn man eine größere Menge von Nudeln füllen möchte, wenn man die Marmelade in einen Spritzbeutel füllt, jeweils einen Klecks davon in die Teigmitte setzt, jeweils daraus ein Bällchen formt und es ebenfalls, mit der Naht nach unten, zum Gehen auf ein Brett setzt.

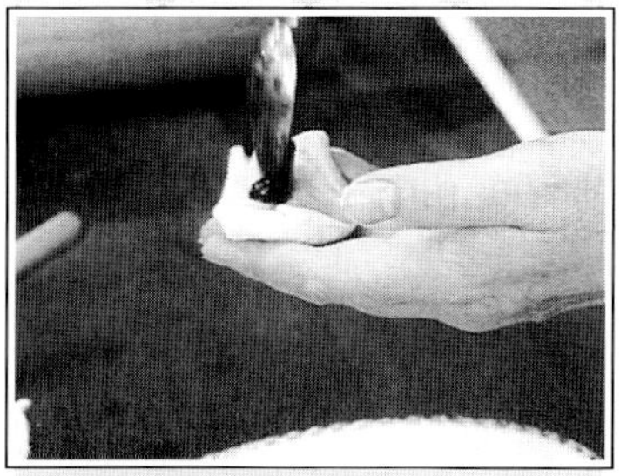

Mit einem Klecks Pflaumenmarmelade füllen

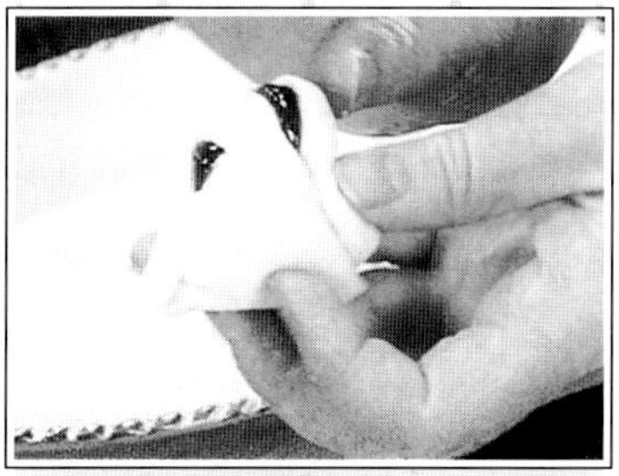

Den Teig darüber zusammenschlagen

Mit der Nahtstelle nach unten zum erneuten Gehen auf ein bemehltes Brett setzen

Gefüllte Dampfnudeln (salzig)

Ein Stück Käse in der Mitte schmilzt während des Garens und wird wunderbar cremig. Man kann den Käse würzen, indem man die Käsewürfel zum Beispiel in Paprikapulver wälzt, in gehackten Kräutern oder einfach in grob geschrotetem Pfeffer. Es eignet sich dafür jeder Schnittkäse, auch Mozzarella.
Gut schmeckt eine Füllung aus gedünstetem Spinat oder anderem Gemüse, es lassen sich dafür auch alle möglichen Reste verwenden, die man so witzig versteckt wirklich nicht mehr als solche erkennen kann.

Hackfleischfüllung für Dampfnudeln

Für 4 bis 6 Personen:
1 Zwiebel, 2 EL Olivenöl, 1 Möhre, 2 Selleriestengel, 3 – 4 Knoblauchzehen, 500 g Rinderhackfleisch, 1 – 2 EL Tomatenmark, Salz, Pfeffer, 1 TL getrockneter Origano, eventuell etwas Fleischbrühe oder trockener Weißwein, Petersilie, 50 g frisch geriebener Parmesan, 1 Portion salziger Dampfnudelteig, 3 – 4 EL Olivenöl, ca. 1/8 l Hühner- oder Gemüsebrühe

❶ Die Zwiebel fein hacken und im heißen Öl andünsten. Die Möhre schälen, auf dem Gemüsehobel in feine Streifen hobeln. Die Selleriestengel in feine Scheibchen schneiden und den Knoblauch fein würfeln. Alles zur Zwiebel geben und mitdünsten.

❷ Schließlich das Hackfleisch in die Pfanne geben und so lange unter Rühren braten, bis es seine rohe Farbe verloren hat und krümelig geworden ist. Das Tomatenmark zufügen. Mit Salz, Pfeffer und Origano würzen.

❸ Ohne Deckel auf kleinem Feuer leise etwa 20 Minuten schmurgeln, das Fleisch soll dabei schön knusprig werden, es darf jedoch nicht ansetzen. Wenn nötig mit einem Schuß Brühe oder Wein loskochen, aber auf keinen Fall flüssig werden lassen.

❹ Zum Schluß vom Feuer ziehen und abkühlen lassen, erst dann die gehackte Petersilie und den Käse unterrühren.

❺ Diese Farce löffelweise in die Dampfnudeln füllen, sie in Olivenöl ansetzen und mit Hühner- oder Gemüsebrühe garen.

Tip:
Dazu schmeckt grüner Salat.

Rohrnudeln

Für 4 bis 6 Personen:
1 Portion süßer oder salziger Hefeteig nach dem Grundrezept für Dampfnudeln, 100 g Butter

❶ Den Teig wie beschrieben zubereiten, gehen lassen und Flecken ausstechen.

❷ Die Butter in einer Bratenrein schmelzen. Die Teigflecken darin wenden und schließlich so nebeneinander einschichten, daß sie sich gerade eben berühren.

❸ Im auf 180 Grad vorgeheizten Backofen etwa 30 bis 40 Minuten backen, bis die Rohrnudeln goldbraun geworden sind. Sie schmecken übrigens warm, aber auch kalt.

Himbeersauce

Für 4 bis 6 Personen:
500 g Himbeeren,
4 EL Zucker

Es lassen sich hierfür auch gut gefrorene Früchte verwenden, die rund ums Jahr verfügbar sind.

❶ Die Himbeeren mit dem Zucker vermischen, nach Möglichkeit einige Zeit stehen und Saft ziehen lassen.

❷ Die Himbeeren aufkochen, durch ein Sieb streichen. Vor dem Servieren gut kühlen.

Tip: Nach diesem Prinzip lassen sich auch aus anderen Früchten Saucen herstellen, aus Erdbeeren, Brombeeren, Blaubeeren, Stachelbeeren und roten Johannisbeeren. Schwarze Johannisbeeren enthalten sehr viel Pektin, deshalb muß diese Sauce mit Wasser auf die gewünschte Konsistenz verdünnt werden.

Apfelmus

Für 4 bis 6 Personen:
1 kg Äpfel (möglichst eine aromatische Sorte, zum Beispiel Gravensteiner, Cox Orange oder Berlepsch), Saft einer Zitrone, 4 – 5 EL Zucker

❶ Die Äpfel nur waschen, nicht schälen. In der Schale und im Kerngehäuse steckt das Pektin, das nötig ist, dem Püree einen guten Stand zu geben. Die Äpfel vierteln, den Blütenansatz herausschneiden, die Apfelviertel in einen Topf füllen.

❷ Mit Zitronensaft beträufeln, den Zucker zufügen. Den Topf verschließen, die Äpfel etwa 20 Minuten weich kochen.

❸ Noch heiß durch die Gemüsemühle passieren und kalt stellen.

Zwetschgenkompott

Für 4 bis 6 Personen:
1,5 kg Zwetschgen, 1/2 l Rotwein, 100 g Zucker, 1 Zimtstange, 1 TL schwarze Pfefferkörner, 1 Lorbeerblatt

❶ Die Zwetschgen entsteinen.

❷ Für den Sud Rotwein, Zucker und die Gewürze aufkochen. Die entsteinten Früchte zufügen und zugedeckt etwa 10 Minuten ziehen lassen, bis sie weich sind, aber noch ihre Form behalten.

❸ Den Sud abgießen und auf starkem Feuer um die Hälfte einkochen. Durch ein Sieb über die Zwetschgen schütten, die Gewürze wegwerfen, das Kompott abkühlen lassen.

ALLES BANANE!

Die schönsten Rezepte.

Und die Antwort auf die Frage: Warum ist die Banane krumm?

Alles Banane!

Bananen wachsen zuerst nach unten und wölben sich dann nach oben

Die Bananenstauden werden hier vor Ungeziefer geschützt

Qualitätskontrolle vor dem Versand nach Europa

Die Banane ist der Deutschen liebstes Obst. Das ist vor allem deshalb erstaunlich, weil sie seit erst rund hundert Jahren auf unserem Markt ist! Denn Bananen sind kein einfach zu vermarktendes Produkt, obwohl man heute – dank der vielen technischen Mittel – durchaus diesen Eindruck haben könnte. Die Erfolgsgeschichte der Banane ist eine spannende Sache:

Bananen lieben die Sonne und brauchen viel Regen. Ein feuchtwarmes Klima mit durchschnittlich 27 Grad Celsius das ganze Jahr über und einer ebenfalls gleichmäßig verteilten jährlichen Niederschlagsmenge von 2.000 bis 2.500 mm (Berlin hat 580 mm!) bietet die idealen Voraussetzungen für den Anbau. Es gibt über 400 Bananensorten, die rund um die Welt zwischen jeweils dem 30. nördlichen und südlichen Breitengrad gedeihen, dem sogenannten Bananengürtel. Von den rund 40 Millionen Tonnen, die heute in diesen tropischen und subtropischen Regionen geerntet werden, sind etwa 80 Prozent Gemüsebananen, die von der einheimischen Bevölkerung als Grundnahrungsmittel verzehrt wird, im Prinzip zuzubereiten wie Kartoffeln. Etwa sieben Millionen Tonnen kommen als Obstbananen in den internationalen Handel.

Ursprünglich stammt die Pflanze aus Südostasien, wo sie seit Jahrtausenden kultiviert wird. 327 vor Christus verspeiste Alexander der Große auf seinem Indienfeldzug die Früchte mit Behagen, 200 nach Christus werden weitläufige Plantagen in China erwähnt. Um das Jahr 650 brachten islamische Krieger die Banane nach Ägypten und Palästina mit, von dort kam sie über Sklaven- und Elfenbeinhändler erst nach Ostafrika und schließlich bis zur Guinea- und Elfenbeinküste an den Atlantik. Dieser Siegeszug ist um so erstaunlicher, als Bananen nicht über leicht zu transportierenden Samen vermehrt werden können, sondern nur über ihre großen, schweren Wurzelstöcke. Von den Arabern bekam die Banane auch ihren Namen: „banan" heißt ganz einfach „Finger".

Bereits 1402 brachten portugiesische Seefahrer, denen die Früchte hervorragend gemundet haben müssen, solche Stöcke auf die Kanarischen Inseln, wo sie auch heute noch angebaut werden. Und schon 1516, kurz nach der Entdeckung durch die Europäer, gelangte sie nach Santo Domingo und eroberte rasch alle karibischen Inseln und das mittel- und südamerikanische Festland.

Bis ins ausgehende 19. Jahrhundert hinein blieb die Frucht nur von jeweils lokaler Bedeutung. Denn nach der Ernte reift sie bei den warmen Temperaturen schnell, die damals langen Transporte überstand sie nicht. 1876, zum hundertsten Jahrestag der Unabhängigkeit der Vereinigten Staaten, konnten US-Bürger auf der Jubiläumsausstellung in

Philadelphia zum erstenmal Bananen essen: In Stanniol gewickelt wurden die Früchte einzeln verkauft, für 10 Cents das Stück – das entsprach dem Preis von 1,5 Litern Milch. Sie kamen so gut an, daß große Firmen in Mittelamerika investierten, riesige Plantagen anlegten, für den schnelleren Transport spezielle Eisenbahnen bauten und spezielle Schiffe. Ende des Jahrhunderts wurden in den USA jährlich bereits 16 Millionen Büschel verkauft.

In Deutschland konnte man 1892 die ersten Bananen kaufen. Aber erst mit dem ersten Kühlschiff, das 1903 seinen Dienst aufnahm, konnten die empfindlichen Früchte regelmäßig und qualitativ befriedigend auf unsere Märkte gebracht werden. Im Jahre 1990 überflügelte nach der Vereinigung Deutschlands der Verbrauch erstmals den der bis dahin beliebtesten Obstsorte, der Äpfel: 17 kg pro Kopf und Jahr wurden verspeist! Inzwischen, nach der umstrittenen Bananenmarktordnung der Europäischen Union von 1993, ist der Verzehr wieder auf 11 kg gesunken und die traditionellen Äpfel liegen wieder an der Spitze.

Warum ist die Banane krumm?

Die Banane ist kein Baum, sondern ein Kraut – aus den Wurzelknollen, sogenannten Rhizomen, wie sie zum Beispiel auch Schwertlilien haben, sprießen Triebe, die jeden Tag mehrere Zentimeter wachsen. Nach etwa neun Monaten haben die Pflanzen ihre volle Höhe von drei bis sechs Metern erreicht und eine dichte Blattkrone gebildet. Der Stamm ist rund 30 cm dick und besteht nur aus dicht ineinandergepreßten Blattscheiden – ähnlich wie ein Lauchstengel, ist nicht aus Holz.

Aus diesem Scheinstamm bricht eine Blütendolde hervor, mit vielen übereinanderliegenden Blättern. Unter jeder Blattreihe verbergen sich die Ansätze kleiner Bananen. Nach und nach fallen diese rosa Deckblätter ab, und Reihe für Reihe entwickeln sich die einzelnen Bananenhände am Büschel. Jedes Büschel besteht aus 10 bis 12 dieser Hände, die jeweils 14 bis 18 Finger (Bananen) zählen. Ein Büschel bringt im Schnitt also etwa 200 Bananen hervor und wiegt je nach Sorte 35 bis 50 kg.

Zuerst wachsen die kleinen Bananen nach unten, wenden jedoch bald ihre Spitzen nach oben – und werden krumm. Etwa drei Monate nach Erscheinen der Dolde sind die Bananen erntereif.

Obstbananen müssen grün geerntet werden – läßt man sie zu lange am Baum, platzen die Früchte auf, und das Fruchtfleisch schmeckt mehlig statt süß. Auch die Einheimischen essen Bananen nicht „vom Baum“, sondern lassen sie an einem möglichst kühlem Ort nachreifen. Denn erst, wenn durch den Schnitt die Nährstoffzufuhr aus der Pflanze unterbrochen ist, setzt in der Frucht ein biochemischer Prozeß ein, der die Stärke in Zukker umwandelt! Bei der Ernte enthalten Bananen nämlich 20 % Stärke und nur 1 % Zukker, bei perfekter Nachreife ist das Verhältnis genau umgekehrt – erst jetzt hat die Banane, gleichzeitig mit einer schönen gelben Schale mit braunen Punkten, ihre Süße und ihr typisches Aroma entwickelt.

Ernte, Verpackung, Transport und Reife

Da die Bananenrhizome immer neue Schößlinge treiben – gibt es zu viele, muß man sie entfernen –, kann man das ganze Jahr ernten. Von den Büscheln werden, wenn sich alle Hände ausgebildet haben, die Spitzen entfernt, dann verpackt man sie in Plastiksäcke – zum Schutz vor Verletzungen und Ungeziefer. Zur Ernte hackt ein Mann die Staude an, so daß sie einknickt und ein anderer Mann sich das Büschel auf die Schulter laden kann. Jetzt wird das Büschel abgehackt und einige Meter zu einem Transportseil getragen, darangehängt und in die zentrale Wasch- und Verpackungsstation gebracht. Die einzelnen Hände werden abgeschnitten, in möglichst kaltem Quellwasser (damit die Bananen abgekühlt werden und nicht zu schnell reifen) gewaschen (an den Schnittstellen tritt kautschukähnliche Flüssigkeit aus, die die Früchte verkleben würde), vermessen und sortiert (zu kleine und beschädigte Früchte werden zu Bananenpüree verarbeitet oder dienen als Viehfutter). Danach werden die Bananenhände in kleinere Einheiten, sogenannte Cluster, mit vier bis acht Bananen zerteilt, die Schnittstellen mit einem Fungizid gegen Pilzbefall geschützt, alles gewogen, die Markenetiketten aufgeklebt und die Bananen in die bekannten Kartons verpackt – die bis in die sechziger Jahre übliche Verschiffung der ganzen Büschel gehört einer romantisch anmutenden Vergangenheit an.

Per Bahn werden die Kartons von der Packstation zum Hafen transportiert und sofort verladen – Eile ist geboten, denn mit dem Abschneiden der Früchte beginnt unaufhaltsam der spezielle Reifeprozeß mit der Umwandlung der Stärke in Zucker. Spätestens 36 Stunden nach der Ernte müssen die Bananen im Kühlschiff sein, werden dort auf genau 13,2 Grad heruntergekühlt. Bereits bei geringster Überschreitung der Temperatur reifen die Bananen weiter, wird es auch nur wenig kälter, verfärbt sich die Schale nach der Reifung grau.

10 bis 12 Tage nach der Ernte in Zentral- oder Südamerika sind die Bananen in Europa. Einer der heutigen Bananenfrachter – die übrigens stets weiß gestrichen sind, damit die Tropensonne reflektiert wird und die Kühlung mit geringstmöglichem Aufwand arbeitet – transportieren rund 5,5 Millionen kg Bananen!

Natürlich werden sie bei der Ankunft kontrolliert, ehe sie in Reifekammern kommen, wo sie bei 14,5 bis 18 Grad in vier bis acht Tagen gelb und also reif werden. Der Prozeß wird eingeleitet durch eine Zugabe von Äthylen, um die Bananen aus ihrem „Schlafzustand" zu wecken: Das ist nur eine Initialzündung, denn mit Einsetzen der Reifung produzieren die Bananen diese Äthylen selbst – wie übrigens auch reifende Äpfel: Wollen Sie noch nicht ganz reife Bananen schnell nachreifen, legen Sie sie mit einem reif duftenden Apfel zusammen in eine Plastiktüte – am nächsten Tag sind die Bananen gelb, süß und aromatisch!

Der Handel will die Bananen noch nicht vollreif, damit sie sich etwas länger halten. Jeder hat also die Möglichkeit, je nach Farbe über den Geschmack seiner Bananen zu entscheiden – der eine mag sie gelbgrün und fester, leicht mehlig und noch nicht so süß, der andere vollreif, dunkelgelb mit braunen Punkten, cremig und süß. Für die meisten unserer Rezepte (wenn nicht, ist das angegeben) empfiehlt es sich, voll reife, aber nicht überreife Bananen zu verwenden. Vor allem, wenn Bananen mit Hitze in Berührung kommen, sollen sie noch etwas fest sein, damit sie sich nicht auflösen – zu sehen an der Farbe: leuchtend gelb, ohne grünlichen Unterton, aber auch gerade noch nicht goldgelb mit braunen Punkten.

Bananen – Marktordnung

Traditionellerweise bekamen wir in Deutschland unsere Bananen aus Mittel- und Südamerika, und zwar aus zwei Ländergruppen: Einmal den AKP-Ländern (Asien-Karibik-Pazifik), jenen Entwicklungsländern, die durch das Lomé-Abkommen besondere Handelsbedingungen eingeräumt bekamen; zum anderen aus den sogenannten Dollar-Bananen-Ländern Lateinamerikas, wo die beste Bananenqualität zu den günstigsten Preisen erzeugt wird. Bis zum 1. Juli 93 haben wir für Deutschland einen vollkommen liberalen Bananenmarkt gehabt, ohne jegliche Zoll- und Einfuhrbeschränkungen.
Dann wurde mit einem Schlag alles anders: Frankreich, Spanien und Portugal, die selbst Bananen produzieren (Frankreich auf Martinique und Guadeloupe, Spanien auf den Kanarischen Inseln, Portugal auf Madeira), dies aber nicht zu konkurrenzfähigen Preisen, hatten den Anbau schon immer subventioniert und durch Einfuhrzölle geschützt. Italien hatte mit Somalia, England mit mehreren AKP-Ländern Sonderregelungen. Ein Zustand, der für den gemeinsamen Markt der EU nicht länger haltbar war. Eine neue Marktordnung war nötig – Kompromisse schwierig: Die AKP-Länder durften durch die Neuregelung nicht schlechter gestellt,

Bildschön: die rosa Bananenblüte über der Bananenstaude

die EU-eigenen Regionen mußten weiterhin subventioniert werden. Also blieb unser so angenehmer, freier Markt (den auch die Benelux-Staaten und Irland hatten) auf der Strecke, komplizierte Kontingentierungen und Schutzzölle traten an seine Stelle. Die Preise stiegen um ca. 70 Prozent, die Importeure hatten schwierige Zeiten, einige Betriebe mit mehreren Tausend Arbeitsplätzen wurden geschlossen, die traditionellen Handelsbeziehungen zu den Bananenproduzenten gingen verloren, der Verzehr von Bananen verminderte sich in Deutschland um ein Drittel, und die Arbeiter auf den Bananenplantagen der Dollarländer verloren ihre Arbeit ...
Die Gesamtmenge der Dollarbananen wurde um 20 % auf ca. zwei Millionen Tonnen gekürzt, von den restlichen 80 % mußten die traditionellen Importeure an Frankreich, Spanien und England 30 % abtreten, wo diese Bananen nie gehandelt wurden und dann auch nicht abgesetzt werden konnten. Diese Lizenzen wurden nun wieder nach Deutschland und in die Benelux-Länder zurückverkauft, was den Eigentümern nochmals satte Gewinne brachte, für uns aber die Bananen verteuerte.
Inzwischen gab es noch andere, höchst abenteuerliche Dinge – so erlaubte die „Newcomer"-Regelung jedem, der noch keine Bananen importiert hatte, eine gewisse Menge (zunächst 48 Tonnen) pro Jahr zollfrei einzuführen. Dies bekam auch so mancher brave Familienvater mit und wurde kurz entschlossen zum Bananenimporteur: Ende 1994 gab es 62.000 solche Hobbyimporteure, die ihre Kontingente dann an die eingeführten Importeure weitergaben. Dem schob die EU allerdings bald einen Riegel vor (indem sie verlangte, daß mindestens die Hälfte der Einfuhren selbst abgewickelt werden mußte), so daß heute wieder nur knapp 1.500 Antragsteller übrig sind, 600 davon in Deutschland.
Inzwischen laufen allerhand Klagen gegen dieses Abkommen vor dem GATT, dem allgemeinen Zoll- und Handelsabkommen. Doch die Brüsseler Kommission hat auch hier bereits auf Druck Frankreichs protektionistische Maßnahmen höchst zweifelhaften Charakters getroffen und mit einigen Staaten (allen voran Costa Rica, Kolumbien, Venezuela und Nicaragua) ein Sonderabkommen (das sogenannte Framework Bananen) getroffen, damit diese im GATT-Panel nicht gegen die EU stimmen: Diese Länder bekommen 50 % der für 1995 vorgesehenen 2,2 Millionen Tonnen Gesamtkontingent zugesichert, während deren Nachbarn (etwa Equador, Panama, Honduras und Guatemala) das Nachsehen haben. Jegliche Moral hat sich wirtschaftlichen Interessen gebeugt, die eigentliche Bananen"republik" scheint die den Lobbyisten ausgesetzte EU-Kommission selbst.

Bananen in allen Farben

Zuchersüß und saftig: die kleinen Thaibananen

Gemüsebananen sind besonders mehlig

Mit dem Beitritt von Österreich, Schweden und Finnland müssen die Kontingente jetzt erhöht werden. Und da auch diese Länder einen freien Handel gewöhnt waren, hofft nun die Mehrheit der EU-Länder, daß die Marktordnung tiefgreifend verändert werden kann. Da jedoch Frankreich, Spanien und Portugal auf den erheblichen Subventionen beharren, ist im Augenblick noch keine Wandlung in Sicht.
Anders könnte dies werden, wenn der Antrag eines Deutschen durchgeht, den Bananenanbau auf Rügen zu gestatten – ein solcher Antrag läuft tatsächlich. Und zwar durchaus mit Aussicht auf Erfolg, denn die für die Subventionen geforderten Rahmenbedingungen stimmen: Rügen ist, wie verlangt, „Randgebiet" mit „großen strukturellen, sozialen und geographischen Schwierigkeiten," sowie „ungünstigen Boden- und Klimaverhältnissen" ... Dem EU-behördlichen Subventions-Irrsinn scheinen keine Grenzen gesetzt!

Eine kleine Warenkunde Bananen

Der Handelsklassenverordnung der EU entsprechende Bananen müssen mindestens 14 cm lang sein und 27 mm dick. Die klassischen Importbananen aus Lateinamerika sind jedoch fast immer über 20, oft 25 cm lang. Sie beherrschen den deutschen Markt. Diese Norm gilt für die Sorten Cavendish und Gros Michel, wobei erstere die überragende Bedeutung hat, weil sie gegen die Panamakrankheit, einen Pilz, resistent ist (Bananen werden heute übrigens nur noch gegen die Pilzkrankheit „Black Sigatoga" gespritzt, Insektizide werden kaum noch eingesetzt – man arbeitet fast ausschließlich mit Nützlingen –, Herbizide sind nicht nötig, denn unter dem dichten Blätterdach gibt es kein ausreichendes Licht für Unkräuter; Bananenschalen können daher ohne weiteres auf den Komposthaufen).

Relativ klein und aromatisch sind die Bananen von den Kanarischen Inseln, die bei uns allerdings selten angeboten werden. Kleiner als 14 cm dürfen die Bananen von Madeira und den Azoren, der Algarve, Kreta und Lakonien sein, doch kommen sie nur als Klasse II in den Handel.
An Bananen der Klasse Extra werden natürlich höchste Ansprüche an Aussehen, Form und geschmacklicher Qualität gestellt, auch Klasse I darf kaum Fehler aufweisen.

Die winzigen, saftigen und hocharomatischen Banänchen, die der Tourist vielleicht in Thailand lieben gelernt hat, sind der Handelsklassenverordnung leider zum Opfer gefallen – es darf sie hierzulande nicht mehr geben.
Schließlich gibt es noch als Spezialität verschiedene Mehl- oder Gemüsebananen, die nicht als Obst gegessen, sondern nur gekocht werden können. Sie sind meist grün, scharfkantig und werden wie Kartoffeln zubereitet.

UNSERE REZEPTE

Für 4 Personen:
4 Bananen, 4 EL Butter, 4 EL Zucker, 4 EL kräftiger schottischer Malt Whisky, 4 EL geschlagene Sahne, 4 TL Pistazienkerne

Whiskybananen

Ein sehr einfaches, aber durch das Flambieren spektakuläres Rezept (bitte beachten Sie die Hinweise zum Flambieren), das den Vorteil hat, daß man sich auch die Zutatenmengen gut merken kann:

❶ Die Bananen schälen, längs und quer halbieren. In einer (schönen, zum Flambieren geeigneten) Pfanne die Butter zerlassen und die Bananen darin braten.

❷ Den Zucker darüberstreuen und etwas karamelisieren lassen.

❸ Den Whisky in eine Suppenkelle geben und darübergießen – wenn möglich über der offenen Flamme vorher erwärmen, dann brennt er schneller. Wer auf dem Elektroherd arbeitet, muß die dampfende Flüssigkeit anzünden. Brennen lassen, bis die Flamme erlischt.

❹ Die Bananen auf Tellern hübsch anrichten, jeweils einen Klacks Sahne daneben geben. Diese Sahnehäufchen mit den grob zerstoßenen, zerdrückten oder gehackten Pistazienkernen bestreuen und mit der Whisky-Butter-Sauce übergießen. Sofort servieren!

Flambieren mit Sinn und Verstand

Es geht darum, das würzende Aroma, die geschmackliche Fülle des Brandes oder des Likörs an die Speise zu bringen, ohne den Alkohol – der verdampft ja in der Hitze schneller als die anderen Flüssigkeiten, weil Alkohol einen niedrigeren Siedepunkt hat. Man zündet den herausdampfenden Alkohol an, damit man sieht, ob noch welcher drin ist – erlischt die Flamme, ist kaum noch welcher vorhanden. Und weil das Ganze so schön aussieht, vor allem, wenn es dunkel ist, hat man es in Restaurants früher besonders gerne gemacht. Freilich braucht man dafür einen Ober, der sein Handwerk beherrscht, möglichst eine Kochausbildung hat – denn perfektes Flambieren ist schon eine Kunst, die Geschick, Verstand, Sorgfalt und vor allem Geduld erfordert. Werden nicht alle diese Punkte erfüllt, ist Flambieren nur eine dämliche Schau, bei der nichts wirklich Gutes herauskommen kann; in den sechziger Jahren begann aber jeder Hilfskellner zu flambieren, in jedem Ausflugslokal gab es die berühmten Crêpes Suzette – und das ist der Grund, weshalb es so in Verruf gekommen ist und in guten Restaurants eigentlich überhaupt nicht mehr gemacht wurde. Außerdem muß der Wirt schon eine genaue Rechnung aufmachen: Flambieren kostet, weil es so viel Betreuung und Zeit braucht, auch viel Geld! Erst in den letzten Jahren besinnt man sich wieder, gewinnt das gescheite Flambieren seine Liebhaber zurück und unter dem Stichwort „Erlebnisgastronomie" reden die Fachberater dieser unterhaltsamen Zubereitungsart wieder das Wort.

Chinesische Karamelbananen mit Orangensalat

Für 4 Personen:
8 kleine Bananen, 2 EL geschmacksneutrales Öl, 150 g Zucker, 1 EL Apfelessig, 1 l Wasser mit Eiswürfeln
Für den Orangensalat:
2 große, kernlose Orangen, 1/2 Zitrone, 1 – 2 TL Kräuterlikör, einige Melisse- oder Minzeblättchen

❶ Die Bananen schälen und im heißen Öl rundum anbraten. Vorsichtig drehen, sie zerbrechen leicht.

❷ Zucker, Essig und 2 EL Wasser zu goldenem Sirup kochen. Die gebratenen Bananen in diesem Sirup wenden und auf Dessertteller setzen.

❸ Sofort mit Eiswasser übergießen, damit der Sirup unverzüglich hart wird und die Bananen nunmehr als goldener Panzer überzieht.

❹ Sofort zu Tisch bringen – die Bananen sollen innen noch heiß sein, während sie außen bereits abgekühlt sind.

❺ Mit einem Orangensalat servieren: Dafür die Orangen filieren, das heißt, bis auf ihr Fruchtfleisch mit einem Messer schälen. Die Filets aus den Kammern lösen. Mit Zitronensaft (bei Navel-Orangen, nimmt man Blutorangen, braucht man die geschmacksverstärkende Säure des Zitronensafts nicht) und einigen Tropfen Kräuterlikör würzen. Mit Zitronenmelisse oder Pfefferminze dekorieren.

Karamelisierender Zucker

Die Bananen in goldfarbenem Karamel wälzen

Im Eiswasser wird der Karamel hart

Für 4 Personen:
4 Bananen, 30 g Butter, 4 EL Honig, 200 g süße Sahne

Glasierte Honigbananen in Sahnesauce

❶Bananen schälen, eventuell quer halbieren und in nicht zu viel Butter kräftig anbraten.

❷Honig in die Pfanne geben und die Bananen noch etwa fünf Minuten darin köcheln, dabei ständig mit dem Honig beschöpfen.

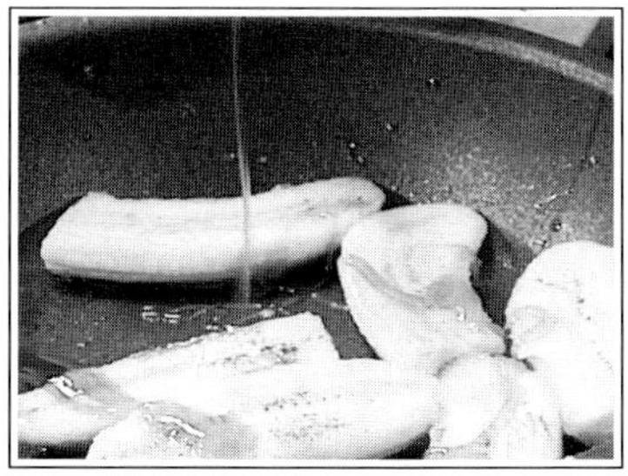

Honig zufügen

❸Banane herausnehmen, den Honig mit der Sahne verkochen (mit Thymian und Rosmarin würzen) und die Bananen damit umgießen.

Dazu passen Thymian und Rosmarin. Beide Kräuter muß man sehr fein hacken.

Tip: Die Sauce mit Drambuie, einem Whisky-Honig-Likör, aromatisieren.

Für 2 Personen:
2 reife Bananen, 1/4 l Milch, 1 – 2 EL Bananen- oder Kokoslikör, 2 gehäufte EL Zucker

Bananenmilch

❶Die Bananen schälen, in Stücke schneiden und mit der Milch in einen Mixer füllen. Likör und Zukker zufügen.

❷Auf hoher Stufe mixen, dabei zwei bis drei Eiswürfel untermixen.

❸Die Bananenmilch in einem Longdrinkglas servieren, mit Minzeblättern dekorieren.

Tip: Für Kinder statt des alkoholhaltigen Kokoslikörs Saft von schwarzen Johannisbeeren zufügen.

Gebratene Banane mit Speck

Für 6 Personen: ***3 Bananen, frisch gemahlener Pfeffer, je nach Geschmack scharfer Cayennepfeffer oder milderes Paprikapulver, 100 g Bauchspeck in dünnen Scheiben, Zahnstocher***

Partyhappen par excellence zu einem nicht allzu trockenen, kräftigen Apéritif, also etwa einem Sherry Oloroso oder Amontillado, zu Campari oder einem Glas Muskateller (Muscat de Lunel oder de Beaumes de Venise).

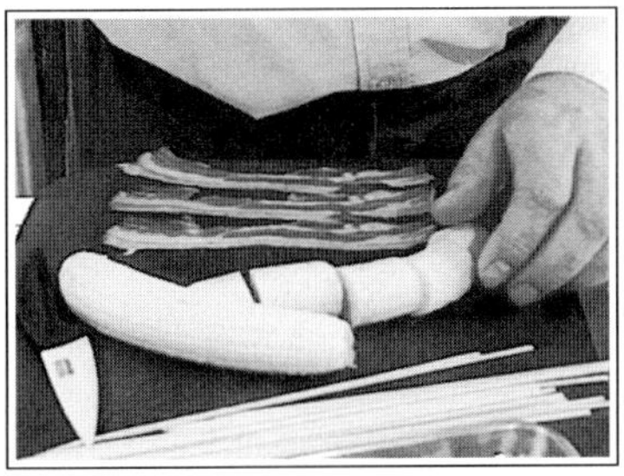

Bananen in Stücke schneiden

❶ Bananen in etwa 2,5 cm dicke Scheiben schneiden, kräftig pfeffern und schärfen.

❷ Jede Scheibe in ein Stückchen Speck wickeln und diesen mit einem Zahnstocher befestigen.

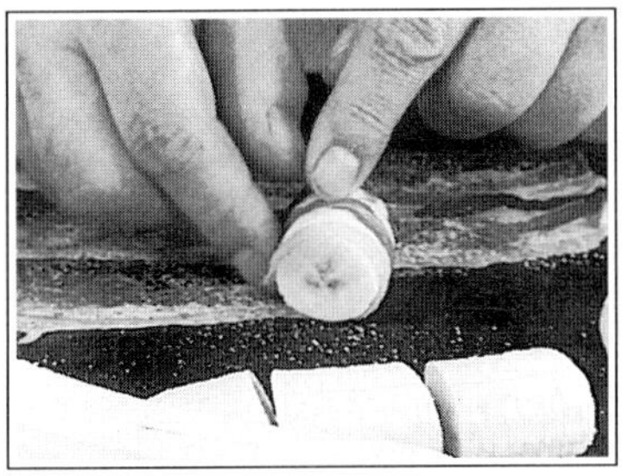

In Speck einwickeln

❸ Ohne weitere Fettzugabe in einer beschichteten Pfanne auf allen Seiten kroß braten oder unter dem Grill rösten.

❹ Noch heiß herumreichen – dazu passen dann auch eingelegte Oliven, Salznüsse und anderes Partygebäck.

Auf dem Grill rösten

Hühnercurry mit Banane

Für 4 Personen:
400 g Hähnchenbrustfleisch, 1 TL Speisestärke, 1 Zwiebel, 2 Knoblauchzehen, 1 EL Erdnußöl, 1 – 2 EL rote Currypaste (Asia-Shop), ca. 40 g feste Kokosmilch oder 1/4 l Kokossahne, 1 TL Zucker, 2 EL Fischsauce, 3 – 4 Zitronenblätter, 2 – 3 frische Chilischoten, einige thailändische Basilikumblätter, 2 Bananen, Koriandergrün

Hierzu nimmt man vorzugsweise noch nicht ganz voll ausgereifte, also leicht grünlich schimmernde Bananen, die beim Kochen nicht zerfallen. Sehr reife Bananen sollte man erst ganz zum Schluß zugeben, doch schmeckt das Gericht dann nicht so voll.

❶ Das Fleisch in zwei Zentimeter breite Würfel schneiden, mit der Stärke überpudern und gut damit einreiben – das gibt dem Fleisch beim Garen einen Schutzfilm, unter dem es saftig bleibt.

❷ Zwiebel und Knoblauchzehen fein schneiden, im heißen Öl andünsten. Das Fleisch zufügen und so lange rühren, bis die Würfel ihre rohe Farbe verloren haben.

Kokospaste im Block

Zitronenblätter, Chilischote und Currypaste

Von den Zitronenblättern die dicke Rippe entfernen

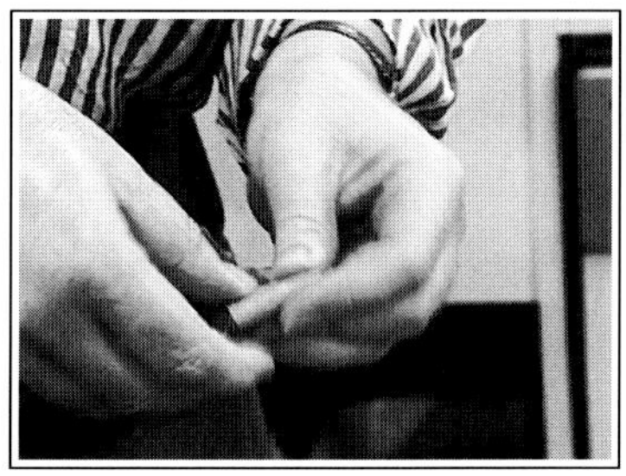

Die Zitronenblätter einrollen und in haarfeine Streifen schneiden

Tip: Dies sollte man als ein Grundrezept sehen, das sich je nach Vorräten und Einkäufen abwandeln läßt: statt Hühnerfleisch kann man Kalb-, Puten-, Schweine-, sogar Rindfleisch nehmen. Natürlich kann man zusätzlich mit Gemüse anreichern. Feststrukturiertes Gemüse, wie Bambus, Mini-Maiskölbchen, Stiele von Broccoli, Blumenkohlröschen, Zwiebelringe bereits zu Beginn, beim Anbraten zufügen. Zarteres Gemüse, wie Spinatblätter, Lauchringe, Frühlingszwiebeln erst gegen Ende unterrühren. Dazu gibt es natürlich Reis.

❸ Die Currypaste zufügen, unter Rühren mitbraten, die feste Kokosmilch und gut 1/4 l Wasser oder die Kokossahne zufügen.

❹ Mit Zucker und Fischsauce würzen. In hauchfeine Streifen geschnittene Zitronenblätter, entkernte und in Streifen geschnittene Chilischoten sowie Basilikumblätter unterrühren.

❺ Die Bananen schälen, in etwa 2 cm dicke Scheiben schneiden und zufügen. Leise köcheln, bis sich alles zu einer dicklichen Sauce verbunden hat.

❻ Das Koriandergrün erst unmittelbar vor dem Servieren darüberstreuen.

Thailändisches Basilikum und Koriandergrün

Scharfe Bananensauce

Für 8 bis 10 Personen:
3 Schalotten, 1 daumenkuppengroßes Stück frischer Ingwer, 3 Knoblauchzehen, 2 EL neutrales Öl, 2 Bananen, Saft von 2 Limonen oder Zitronen, 1/2 TL Garnelenpaste, 1 EL Chilipaste (oder Sambal Oelek) oder 8 frische Chilischoten, 2 EL Fischsauce (Nuoc mam, Nam plaa),eventuell 1 – 2 EL Zucker, etwas heißes Wasser oder Kokossahne, 1 Bund Korianderkraut

Hierfür brauchen Sie einige asiatische Zutaten, die Sie am besten im Asia-Shop bekommen oder in der Exoten-Abteilung eines guten Kaufhauses.

❶ Schalotten, Ingwer und Knoblauch würfeln und im heißen Öl andünsten.

❷ Bananen schälen, kleinschneiden und mit dem Limonen- oder Zitronensaft vermischen, in den Topf füllen und einige Minuten mitdünsten.

❸ Garnelenpaste und Chilipaste oder entkernten Chilischoten zufügen. Mit Fischsauce und Zucker würzen.

❹ Die Sauce mit Wasser oder Kokossahne soweit verdünnen, daß sie eine cremige Konsistenz hat. Schließlich alles mit dem Pürierstab oder im Mixer glattpürieren.

❺ Die Sauce schmeckt warm, besser sogar noch kalt. Unmittelbar vor dem Servieren die gehackten Korianderblätter unterrühren.

Tip: Die Sauce paßt nicht nur zu Hackfleischbällchen, sondern auch zu Spareribs oder Steaks.

Gepreßte und flüssige Kokossahne in der Dose

Für 4 bis 6 Personen:
1 altbackenes Brötchen, 1 Zwiebel, 2 – 4 Knoblauchzehen, 1 EL Butter, je 250 g Rinder- und Schweinehack, 1 Bund Petersilie, 1 Ei, Salz, Pfeffer, reichlich Delikateßpaprika
Außerdem: Mehl zum Wenden, Öl zum Braten

Würzige Hackfleischbällchen

❶ Das Brötchen einweichen. Zwiebel und Knoblauch fein würfeln und in der heißen Butter weich dünsten. Etwas ausgekühlt mit dem gut ausgedrückten Brötchen und dem Fleisch vermischen.

❷ Feingehackte Petersilie, Ei und Gewürze zufügen. Den Fleischteig kräftig würzen.

❸ Männerdaumendicke Röllchen formen, sie in Mehl wenden, bis sie überall weiß überzogen sind. Im heißen Öl rundum knusprig braten.

Hackfleischteig

Bällchen in Mehl wenden

Tip: Die Klößchen schmecken aus der Hand zum Apéritif. Man kann auch verschiedene Dips dazu reichen, zum Beispiel aus roh pürierten Tomaten, eine mit Senf aufgeschlagene Knoblauchmayonnaise oder eine mit viel Kapern und Cornichons getupfte Remoulade.

Schmelzende Käsefüllung in Hackfleischbällchen

Bananenspießchen

Für 4 Personen:
4 noch nicht reife Bananen, 1/8 l gesüßte Kokossahne (Dose), 2 EL Zucker, Öl zum Einpinseln des Grills

Hierfür braucht man noch richtig grüne Bananen, die noch viel Stärke und wenig Zucker besitzen – oder Kochbananen nehmen.

❶Die Bananen schälen und quer in fingerdicke Scheiben schneiden. Auf lange Bambus- oder Holzspießchen fädeln, jeweils vier Scheiben nebeneinander, so daß die Spieße wie überdimensionale Lutscher aussehen.

Auf Bambus gespießt

❷Die Kokossahne mit dem Zucker aufkochen und noch so lange einkochen, bis ein leichter Sirup entsteht.

❸Die Spießchen im Kokossirup wenden, auf den gut geölten, heißen Grill legen und auf beiden Seiten goldbraun rösten.

Tip: Man kann diese Bananen als Dessert reichen oder mit einer scharfen Sauce, etwa Sambal Oelek oder Fischsauce mit Ingwerwürfelchen, Chiliringen und grünem Koriander. In diesem Fall den Kokossirup noch pikant anreichern mit etwas zerbröselten, getrockneten Chilischoten, Fischsauce, Kreuzkümmel und sehr fein gehacktem Ingwer.

Die Bananenstückchen mit der scharfen Sauce bestreichen

Spieße mit der scharfen Sauce nach unten auf den geölten Grill legen. Dann die obere Seite bestreichen

ZUSATZREZEPTE

Für 4 Personen:
3 Blatt Gelatine, 3 Bananen (geschält gewogen 350 g), 1 unbehandelte Zitrone, 4 EL Bananenlikör, 2 Eigelb, 200 g süße Sahne, 1 TL Vanillezucker, 2 EL Zucker

Bananencreme

❶Gelatine in etwas kaltem Wasser einweichen.

❷Bananen schälen und in Stücke schneiden. Sofort mit Zitronensaft beträufeln und umwenden. Die Zitronenschale dazureiben.

❸Bananen mit dem Likör und den Eigelb im Mixer pürieren; falls die Bananen nicht reif genug sind und Stückchen verbleiben sollten, noch durch ein Sieb streichen.

❹In einen Topf geben und unter ständigem Rühren ein wenig erwärmen – nicht richtig heiß werden lassen!

❺Die Gelatine abtropfen lassen, ein wenig auspressen und in einem kleinen Gefäß in die Mikrowelle stellen, in 40 Sekunden auf größter Hitze schmelzen. (Oder in einem Töpfchen in wenig Wasser auf dem Herd schmelzen lassen.) In die Bananencreme rühren, abkühlen lassen.

❻Wenn man beim Rühren der Creme Straßen zieht, Sahne mit Vanillezucker und Zucker steif schlagen und vorsichtig unterheben.

❼In einer schönen Schüssel erkalten lassen.

Tip: Dazu passen frische, als Salat angemachte Früchte, etwa Erdbeeren, Ananas oder Kiwi.
Statt Eigelb und Bananenlikör Eierlikör nehmen; oder mit Rum oder Cognac aromatisieren; oder Kokoslikör verwenden.

Pro Person:
1 Banane, 1 EL Zucker, je 1 EL Batida de Coco (Kokoslikör) und weißer Rum

Ofenbananen

Ein Rezept, das bestens geeignet ist, wenn man Gäste hat, denn es macht keine Arbeit, wenn man die Gäste ihre Banane selbst auspakken läßt. Es sollten dazu aber keine Kinder am Tisch sitzen!

Die Bananen in ihrer Schale auf ein Backblech legen und in den auf 200 Grad vorgeheizten Ofen schieben. Nach etwa 15 Minuten, wenn sie schwarz geworden sind, sind sie fertig.

Bananen aus ihrer Schale drükken, mit Zucker bestreuen, mit Likör und Rum beträufeln.

Bananenmousse mit Schokolade

❶ Die Gelatine in kaltem Wasser einweichen.

❷ Bananen schälen und in Stücke schneiden, sofort mit Zitronensaft beträufeln. Kokosmilch und Bananenlikör zufügen, kurz aufkochen lassen und im Mixer pürieren. Nach Belieben noch durch ein Sieb passieren.

❸ Gelatine ausdrücken und in der Mikrowelle oder auf dem Herd schmelzen. In die Bananenmasse rühren, abkühlen lassen und den Honig erhitzen.

❹ Die Eiweiß leicht schaumig schlagen, den heißen Honig unter ständigem Schlagen einlaufen lassen. Auf Eis stellen und kalt schlagen.

❺ Unter die erstarrende Bananenmasse ziehen, in Portionsförmchen füllen und diese für einige Stunden in den Kühlschrank stellen.

❻ Schokolade im Wasserbad oder in der Mikrowelle schmelzen und die Crème fraîche unterziehen – sie soll leicht säuerlich sein.

❼ Mousse stürzen und mit der Schokoladensauce umgossen servieren, mit Minzeblättchen dekorieren und mit Puderzucker bestäuben.

Für 4 Personen:
3 Blatt Gelatine, 2 große oder 3 mittlere Bananen (250 g geschält gewogen), 1 Zitrone, 3 EL dicke, süße Kokosmilch (aus der Dose), 3 EL Bananenlikör, 3 EL flüssiger Honig, 2 Eiweiß, 150 g süße Sahne

Schokoladensauce:
80 g bittere Schokolade (möglichst über 70 % Kakaoanteil – leider schwer zu bekommen: z. B: Valrhona, Lindt in Frankreich und der Schweiz), 4 EL Crème fraîche, Minzeblättchen, Puderzucker

Tip: Schmeckt auch gut, wenn man statt des Likörs einen Cream Sherry nimmt. Will man die Mousse ganz weiß haben, nimmt man statt des Honigs Zucker, muß klaren oder weißen Likör verwenden und sollte mit der Gelatine eine gute Messerspitze Ascorbinsäure (= Vitamin C, aus der Apotheke) auflösen.

Bananenkefir

❶ Banane schälen und in grobe Stücke schneiden.

❷ Mit den übrigen Zutaten in einen elektrischen Mixer geben und auf höchster Stufe 2-3 Minuten verquirlen.

❸ In ein Glas umfüllen und mit Minzeblättchen garnieren.

Zubereitungszeit: 4 Minuten

Für 1 Glas:
1 mittelgroße Banane (100 g), 0,2 l Kefir (3,5 % Fett), 50 ml natürliches Mineralwasser, 1 – 2 EL Sanddornsaft (ungesüßt), 1 – 2 EL Zitronen- oder Limonensaft, Minzeblättchen zum Garnieren.

Gebackene Bananen

Für 4 bis 6 Personen:
110 g Mehl, 1/8 l Wasser,
2 EL Öl, 1 EL Zucker,
2 TL Backpulver,
6 Bananen, Fett zum
Ausbacken

Als Dessert oder auch als köstlicher Imbiß gegen den kleinen Hunger – von Kindern geliebt.

❶Die Zutaten für den Teig rasch verquirlen, dabei aber nicht schaumig schlagen. Der Teig soll vollkommen glatt sein, keine Bläschen aufweisen. Eine halbe Stunde ruhen und ausquellen lassen.

❷Die Bananen schälen und quer in drei gleich große Teile schneiden. Bananenstücke in den Teig tauchen, etwas abtropfen lassen und im rauchendheißen Fett goldbraun und knusprig backen.

Tip: Nehmen Sie zum Ausbacken am besten ein geschmacksneutrales Öl oder gehärtetes Pflanzenfett. Man kann die Bananen einfach so essen, wie Pommes aus der Tüte. Oder eine Sauce dazu reichen, z. B. aus gesüßter Kokossahne (Dose) mit etwas Vanillezucker.

Bananensalat mit Zimtjoghurt

Für 4 Personen:
4 Bananen, 2 Orangen,
150 ml Orangensaft,
1 EL flüssiger Honig,
300 g Sahnejoghurt,
1 EL Vanillezucker,
1 TL Zimt, 4 EL Cornflakes oder gehackte
Pistazien.

❶Die Bananen schälen und in Stücke schneiden, die Orangen dick abschälen, erst in Scheiben schneiden, dann vierteln.

❷Den Orangensaft mit dem Honig verrühren und über die Früchte gießen.

❸Den Joghurt mit Zimt und Zukker schaumig schlagen und zu dem Bananensalat servieren.

❹Mit Cornflakes oder Pistazien bestreuen.

Crêpes mit Bananenfüllung

❶Aus den Zutaten für die Crêpes einen Teig rühren, ca. 15 Minuten quellen lassen. Anschließend 8 Crêpes daraus backen.

❷Für die Füllung die Bananen schälen und würfeln, mit dem Zucker und dem Saft vermischen.

❸Die Butter schaumig rühren, die Bananen und 4 EL Kokosraspel untermischen.

❹Die Füllung auf den Crêpes verteilen, zu Tüten zusammenfalten, in eine feuerfeste Form setzen, mit flüssiger Butter bepinseln und mit Zucker und den restlichen Kokosraspeln bestreuen.

❺Im auf 230°C vorgeheizten Backofen oder unter dem Grill überbacken, bis die Füllung zerläuft.

Für 8 Stück:

Für die Crêpes:

1/8 l Milch, 1/8 l Sahne, 2 Eier, 100 g Mehl, 2 EL Zucker, 1 Prise Salz, Butter zum Backen.

Für die Füllung:

4 Bananen, 100 g Butter, Saft einer Zitrone oder Limette, 1 EL Bananensirup, 5 EL geröstete Kokosraspel, 2 EL Zucker.

Außerdem:

flüssige Butter und Zucker zum Gratinieren.

Tip: Die Füllung mit Orangenlikör oder Rum verfeinern.

TAFELSPITZ & RIPPENSTÜCK

Zartes Rindfleisch und eine gute Suppe!

Tafelspitz & Rippenstück

Eine köstliche, festliche Mahlzeit

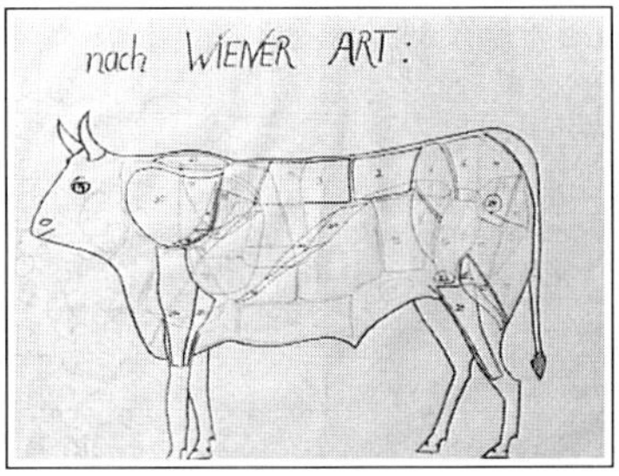

Ein Rind wird nach Wiener Art in 36 verschiedene Teile zerlegt

Der Tafelspitz

Noch vor nicht allzu vielen Jahren konnte es passieren, daß der Metzger verständnislos guckte, wenn man ihn um einen schönen Tafelspitz bat. Heutzutage ist das nicht einmal im hohen Norden unseres Landes ein Problem. Es hat sich bei nahezu jedermann und jeder Frau herumgesprochen, daß es sich hierbei weder um den Eckplatz an einer Festtafel noch um eine Sottise bei Tisch, sondern vielmehr um ein besonders feines Stück vom Rind handelt, das, sanft gesotten, ein erlesenes kulinarisches Vergnügen verheißt. Mehr noch: Inzwischen wird auf den Speisekarten öfter Tafelspitz versprochen als serviert – nicht selten handelt es sich um irgendein Stück gekochtes Rindfleisch.

Der Tafelspitz ist eines von den 36 verschiedenen Teilen, in die ein Wiener Fleischhauer ein Rind zu zerlegen weiß. Und zwar „mit geradezu chirurgischer Präzision", wie Franz Maier-Bruck in seinem fabelhaften und höchst informativen Werk „Das große Sacher-Kochbuch" beschreibt. Zum Vergleich: Bei uns in Deutschland wird nach internationalem Brauch ein Rind in eben mal 25 Teile zerlegt. Der Tafelspitz ist nach Wiener Schnitt nicht einmal das größte unter den rund 24 zum Kochen vorgesehenen Stükken. Aber es bietet wohl die größte Menge an absolut magerem, fett- und sehnenfreiem Fleisch. Für Siedfleisch nach Wiener Art wird jeder einzelne Muskel sorgfältig ausgelöst und hat einen präzisen Namen und natürlich seine Fans. Denn je nach Form, Lage und Größe ist das Fleisch von unterschiedlicher Konsistenz, Faserung und Geschmack.

Wiener Rindfleisch-kult(ur)

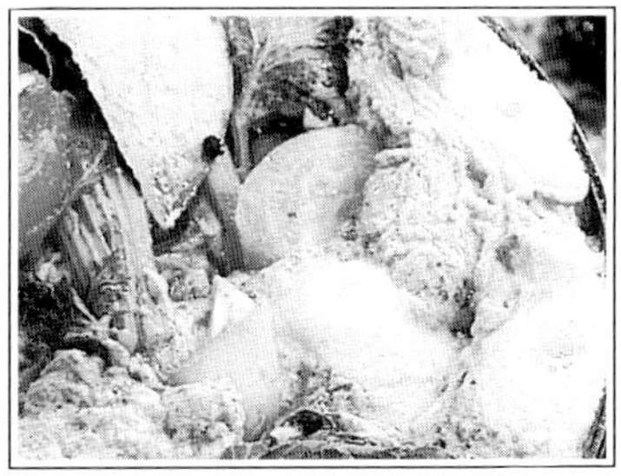

Immer ein Genuß: die kräftige Brühe, die beim Tafelspitz von selbst entsteht

Bis zum Ersten Weltkrieg war das Restaurant Meisl & Schadn in Wien legendär. 24 verschiedene Rindfleischspezialitäten fanden sich auf der Speisenkarte – stets gesotten und mit je nach Jahreszeit wechselnden, aber meist doch ähnlichen Beilagen. Die Stammgäste hatten ihr Leib- und Magen-, auf österreichisch ihr sogenanntes Gustostückerl, das ihnen vorgelegt wurde, ohne daß sie eigens darum bitten mußten. Und niemals wäre es dem Ober in den Sinn gekommen, das einem bestimmten Gast vorbehaltene Stück einem Fremden zu servieren. Joseph Wechsberg hat darüber hinreißend geschrieben – in „Forelle blau & schwarze Trüffeln", erschienen im Hugendubelverlag, München, Preis: 29.80 DM. Weil sich vom Tafelspitz viele Scheiben schneiden ließen, ist er wahrscheinlich so viel bekannter geworden als die *Scherzl* (nämlich das weiße oder schwarze), *Hieferschwanzl,* das *magere* oder *fette Meisl,* das *dünne* oder *dicke Kügerl* – und wie all die begehrten Fleischstücke heißen.

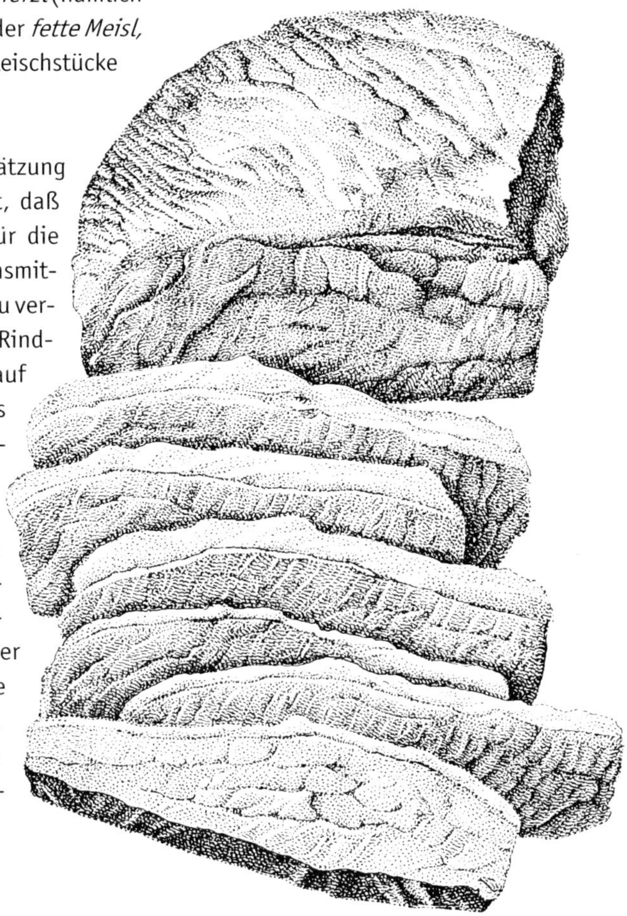

Daß gekochtes Rindfleisch in Österreich so hohe Wertschätzung genießt, hat Tradition. So ist zum Beispiel überliefert, daß Rindfleisch neben Brot im ausgehenden Mittelalter für die Wiener Bevölkerung das wichtigste und billigste (!) Lebensmittel war. Kaiser Franz Joseph ist es jedoch wahrscheinlich zu verdanken, daß sich daraus ein Kult entwickelte. Gekochtes Rindfleisch war sein Leibgericht, ein Gustostückerl durfte auf seiner Mittagstafel nie fehlen. Dabei wurde gesottenes Fleisch im 19. Jahrhundert eher als zweitklassig angesehen. Der Braten galt als das höchste aller kulinarischen Dinge. Brillat-Savarin, der kluge, schrieb in seiner „Physiologie des Geschmacks" 1825 in Paris: „Die Leute vom Fach essen niemals gekochtes Rindfleisch ...", denn „Suppenfleisch ist ein Fleisch ohne Saft". Der deutsche Kollege Antonius Anthus setzte in seinen „Vorlesungen über Eßkunst" noch eins drauf: „... dieses ab- und ausgekochte Fasergewebe ... dieses bereits verbrauchte Überbleibsel, dieser Altweibersommer ..." Dabei ist das in höchsten Maße Blödsinn, denn richtig zubereitet erzielt man selbstverständlich beides:

Zartes Fleisch & eine gute Brühe

Auf folgende Weise gelingt beides auf einen Streich: Das Fleisch mit Knochen, Wurzelwerk und Gewürzen in einen großen Topf packen. Mit kaltem Wasser bedecken. Jetzt *ohne Deckel* auf mittlerem Feuer langsam zum Kochen bringen. Den Schaum, der sich dabei an der Oberfläche bildet, *nicht* abschöpfen, auch wenn dies alle Kochrezepte immer wieder empfehlen. Es ist nämlich genau dieser Schaum nichts anderes als Eiweiß, das dafür sorgt, daß die Brühe klar bleibt. Dies tut es allerdings nur, wenn es nach dem Aufwallen an den Topfboden sinken und dort ungestört seine Arbeit verrichten kann. Ungestört bedeutet, daß es nicht im wallenden und bewegten Sud immer wieder aufgewirbelt wird. Diese Kochwirbel würden auch die Qualität des Fleisches beeinträchtigen, es zerfasern und austrocknen. Auch deshalb ist es so wichtig, daß die Brühe niemals kocht, sondern stets unterhalb des Siedepunkts bleibt. Daher der Name Siedfleisch ...

Heute ist gekochtes Rindfleisch wieder in Mode – das magere, kalorienarme Fleisch ist bekömmlich und paßt in unsere ernährungsbewußte Zeit. Zwar ist Rindfleisch in letzter Zeit in Verruf geraten, wg. Rinderwahnsinn. Aber wer bei einem verantwortungsbewußten Metzger einkauft, der seine Ware sorgfältig aussucht, der braucht nichts zu fürchten. Daß solches Fleisch ein bißchen teurer ist, sollte niemanden abschrecken. Schließlich geht es um das eigene Wohlbefinden und die Gesundheit. Und beides sollte uns ein paar Mark wert sein!

Einkaufstips

„Wofür brauchen Sie das Fleisch?", fragt der Metzger meist, „zum Kochen oder zum Braten?" weil er das Bratenfleisch länger abhängen läßt. Dabei wird auch ein Tafelspitz, sogar ein Rippenstück, erheblich zarter, wenn man ihm ebenfalls mindestens zwei Wochen Reifezeit gönnt. Nur: Diese Zeit kostet Geld, längeres Abhängen verursacht auch Verlust, weil das Fleisch etwas an Gewicht verliert – und das ist der Verbraucher oft nicht bereit zu bezahlen. Es liegt also an uns, den Metzgern klar zu machen, daß sie für mehr Sorgfalt auch mehr Geld kriegen.

In deutschen Metzgereien wird am liebsten das Fleisch von jungen Bullen, ca. eineinhalb Jahre alt, verarbeitet. Es ist weniger fett als das Fleisch von Färsen – so nennt man junge Kühe, die noch nicht gekalbt haben – sieht schön rot aus, und der Verbraucher, so sagen die Metzger, greift gerne zu. Dabei ist ein fettdurchzogenes Muskelfleisch, wie es Färsen haben, erheblich geschmackvoller und wird auch zarter beim Kochen oder Braten. Man sollte als Kunde also seinen Metzger ermutigen, mehr Färsenfleisch anzubieten – er traut sich nämlich nicht, weil

Saucen zu gekochtem Rindfleisch

er fürchtet, darauf sitzen zu bleiben. Fragen Sie eigens danach! Ihr Metzger wird Sie als sachkundige(n) Kundin/Kunden besonders sorgfältig bedienen!

Am allerbesten in Geschmack und Konsistenz ist das Fleisch von ausgewachsenen Ochsen. Das sind kastrierte (männliche) Rinder, die mindestens drei Jahre, besser noch vier Jahre lang haben auf der Weide stehen dürfen. Dieses Fleisch ist dunkelrot, das Fett ist kernig und durchzieht alle Muskeln gleichmäßig wie eine Marmorzeichnung. Deutsche Bauern haben immer mal wieder versucht, solches Fleisch anzubieten – leider konnten sie es hierzulande kaum loswerden, weil es dem deutschen Verbraucher zu teuer war und womöglich auch wegen der dunklen Farbe und des sichtbaren Fettanteils nicht geheuer vorkam. So hat man dann die edlen Teile nach Frankreich geschickt, wo die Verbraucher gerne bereit sind, für gute Qualität auch gutes Geld zu zahlen, und den Rest – man glaubt es kaum! – zu Dosenfleisch verarbeitet. Man staune: das Beste vom Besten fand im reichen Deutschland keine Käufer …

Der Fettanteil des Fleisches ist wichtig für den Geschmack. Die Konsistenz und Struktur wird dagegen vom Zuschnitt beeinflußt: Jeder Muskel ist umgeben von einer Haut oder sogar von dicken Sehnensträngen. Sie halten die Fleischfasern zusammen und sorgen dafür, daß der Muskel seine Kraft übertragen kann und seine Struktur erhalten bleibt. Diese Sehnen geben beim Garen Gallerte an die Fasern ab und halten sie geschmeidig und saftig. Deshalb sollte man stets den gesamten, natürlich gewachsenen Muskel, so wie er gewachsen ist, im Ganzen garen, also den ganzen Tafelspitz, das Rippenstück mitsamt Häuten und Knochen. Nach dem Kochen lassen sie sich leicht und vollständig abtrennen – übrig bleibt ein sauber pariertes Fleischstück.

Wie man das Fleisch aufbewahrt

So bald wie möglich nach dem Einkauf sollte das Fleisch natürlich auch zubereitet werden. Bis zum nächsten Tag läßt es sich im Kühlschrank aufheben, indem man es in eine passende Schüssel oder eine entsprechende Plastiktüte umpackt. Auf keinen Fall darf es unbedeckt im Kühlschrank liegen, dann trocknet das Fleisch aus.

Und noch eins: Es ist völlig unnötig, Fleisch zu waschen. Das war zu unserer Urgroßmütter Zeiten anders, damals gab es noch nicht so perfektes Verpackungsmaterial und auch das Kühlen war noch nicht so problemlos. Heute ist das Fleisch, das Sie beim Metzger kaufen, absolut sauber und kann sofort verarbeitet werden. Sollte es Saft gezogen haben, mit Küchenpapier trockenwischen, aber bitte niemals waschen!

DIE REZEPTE

Für 4 bis 6 Personen: *einige schöne Markknochen, 1 Tafelspitz von mindestens 2 kg, je 2 Möhren, Selleriestangen (oder 1/4 Sellerieknolle) und Lauch, 1 Bund Petersilie, 4 Lorbeerblätter, je 1 EL Pfeffer- und Pimentkörner, 2 große Zwiebeln, 1 EL Salz*

Tafelspitz

❶ Die Markknochen in den Kühlschrank legen, damit das Mark fest wird. Dann das Mark aus den Knochen drücken, in einer Schüssel mit kaltem Wasser einen Tag lang in den Kühlschrank stellen, damit es schön weiß wird. Ab und zu das Wasser wechseln.

❷ Mit den ausgehöhlten Knochen einen großen Suppentopf auslegen. Das Fleischstück obenauf betten – so wird verhindert, daß das Fleisch mit dem heißen Topfboden in Kontakt kommt.

❸ Das Gemüse putzen, waschen und unzerteilt rund um das Fleisch in den Suppentopf füllen. Wer will, kann jetzt schon für die Suppeneinlage einen Teil beiseite tun: Sellerie und Möhren längs auf dem Gemüsehobel in feine Streifen, den hellgrünen und weißen Teil vom Lauch quer von Hand in ebenso schmale Ringe schneiden. Jeweils eine großzügige Handvoll beiseite legen. Das restliche Gemüse in den Suppentopf packen.

❹ Die Petersilienblätter abzupfen und für später beiseite legen, die Stiele in den Topf geben. Ebenso die Lorbeerblätter und die Gewürze.

❺ Die ungeschälten Zwiebeln halbieren, mit ihrer Schnittfläche nach unten auf die mit Alufolie abgedeckte, sehr heiße Herdplatte setzen und fast schwarz anrö-

Mark auslösen und wässern

Der Suppentopf

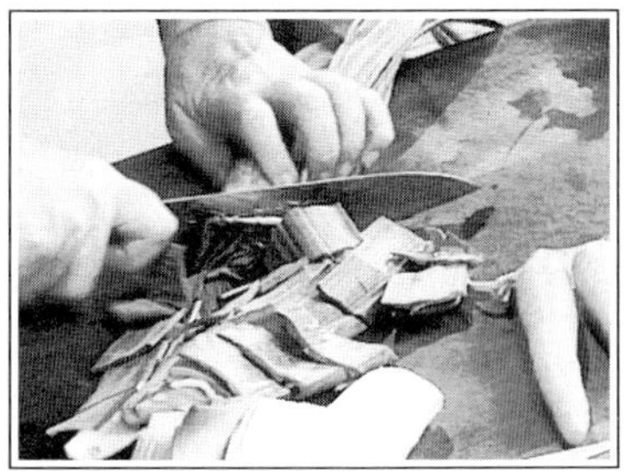

Das Wurzelwerk

sten, bevor sie ebenfalls in den Suppentopf wandern – sie geben der Suppe Geschmack und Farbe.

❻Alles nun mit kaltem (!) Wasser gut bedecken und salzen. Sobald der Schaum an der Oberfläche verschwunden ist (siehe Seite 248), den Topfdeckel auflegen, die Hitze stark zurückschalten und das Fleisch von nun an zweieinhalb bis drei Stunden lang garziehen lassen.

❼Das Fleisch quer zur Faser in halbzentimeterstarke Scheiben schneiden, dachziegelartig auf einer vorgewärmten Platte anrichten (damit's hübsch aussieht, den kleinen Fettrand nach oben) und mit etwas Brühe benetzen, damit das Fleisch saftig glänzt.

Tip: Wer vor dem Hauptgang die Brühe als Suppe servieren will, kann das beiseite gelegte Gemüse blanchieren, das gewässerte Mark in kleine Würfel schneiden und beides in Suppentellern anrichten. Mit der gut abgeschmeckten Suppe (Salz!) auffüllen und mit reichlich gehackter Petersilie bestreuen.

Die Gewürze

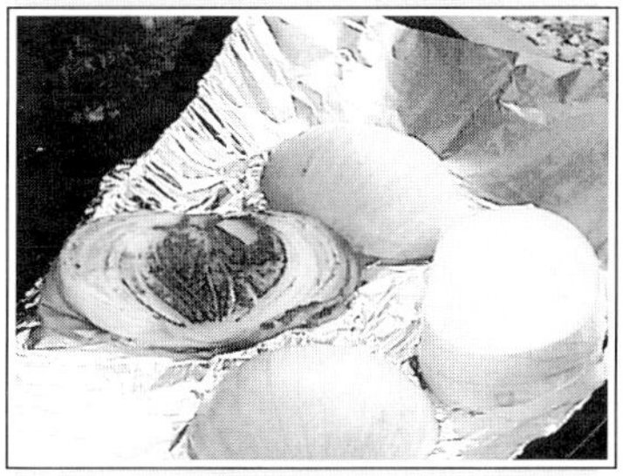

Wichtig für den Geschmack: geröstete Zwiebel

Wie man einen Tafelspitz richtig aufschneidet

Der richtige Schnitt spielt beim Fleisch nicht nur vor dem Garen, sondern, mehr noch, bei Tisch eine tragende Rolle. Es ist eine Binsenweisheit, daß man Fleisch niemals mit, sondern immer quer zur Faser aufzuschneiden hat. Aber um dies tun zu können, muß man erst einmal wissen, wie die Fasern verlaufen. Beim Tafelspitz ist dies besonders schwierig zu entdecken. Sie laufen nämlich mal schräg und dann wieder gerade. Man darf also nicht einmal ansetzen und dann bis zum Ende dieselbe Richtung des Schnitts ausführen. Am einfachsten: man beginnt mit seinem spitzen Ende und beobachtet den Faserverlauf sorgfältig – dann kann man den Augenblick gar nicht verpassen, in dem es angeraten ist, das Fleischstück um 45 Grad zu drehen.

Aufschneiden des Tafelspitzes (oben) und des Rippenstückes (unten)

Die klassischen Beilagen zum Tafelspitz

Eigens für das Nationalgericht hat die österreichische Geschirrindustrie einen Teller konstruiert, der von zwölf Schälchen rundum gesäumt ist, damit auch alle Beilagen Platz finden, die zum gekochten Rindfleisch passen. Vom scharfen Senf und kalten Saucen, süßsauer eingelegten Gürkchen oder Kürbis bis zu Salaten aller Art – vor allem aus gekochtem Gemüse, wie Rote Bete, grünen Bohnen oder Kartoffelsalat. Außerdem natürlich gedünstetes Gemüse, zum Beispiel Erbsen, Gemüsebohnen, Blumenkohl oder Spinat sowie Kartoffeln – geröstet, in Rahm gegart oder in Petersilienbutter geschwenkt.

Apfelkren

Für 6 Personen:
1/2 Meerrettichstange,
2 – 3 säuerliche Äpfel (zum Beispiel Elstar oder Glockenäpfel),
Zitronensaft, 1 Prise Zucker, Salz, Pfeffer,
1 EL Olivenöl

❶ Meerrettich und Äpfel schälen. Die Äpfel zudem vierteln, das Kerngehäuse herausschneiden. Meerrettich und Äpfel mit der feinen Reibe raspeln, sofort mit Zitronensaft gründlich mischen, damit sie sich nicht braun verfärben.

❷ Mit Salz und Pfeffer abschmekken sowie mit einem Schuß Olivenöl würzen und geschmeidig machen.

Tip: Je länger man den Apfelkren durchziehen läßt, desto milder wird er – die Meerrettichschärfe verfliegt mit der Zeit.

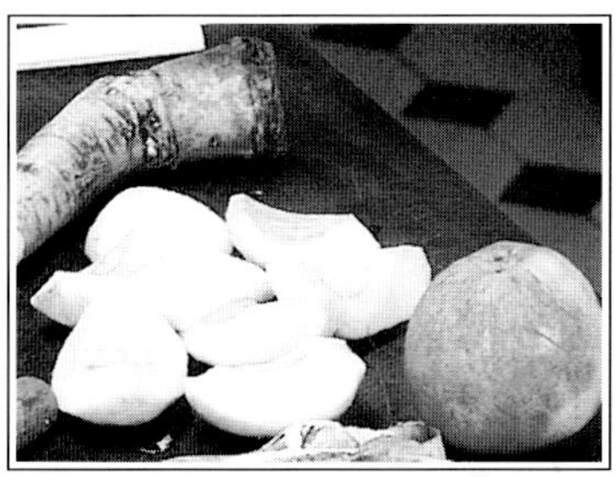

Frischer Meerrettich und Äpfel

Meerrettich läßt sich ohne Tränen im Mixer zerkleinern

Schnittlauchsauce

Für 4 bis 6 Personen:
1 Brötchen, ca. 1/8 l Milch, 2 hartgekochte Eier, 1 rohes Eigelb, 1 TL Senf, ca. 1/4 l erstklassiges Öl (neutrales Sonnenblumen- oder Olivenöl), Zitronensaft, Salz, weißer Pfeffer, eine Prise Zucker, 1 Schuß Worcestershiresauce, einige Tropfen Tabasco, 1 – 2 Bund Schnittlauch

❶ Das Brötchen in der Milch einweichen. Die hartgekochten Eigelb durch ein Sieb passieren, mit dem fest ausgedrückten Brötchen gut verrühren. Das rohe Eigelb und den Senf zufügen und nun nach und nach, tropfenweise, das Öl hinzufließen lassen, während mit dem Schneebesen des Handmixers unermüdlich gerührt wird.

❷ Wenn die Sauce schön glatt wirkt und die richtige Konsistenz erreicht ist – so dickflüssig, daß die Sauce einen Löffel überzieht, mit Salz, Pfeffer und Zucker würzen sowie mit Worcestershiresauce und Tabasco abschmecken.

❸ Zum Schluß den Schnittlauch in Röllchen schneiden und in die Sauce rühren.

Tip: Wer mag, hackt das hartgekochte Eiweiß fein und rührt es ebenfalls in die Sauce – in diesem Fall passen auch noch winzig feingehackte Cornichons hinein.

Gekochtes Eigelb durch ein Sieb streichen

Die Sauce wie eine Mayonnaise aufschlagen

Röstkartoffeln

Für 4 bis 6 Personen:
1,2 kg möglichst kleine Kartoffeln, bereits am Vortag gekocht, 2 – 3 EL Öl oder Butterschmalz, Salz, Pfeffer, 1 EL getrockneter Majoran

Eine kleine Portion kann man bequem in einer großen Pfanne braten – für größere Mengen ist das Backblech praktisch: Die gekochten und geviertelten Kartoffeln in einer Schüssel mit Öl beträufeln und mischen, bis sie rundum glänzen. Auf einem mit Backpapier belegten Backblech verteilen, salzen, pfeffern und nach Belieben mit etwas zwischen den Fingern zerrebbeltem Majoran würzen. Im 180 Grad heißen Ofen etwa 30 Minuten backen, dabei ab und zu mit einem Bratenwender bewegen, damit die Kartoffeln

von allen Seiten gleichermaßen appetitlich bräunen.

❶Die Kartoffeln in der Schale garkochen. Am anderen Tag pellen, halbieren oder vierteln – je nach Größe.

❷In einer großen Pfanne das Öl oder Schmalz erhitzen, die Kartoffeln darin auf mittlerem Feuer langsam golden braun braten, immer wieder mit der Bratschaufel umwenden.

❸Mit Salz und Pfeffer würzen, erst gegen Ende der Bratzeit den Majoran darüberstreuen und gut unterrühren.

Gedünstete Spinatbällchen

Für 4 bis 6 Personen:
1,5 kg frischer Spinat, Salz, 2 – 3 EL Olivenöl oder Butter, 4 Knoblauchzehen, Pfeffer

❶Den Spinat sorgfältig verlesen, faule, welke und stark beschädigte Blätter aussortieren, dicke Blattstiele entfernen. Die Blätter mehrmals gründlich waschen.

❷In einem großen Topf in kochendes Salzwasser werfen, eine halbe Minute zusammenfallen lassen, dann abgießen und in eiskaltem Wasser abkühlen. So behält der Spinat seine leuchtend grüne Farbe.

❸Die Spinatblätter aus dem Wasser fischen, dabei immer eine Handvoll nehmen, gut ausdrücken und dabei zu einer Boulette formen und in ein schönes Spinatblatt einhüllen. Diese Spinatbouletten kann man schon am Morgen oder sogar am Vortag vorbereiten.

❹Zum Servieren werden die Bällchen in heißem Öl oder in heißer Butter auf beiden Seiten gebraten. Sie werden mit Salz und Pfeffer gewürzt. Gegen Ende der Bratzeit den feingehackten Knoblauch rund um die Bouletten in das heiße Fett streuen und mitbraten – darauf achten, daß er nicht verbrennt.

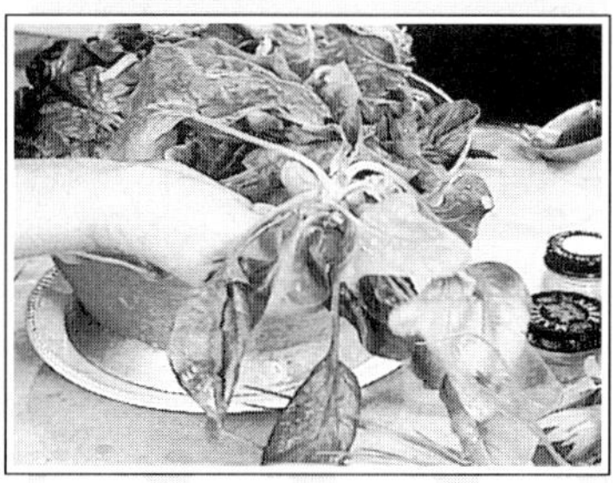

Kräftiger Winterspinat

In Salzwasser blanchieren

Spinat gut ausdrücken, dabei Bällchen formen

Die Brühe und Suppeneinlagen

Die wunderbare Brühe – das ist ein höchst willkommener Nebeneffekt, den die Zubereitung von Siedfleisch mit sich bringt. Die Brühe läßt sich aus einem Täßchen trinken. Man kann sie jedoch auch mit Einlagen versehen. Klassisch, hübsch anzusehen und völlig mühelos ist zum Beispiel ein Eigelb, das in der Brühe als leuchtend gelbes Auge glänzt und das man sich nach Gusto verkleppert, mit Salz, Pfeffer, Schnittlauch, auch sogar – kühn – mit einigen Tropfen Sojasauce oder Balsamicoessig würzen kann. Wohlschmeckend und sättigend sind feine Faden- oder andere Nudeln, eventuell sogar mit nudelfein gehobeltem Wurzelgemüse und/oder gewürfeltem oder in Scheiben geschnittenem Mark, das der Suppe sofort große, verheißungsvolle Fettaugen verleiht. Ein Tip: geröstete Graubrotscheiben dazu servieren, die mit Knoblauch abgerieben sind. Bissenweise gibt man sich ein Stückchen Mark darauf, bestreut es mit grobem Salz und frisch geriebener Muskatnuß – schließt die Augen und genießt.

Waffeln

Für 4 bis 6 Personen:
125 g Butter, 4 Eigelb, 1 Prise Salz, abgeriebene Schale einer halben Zitrone, 1/8 l Milch, 1/8 l Sahne, 250 g Mehl, 4 Eiweiß, Butter für das Eisen

Ein wahrscheinlich längst vergessener Kindertraum – Waffeln! Wahrscheinlich schlummert auch bei Ihnen ein Waffeleisen irgendwo in einem Eck des Küchenschranks. Schließlich galt es einmal als beliebtes Hochzeitsgeschenk. Wann haben Sie es das letzte Mal benutzt? Dabei macht Waffelbacken Spaß, und es ißt sie jedermann gern. Wußten Sie, daß Waffeln durchaus nicht immer süß sein müssen? Sie schmecken ebenso gut mit Apfelmus oder einfach mit Puderzucker bestäubt wie als Beilage zu würzigen Ragouts mit ihren Saucen oder einfach pur als Häppchen zum Glas Wein. Und – in Würfel geschnitten als Suppeneinlage! Wichtig ist nur: erst unmittelbar vor dem Servieren in die Brühe geben, damit die Waffeln nicht aufweichen, sondern noch knusprig sind, wenn man sie verspeist.

❶ Die Butter rechtzeitig aus dem Kühlschrank nehmen, um sie Zimmertemperatur annehmen zu lassen.

Waffeln mit Apfelmus

Waffeln mit Puderzucker

❷Mit dem Schneebesen des Handrührers zu einer dicken Creme schlagen, dabei die Eier zufügen. Mit der Salzprise und der Zitronenschale würzen.

❸Das Mehl zufügen und glattrühren. Schließlich Milch und Sahne zufügen und zu einem glatten Teig verarbeiten. Eine halbe Stunde zugedeckt ruhen lassen, damit sich der Kleber des Mehls entwickeln kann.

❹Schließlich die Eiweiß steif schlagen und unter den Waffelteig ziehen.

❺Das Waffeleisen heiß werden lassen. Beide Flächen mit Butter einpinseln, jeweils zwei Löffel Teig darauf verteilen und goldgelbe Waffeln backen.

Tip.: Dieses Grundrezept läßt sich vielfältig abwandeln – man kann gehackte Kräuter unter den Teig rühren, geriebenen Käse, geraspelte Zucchini oder Champignons. Die „Natur"-Waffeln passen zu süßem ebenso wie zu salzigen Beilagen. Servieren Sie sie mit Puderzucker bestäubt zusammen mit Apfelmus, mit Kompott oder mit Fruchtsaucen. Geriebene Nüsse im Waffelteig geben ihnen Biß und geraspelte Äpfel fruchtige Frische. Ein weites Feld für Ihre Experimentierfreude!

Teig verteilen

Hier hat man mit Teig gespart: es fehlt ein Stück

Immer gut mit Butter oder Öl einpinseln

Italienischer Rindfleischsalat

Für 4 bis 6 Personen:
je 1 rote und gelbe Paprikaschote, ca. 300 – 400 g gekochtes Rindfleisch, 3 – 4 Knoblauchzehen, 1 Bund glatte Petersilie oder Basilikum, Salz, Pfeffer, 3 EL Rotweinessig, 2 TL scharfer Dijonsenf, 3 – 4 EL Olivenöl

❶ Die Paprikaschoten mit einem Sparschäler häuten. Oder auf klassische Weise schälen: auf einem Stück Alufolie in den 200 Grad heißen Backofen legen und eine halbe Stunde rösten, bis die Haut Blasen wirft und schwarze Stellen zeigt. Dann die Paprika häuten, dabei den Saft auffangen. Die Kerne entfernen. Das Paprikafleisch in Streifen schneiden.

❷ Das gekochte Rindfleisch auf der Aufschnittmaschine in hauchdünne Scheiben schneiden. Mit dem Paprika in einer Schüssel mischen. Feingewürfelten Knoblauch und gehackte Petersilie oder Basilikum zufügen.

❸ Essig, Senf, Salz und Pfeffer verrühren, das Öl zufügen und die Sauce mit einem Schneebesen cremig aufschlagen. Über die Salatzutaten gießen. Etwas durchziehen lassen – dann mit geröstetem Weißbrot servieren.

Paprika stets häuten; zum Beispiel mit dem Sparschäler

Rindfleisch hauchfein aufschneiden

Kaltes Rindfleisch

In kaltem Zustand läßt sich Fleisch am allerbesten in feine Scheiben aufschneiden – das Fleisch hat dann eine stabile Konsistenz und behält auf der Aufschnittmaschine seine Form. Dachziegelartig auf einer Platte dekorativ angerichtet, sieht es verlockend aus. Und zusammen mit den unterschiedlichsten Saucen – zum Beispiel einer Kräutersauce, einer Senfsauce, wie man sie sonst zum kalten Braten oder auch zum Fleischfondue servieren könnte –, hat man eine hübsche Vorspeise, einen kleinen Imbiß oder auch eine Platte fürs kalte Buffet. Probieren Sie doch mal unsere

Für 4 bis 6 Personen:
150 g ungeröstete Cashewkerne , 4 TL Zucker, 3 EL Sojasauce, ca. 1/8 l kräftige Fleischbrühe, eventuell Cayennepfeffer, Petersilie oder frische Minze

Japanische Nußsauce

Man kann für diese Sauce Mandeln oder Sesamsaat verwenden. Besonders köstlich schmeckt sie jedoch mit Cashewkernen.

❶ Alle Zutaten ohne die Kräuter aufkochen und schließlich im Mixer fein pürieren – eventuell mehr Brühe zufügen, bis die Sauce die gewünschte Konsistenz hat.

❷ Nach Gusto mit Cayennepfeffer schärfen. Feingeschnittene Petersilie oder, besser noch, Minzeblättchen unterrühren.

Cashewkerne

Wieder hilft der Mixer beim Pürieren

ZUSATZREZEPTE: SALATE

Rindfleischsalat mit Ei, Radieschen, Balsamico-Essig und Kernöl

***Für 4 bis 6 Personen:** ca. 400 g gekochtes Rindfleisch, 4 frische Hühnereier, Salz, 4 Frühlingszwiebeln mit ihrem Grün, 6 Radieschen, 2 EL Balsamico-Essig, Saft von 1/2 Limone, 2 TL Sojasauce, frisch gemahlener Pfeffer, 3 EL Kürbiskernöl, nach Belieben Koriandergrün oder Dill*

Die inzwischen weltweit berühmten Spezialitäten aus zwei ganz unterschiedlichen Regionen, der Steiermark und der Emilia-Romagna, nämlich Kernöl und Balsamico, scheinen wie füreinander geschaffen!

❶ Das Fleisch auf der Aufschnittmaschine erst in hauchfeine Scheiben und dann in zweifingerbreite Streifen schneiden.

❷ Eier picken, in Salzwasser hart kochen (zwölf Minuten genügen bei kühlschrankkalten Eiern der Klasse 1 oder 2), kalt abschrecken und pellen.

❸ Frühlingszwiebeln mit Grün in Ringe schneiden. Radieschen waschen und in Stifte hobeln.

❹ Die restlichen Zutaten zur Sauce rühren.

❺ Eier mit dem Eierschneider einmal längs, dann quer so in Scheiben schneiden, daß kleine und gleichmäßige Würfel entstehen.

❻ Die vorbereiteten Zutaten mit der Sauce umwenden, nach Belieben mit einer Handvoll kleingeschnittener Kräuter vermischen und unverzüglich servieren, nicht stehen lassen.

Rindfleisch auf Chrysanthemensalat

***Als Vorspeise für 4, als Hauptgericht – etwa zum Abendbrot – für 2 Personen:** 400 g gekochtes Rindfleisch, 125 g Salatblätter, 1 Handvoll junge Chrysanthemenblätter, einige Chrysanthemenblüten (ersatzweise Portulak und Ringelblumen)*

***Marinade:** 1 EL Soja-Sauce, 1 EL Sherry, 1 TL Zucker, 1 TL Sesamöl, 1/2 TL dunkles Miso (Japanische Würzpaste)*

***Salatsauce:** 2 EL Balsamico-Essig, 2 EL Olivenöl, Salz, Pfeffer*

Die Kraft vom Rindfleisch verträgt sich hervorragend mit asiatischen, vor allem auch japanischen Gewürzen wie Miso, Chrysanthemen, Ingwer, Rettich, Fisch- und Sojasauce.

❶ Das Fleisch sorgfältig von allen Sehnen und Häuten befreien, auf der Aufschnittmaschine in feine Scheiben schneiden, diese in einer tiefen Platte mit einer aus den angegebenen Zutaten gerührten Marinade 2 bis 3 Stunden einlegen, dabei immer wieder umdrehen.

❷Inzwischen Salat- und Chrysanthemenblätter putzen und waschen, die Blüten in Wasser legen, damit eventuell darin versteckte Käfer herauskrabbeln.

❸Aus den angegebenen Zutaten die Salatsauce anrühren.

❹Salat- und Chrysanthemenblätter auf Teller verteilen, das Fleisch darauf anrichten. Alles mit der Salatsauce beträufeln, mit Chrysanthemenblüten verzieren und mit ausgezupften Blütenblättchen bestreuen.

Tip: Dazu paßt ein kräftiger, trockener Weißwein, etwa ein Tocai oder Pinot Grigio aus dem Friaul.

SUPPENEINLAGEN

Brezelknödelchen

Für 4 bis 6 Personen:
250 g altbackene Brezeln, 1/8 l heiße Sahne, 1 große Zwiebel, 50 g Butter, 2 Knoblauchzehen, 1 große Handvoll Kräuter, 1 Chilischote, 2 Eier, Salz, Pfeffer, Worcestershiresauce, Sojasauce, Chilipulver

Eine gute Idee, auf diese Weise alt gewordenes Laugengebäck zu verarbeiten. Übrigens kann man Klößchen auf Vorrat produzieren und tiefgekühlt aufbewahren. Sie eignen sich auch als Beilage – dann allerdings sollte man sie ein wenig größer halten – etwa wie Tischtennisbälle.

❶Die Brezeln würfeln, mit der heißen Sahne beträufeln und einweichen.

❷Die Zwiebel fein hacken, in der heißen Butter weich dünsten, ohne sie Farbe nehmen zu lassen, Knoblauch durch die Presse zufügen, ebenso die Kräuter und feingehackte Chilischote.

❸Die Masse mit den Eiern mischen und kräftig würzen. Zugedeckt zwei Stunden quellen lassen.

❹Mit nassen Händen kleine Klößchen formen. In leise siedendem Salzwasser etwa zehn bis 20 Minuten – je nach Größe – garziehen lassen.

Tip: Die Klößchen auf einer mit Klarsichtfolie ausgelegten Platte zunächst vorgefrieren – dann kann man sie in eine Tüte oder Gefrierschachtel packen und später einzeln entnehmen.

Schwemmklößchen

Für 4 Personen:
30g Butter, 1/8 l Milch, Salz, Muskat, Cayennepfeffer, 70g Mehl, 1 Ei

❶Butter, Milch und Gewürze in einer kleinen Schüssel aufkochen.

❷Das Mehl zufügen, umrühren, erneut zum Kochen bringen.

❸Das Eigelb unter die Masse rühren. Etwas abkühlen lassen und das inzwischen steifgeschlagene Eiweiß unterziehen.

❹Mit einem angefeuchteten Teelöffel Klößchen abstechen. In die durch ein Sieb gefilterte Suppe gleiten lassen und fünf Minuten garziehen lassen. Wenn die Klößchen an der Oberfläche schwimmen, sind sie gar.

❺Jetzt nur noch das Fleisch mit der gehackten Petersilie in die Suppe geben und heiß servieren.

Pfälzische Leberknödel

Für 4 bis 6 Personen:
200 g durchgedrehte Schweineleber, 200 g Mett, 75 g durchwachsener Speck , 1 Brötchen, 1 Zwiebel, 2 EL Butter, 2 kleine Eier, Salz, Pfeffer, Muskat, Majoran

❶Leber und Mett mischen, falls es der Metzger bereits für Sie erledigt hat, auch den durchgedrehten Speck untermischen.

❷Sollte er eine so kleine Menge nicht durchdrehen – kein Problem. Ihn in Würfel schneiden und zusammen mit dem eingeweichten und gut ausgedrückten Brötchen im Mixer fein zerkleinern.

❸Dabei kann man auch die bis dahin nur grob zerkleinerte, aber in der heißen Butter angedünstete Zwiebel mitmixen.

❹Leber, Mett, Speck und Zwiebel mitsamt dem Brötchen und den Eiern gründlich vermengen. Diesen Fleischteig mit Salz, Pfeffer, Muskat und Majoran (getrockneten zwischen den Fingerspitzen zerrebbeln!) würzen.

❺Aus dieser Masse kleine Klößchen formen und in Salzwasser behutsam pochieren. Als Suppeneinlage servieren.

Kräutersauce

Kräuter und Zwiebeln waschen, normal abtropfen (es soll alles ruhig ein wenig feucht bleiben) und fein hacken. Mit den übrigen Zutaten anmachen und abschmecken.

1 großer Bund gemischter Kräuter (Schnittlauch,Petersielie, Sauerampfer, Borretsch, Pimpernelle, wenig Liebstöckel, Estragon, Kerbel), 2 – 3 Frühlingszwiebeln mit ihrem Lauch, 3 – 4 EL Essig, 4 EL Olivenöl, Salz, Pfeffer, etwas Zucker

800 g Rinderfilet am Stück (von vorne geschnitten, also der „Filetkopf"), 1 Knoblauchzehe, 2 l gute Rinderbrühe, etwa 80 g Meerrettich (von der Stange), Salz, Pfeffer

Beilage:
Wirsing oder Lauch, etwas Butter, etwas Crème double oder Crème fraîche, etwas Frühstücksspeck

Eine reizvolle Variation zu diesem Thema: Statt Tafelspitz ein Filetsteak, nicht gebraten, sondern pochiert:

Pochiertes Rinderfilet mit Meerrettich

Das Rinderfilet schon zurichten, also alle nicht dazugehörigen Fleischteile, Fett und Sehnen, sorgfältig entfernen. Zusammen mit der ungeschälten Knoblauchzehe in die heiße, aber auf keinen Fall kochende Fleischbrühe einlegen. 20 bis 25 Minuten darin ziehen lassen, ohne daß die Brühe ins Kochen gerät. Das Fleisch ist dann nicht mehr roh in der Mitte, aber schön rosa.
Herausheben, in dünne Scheiben aufschneiden und diese auf sehr heißen Tellern anrichten. Den Meerrettich in hauchdünnen Spä-

nen (am besten mit einem Trüffelhobel oder einem auf minimale Stärke einstellbaren Gurkenhobel) darüberstreuen. Jeweils eine Portion Lauch oder Wirsing danebensetzen und sofort servieren. Grobes Salz und die Pfeffermühle bereitstellen.

Für das begleitende Gemüse Wirsingblätter oder in Stücke geschnittenen Lauch kurz in Salzwasser blanchieren, dann in eiskaltem Wasser abschrecken. Gut abtropfen lassen, dann in etwas Butter andünsten. Sahne zufügen und etwas in Streifen geschnittenen und in ungesalzenem Wasser blanchierten Frühstücksspeck einrühren. Kurz köcheln, abschmecken.

Dieses großartige, so einfache Rezept bereitet der Witzigmann-Schüler Manfred Kurz vorzugsweise mit im Hohenlohischen gezogenem Angus-Beef zu – die Qualität der Zutaten bedeutet alles...

Meerrettichsauce

1/2 Stange Meerrettich,
2 altbackene Semmeln,
3 – 4 EL Essig (vorzugsweise Weißweinessig),
3 – 4 EL geschmacksneutrales Öl, Salz, Pfeffer, 1 Prise Zucker

Meerrettich schälen und reiben. Semmeln abreiben, in Wasser einweichen, ausdrücken und zu einem Breiß stoßen. Mit Essig, Öl, den Gewürzen aufrühren, zum Schluß den Meerrettich zufügen. In Österreich heißt das Ganze natürlich Krensauce.

PFANNKUCHEN

Am liebsten als Hülle von Fülle

Pfannkuchen

Das kann ich nicht sagen", erklärt die Nachbarin auf die Frage nach ihrem Pfannkuchenrezept. Dabei bäckt sie die besten Pfannkuchen der Welt: So zart, daß sie auf der Zunge zergehen, und dabei zugleich wundervoll knusprig und hauchdünn. „Ich nehme Eier, Mehl, Milch, Wasser – so viel, wie in meine Rührschüssel hineinpaßt," und fährt mit der Selbstverständlichkeit der erfahrenen Hausfrau fort, die ihre Rezept eben buchstäblich im Griff hat „der Teig darf halt nicht zu dick sein, sonst werden die Pfannkuchen nichts". Aha, so einfach ist das.

Am liebsten als Hülle von Fülle

Es gibt wohl niemanden, der keine Pfannkuchen mag. Groß und klein lieben sie – und zwar in jeder Form: süß und salzig, gerollt, gefüllt, gewickelt, geschichtet oder einfach pur, direkt aus der Pfanne. Für viele Mütter sind Pfannkuchen der Retter in der Not, wenn kaum was im Haus ist – die Zutaten für Pfannkuchen sind eigentlich immer vorrätig: Eier, Mehl und Milch. Und sollte letztere gerade mal nicht im Kühlschrank stehen, so läßt sich der Teig auch mit Wasser anrühren – in diesem Fall fügen kluge Köche und Köchinnen etwas zerlassene Butter und/oder Sahne hinzu, das gibt den Pfannkuchen die nötige Geschmeidigkeit. Und wer sprudelndes Mineralwasser nimmt, sorgt für Lockerheit und Luftigkeit im Teig.

Mit ganz geringen Mitteln etwas Leckeres zu Tisch bringen, das ist Hausfrauenkunst. Pfannkuchen sind das Material, aus dem sich sogar elegante Leckerbissen für die feine Tafel zaubern lassen. Dann heißen die Pfannkuchen vornehm *Crêpes* und sind mit einer feinen Füllung versehen – womöglich statt schlicht aufgerollt zu dekorativen Päckchen oder Beutelchen geschürzt und mit einem Schnittlauchhalm verschlossen – und schon ist eine delikate Vorspeise fertig, die auch innerhalb eines erlesenen Menüs eine gute Figur macht.
Allerdings: wir sprechen hier von Pfannkuchen, die zart und dennoch knusprig, hauchdünn und deshalb delikat sein sollten. Mit den dicken, fettriefenden Fladen, die „kantapper, kantapper" schwer und mächtig im Magen liegen, haben wir weniger etwas im Sinn. Deshalb zunächst einmal das

Grundrezept: Pfannkuchen

Für 4 Personen:
4 Eier, 150 g Mehl, Salz, knapp 3/4 l Milch

Außerdem:
eine Speckschwarte, Butter, Butterschmalz oder Öl zum Backen

❶ Damit es garantiert keine Klümpchen gibt, werden zunächst die Eier mit dem Mehl glattgerührt, dabei salzen. Zugedeckt eine halbe Stunde ruhen lassen, damit der Kleber im Mehl sich ausbilden und entwickeln kann.

❷ Erst jetzt die Milch zufügen und mit einem Schneebesen unterrühren.

❸ Die Pfanne trocken erhitzen, mit einer Speckschwarte ausreiben oder etwas Fett darin schmelzen und mit einem Pinsel gleichmäßig verteilen.

❹ Jeweils eine kleine Kelle Teig hineingießen, die Pfanne sofort drehen und wenden, damit der Teig sich überall gleichmäßig verteilt.

❺ Rundum den Pfannkuchen behutsam vom Rand lösen, sobald er an der Unterseite appetitlich gebräunt aussieht, wenden und auf der anderen Seite fertigbacken.

❻ Die Pfannkuchen aufeinanderstapeln – bis zum Essen im auf 50 Grad vorgewärmten Backofen warm halten.

Zu zweit kochen macht doppelt Spaß

Gleichzeitig mit zwei Pfannen arbeiten

Beschichtete Pfannen sind für Pfannkuchen ideal

Die richtige Pfanne

Der Name legt es bereits nahe: Die Pfanne ist in diesem Fall entscheidend. Wichtig ist, daß der hauchdünne Teig nicht am Pfannenboden festbäckt, sondern sozusagen über ihm schwebend gebacken wird. Nur dann läßt sich der Pfannkuchen problemlos wenden. Sogar der berühmte Salto gelingt dann ganz leicht. Am einfachsten funktioniert das in den antihaftbeschichteten Pfannen, die es in großer Fülle und Vielfalt gibt. Die unterschiedlichsten Beschichtungsmaterialien sorgen in jedem Fall dafür, daß sich nichts festsetzen kann. Allerdings: Ein bißchen Sorgfalt ist im Umgang mit ihnen angesagt. Man darf sich ihnen nicht mit Metallgegenständen, schon gar nicht mit einem Messer nähern – sobald die Schicht verletzt ist, kann sie ihre Aufgabe nicht mehr erfüllen. Die Bratenschaufel oder der Pfannkuchenwender sollte deshalb aus Plastik oder aus Holz sein.
Eisenpfannen, wie sie unsere Großmütter noch benutzten, sind ideal. Aber: Sie sind delikat im Umgang, sollten nur für Eierspeisen, also

Pfannkuchen, und niemals für anderes verwendet werden. Und nach jedem Spülen (möglichst selten!) wieder gut eingefettet werden! Ganz klar, daß eine solche Pfanne im regelmäßigen Gebrauch sein muß, damit diese Fettschicht nicht ranzig wird.
Edelstahlpfannen sind nur dann zum Pfannkuchenbacken zu empfehlen, wenn man sie tatsächlich nur hierfür und niemals für anderes verwendet – denn auch nahezu unsichtbare Kratzer, die beim Umwenden mit der metallenen Bratenschaufel zwangsläufig entstehen, verhindern, daß der Teig wie auf einem Polster schwebt und garantiert nie ansetzt oder gar festbäckt.
Und noch eins: schneller geht's, wenn Sie Ihre Pfannkuchen in zwei Pfannen parallel backen. Man hat es schnell raus, welche Pfanne wie reagiert und auf welcher Stufe die Herdplatte heizen muß, daß man dabei nicht ins Schleudern gerät.

Wie Pfannkuchen garantiert gelingen!

Keine Angst, der erste mißlingt immer – jedesmal! Das ist völlig normal und durchaus kein Grund zur Panik. Es sei denn, Sie backen jede Woche Pfannkuchen, dann bleibt das Gefühl für die richtigen Proportionen erhalten. Normalerweise muß man sich stets aufs neue der richtigen Temperatur nähern, herausfinden, wieviel Teig nötig ist, um die exakte Pfannkuchenstärke zu erzielen usw.
In jedem Fall wird die Pfanne zunächst einmal leer vorgeheizt, bevor sie mit Fett ausgepinselt und der Teig eingefüllt wird. Welches Fett Sie nehmen, ist Geschmacks- und Anschauungssache: Butter paßt immer, allerdings verbrennt sie bei zu starker Hitze, deshalb verlangt sie ein wenig Routine. Butterschmalz ist sicherer in der Handhabe – inklusive Buttergeschmack. Problemlos ist Öl – das geschmacksneutrale Soja- oder Keimöl läßt sich auch für süße Pfannkuchen verwenden. Olivenöl bringt ausgeprägtes Aroma und empfiehlt sich nur für salzige Pfannkuchen.
Man muß sich nicht schon bei der Teigbereitung festlegen, ob man Pfannkuchen süß oder salzig essen will – mit lediglich einer Salzprise gewürzt, sind sie ausreichend neutral. Nur wer ausdrücklich Dessertpfannkuchen zubereiten will, fügt dem Teig Zucker und Vanillezucker nach Geschmack hinzu. Und daß man in diesem Fall auf alle Fälle lieber Butter oder Butterschmalz zum Braten nimmt und kein würziges Olivenöl, das versteht sich von selbst!

Einfach immer wichtig: Den Tisch hübsch decken; Dekorationen lassen sich mit einfachen Mitteln erzielen

Was man alles mit Pfannkuchen machen kann

Zunächst einmal: direkt aus der Pfanne essen – das gehört zum Schönsten beim Pfannkuchenbacken. Naschen ist hier ausdrücklich erlaubt! Es ist sogar eine Küchenparty denkbar rund ums Pfannkuchenbacken: Man stellt eine ausreichende Menge Teig zur Verfügung und jede Menge unterschiedlichster Füllungen – von einer würzigen Hackfleischsauce über ein Gemüseragout bis zum Apfelmus und Bananenquark – und jeder Gast bedient sich selbst. Ebenso praktisch wie gut: Den Teig gleich mit allerlei verschiedensten Zutaten anreichen, zum Beispiel mit gehackten Kräutern, geriebenem Käse, Schinkenstreifen, geraspelter Zucchini – in der süßen Abteilung könnten dies geriebener Apfel, gemahlene Nüsse oder geschnittenes Obst sein.

DIE REZEPTE

Für 4 Personen:
1 Portion Teig nach dem Grundrezept, 200 g durchwachsener Speck in hauchdünnen Scheiben, Kräuter nach Belieben und Salat

Speckpfannkuchen

❶ Den Teig wie beschrieben anrühren und quellen lassen.

❷ Den Speck in fingerbreite Streifen schneiden. Den Boden einer erhitzten Pfanne mit einigen davon auslegen.

❸ Sobald sie zu brutzeln beginnen, eine kleine Schöpfkelle Teig darübergießen und durch Schwenken der Pfanne verteilen. Dabei dafür sorgen, daß der Teig auch unter die Speckstreifen fließt. Die Pfannkuchen auch auf der anderen Seite golden braten.

Tip: Gehackte Kräuter im Teig sehen hübsch aus und bringen Frische.
Zum Speckpfannkuchen unbedingt einen grünen Salat servieren, der mit seiner Säure für Bekömmlichkeit sorgt.

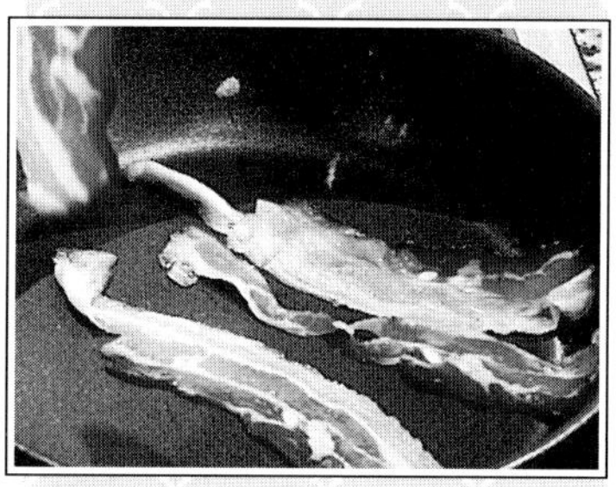

Speckscheiben ausbraten

Teig darübergießen

Sanft bräunen

Für 4 Personen:
1 Portion Teig nach dem Grundrezept, 1 Handvoll gemischter Kräuter (Petersilie, Schnittlauch, Dill), 150 g frisch geriebener Bergkäse

Kräuterpfannkuchen mit Käse

❶ Den Teig wie beschrieben anrühren und quellen lassen. Die feingehackten Kräuter und den Käse unterrühren.

❷ Die Pfannkuchen wie gewohnt backen, dabei jedoch darauf achten, daß die Pfanne nicht zu heiß wird, weil der Käse das leicht übelnimmt und verbrennt.

Pilzpfannkuchen mit Zucchini

Für 4 Personen:
1 Portion Teig nach dem Grundrezept, 250 g Champignons, Zitronensaft, Olivenöl zum Dünsten und Braten, 300 g Zucchini, Salz, Pfeffer, frisches Basilikum, geriebener Käse

❶ Den Teig wie beschrieben anrühren und quellen lassen.

❷ Die Pilze putzen und in feine Scheibchen schneiden. Sofort in Zitronensaft wenden, damit sie schön hell bleiben. Jeweils ein kleines Händchen davon in etwas Olivenöl in der heißen Pfanne andünsten.

❸ Die Zucchini in feine Scheibchen hobeln, einige davon ebenfalls in die Pfanne geben, salzen und pfeffern.

❹ Das feingeschnittene Basilikum in den Teig rühren, jeweils eine kleine Kelle über das Gemüse in die Pfanne gießen und den Pfannkuchen wie gewohnt backen, dabei mit etwas geriebenem Käse bestreuen.

Tip: Dazu paßt ein bunt gemischter Salat.

Apfelpfannkuchen

Für 4 Personen:
1 Portion Pfannkuchenteig nach dem Grundrezept, 4 Äpfel, Zitronensaft, Butter zum Dünsten und Braten, 3 – 4 EL Zucker, 1 TL Zimt

❶ Den Teig wie beschrieben anrühren und quellen lassen.

❷ Die Äpfel schälen, vierteln, vom Kerngehäuse befreien. Die Apfelviertel in feine Scheibchen schneiden.

❸ Je ein Händchen voll davon in etwas Butter andünsten, dabei mit Zucker und Zimt würzen.

❹ Jeweils eine kleine Kelle Teig darübergießen und die Pfannkuchen wie gewohnt auf beiden Seiten golden backen.

Tip: Die Apfelpfannkuchen schmecken am besten frisch, mit Puderzucker oder mit Zimtzucker bestäubt. Den Zimtzucker können Sie selber machen: Ein Stückchen Zimtstange und ungefähr 200 Gramm Zucker im elektrischen Zerhacker oder im Mixer puderfein mixen. In einem Vorratsglas hält sich dieser Zimtzucker ewig.

Und noch ein *Tip:* Apfelpfannkuchen müssen nicht süß sein. Er schmeckt auch pikant, wenn man die Äpfel nicht süßt, sondern mit Salz, Pfeffer und reichlich Majoran würzt.

Apfelstücke andünsten

Gästeessen: Pfannkuchen-Lasagne

Für Gäste, denen man ein elegantes Essen vorsetzen möchte, wenn sie sich rund um den Tisch versammeln, empfehlen wir ein Gericht, das viel Eindruck macht, sich aber wunderbar vorbereiten läßt. Damit man als Gastgeber/in entspannt und guter Laune seine Gäste empfangen kann:

Für 4 bis 6 Personen:
4 Eier, 200 g Mehl, Salz, 500 g frischer Spinat (oder 1 Paket pürierter Tiefkühlspinat), 1/2 l Milch, Muskat, Butter zum Backen

Füllung:
400 g gekochter Hinterschinken in dünnen Scheiben, Salz, 1 EL Butter, 1 EL Mehl, 1/4 l Sahne, 1 großer Blumenkohlkopf, weißer Pfeffer, Muskatnuß und Muskatblüte, Cayennepfeffer, Worcestershiresauce, Zitronensaft

Lasagne aus Spinatpfannkuchen mit Schinken und Blumenkohl

❶ Eier und Mehl miteinander glattquirlen, dabei salzen.

❷ Den Spinat gründlich verlesen, verletzte, welke, faule, gelbe oder beschädigte Blätter und dicke Stiele entfernen. Den Spinat mehrmals waschen und schließlich in kochendem Salzwasser zusammenfallen lassen.

❸ Abgießen und sofort in Eiswasser abkühlen, damit die schöne Farbe erhalten bleibt. Den Spinat abtropfen lassen und mit drei bis vier Eßlöffeln Milch im Mixer pürieren.

❹ Spinatpüree und restliche Milch unter den Teigansatz rühren. Aus diesem grünen Teig wie gewohnt dünne Pfannkuchen backen.

Grüner Teig

Grüne Pfannkuchen

❺ Für die Füllung vom Schinken den Fettrand entfernen. Dieses Fett fein hacken und mit der Butter in einem Topf erhitzen. Das Mehl darin andünsten und mit

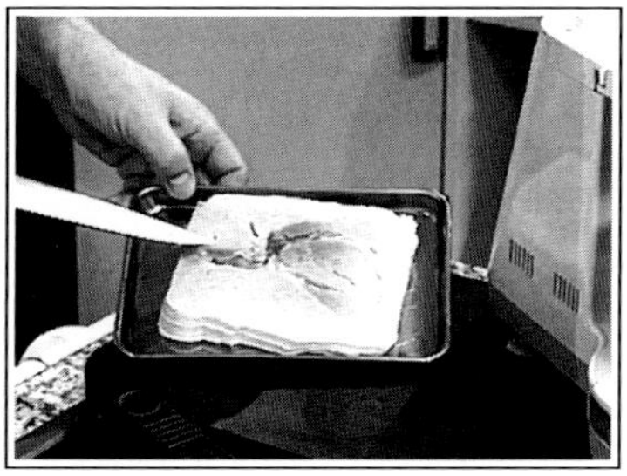

Gekochter Knochenschinken

Bechamelsauce kochen ...

Sahne auffüllen und glattrühren, damit keine Klümpchen entstehen. Die weiße Sauce leise köcheln lassen.

❻Den Blumenkohl in kleine Röschen schneiden und waschen. In ca. 1/2 l Salzwasser gar kochen, aber so, daß die Röschen noch Biß haben.

❼Das Kochwasser absieben, nach und nach in die weiße Sauce gießen, bis sie die gewünschte Konsistenz hat. Sie sollte cremig und angenehm dick wirken. Die Sauce mit Pfeffer, Muskat, Muskatblüte, Cayennepfeffer, Worcestershiresauce und Zitronensaft würzig und frisch abschmecken.

❽Unter zwei Drittel dieser Sauce die Blumenkohlröschen rühren.

❾Jetzt wird die Lasagne zusammengeschichtet: Jeder Pfannkuchen wird mit einer Schinkenscheibe belegt, etwas Füllung obenauf setzen, den Pfannkuchen aufrollen und dicht an dicht nebeneinander in eine flache, feuerfeste Form setzen.

❿Alles mit der restlichen Sauce übergießen, mit geriebenem Käse bestreuen und im 200 Grad heißen Backofen etwa 20 Minuten überbacken, bis alles brodelnd heiß ist und die Oberfläche sanft gebräunt.

Tip: Wer mag, fügt der Füllung feingewürfeltes Tomatenfleisch hinzu – auch zum Schluß kann man diese über die Röllchen streuen – sie sorgen für Farbe und geben außerdem fruchtige Frische. In jedem Fall paßt zu diesem Auflauf eine große Schüssel Salat – zum Beispiel Feldsalat!

... mit Blumenkohlröschen

Alles in eine Form füllen

Die Schichten gleichmäßig verteilen

Zuoberst Pfannkuchen, die mit der restlichen Bechamelsauce bestrichen werden

Süße Pfannkuchen

Wer Süßes liebt, dem öffnen sich mit Pfannkuchen ganze Welten. Im Handumdrehn ist ein Leckerbissen bereit, wenn man den noch warmen Pfannkuchen direkt aus der Pfanne mit einem Löffel Marmelade füllt, aufrollt und mit Puderzucker bestäubt gleich aus der Hand verspeist. Oder man hält sich an folgende Rezeptideen:

Mohnpfannkuchen

Für 4 bis 6 Personen:
1 Portion Pfannkuchenteig nach dem Grundrezept, 150 g Mohn, 75 g Rosinen, 75 g Mandelstifte, 1/8 l Milch, 1/8 l Sahne, 3 EL Zucker, 1 Ei, 1 Tütchen Vanillezucker, Puderzucker zum Bestäuben

❶ Die Pfannkuchen sollten frisch gebacken, aber brauchen nicht mehr warm zu sein.

❷ Den Mohn in der Küchenmaschine mahlen, dann zusammen mit Rosinen, Mandeln, Milch, Sahne und Zucker in einen Topf füllen, aufkochen. Das Eigelb einrühren, den Topf dann vom Herd ziehen und die Masse lauwarm werden lassen.

❸ Das Eiweiß mit dem Vanillezucker steif schlagen und unter die Mohnmasse ziehen.

❹ Die Pfannkuchen mit dieser luftigen Mohncreme füllen, die Pfannkuchen aufrollen und auf Desserttellern anrichten. Mit Puderzucker bestäubt servieren.

Der Mohn muß frisch gemahlen werden

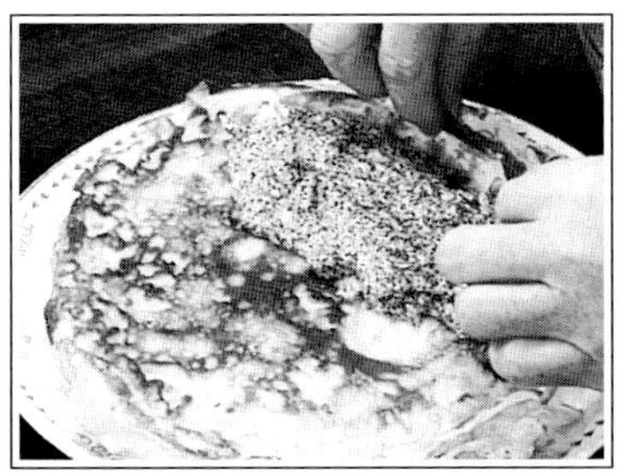

Die Masse wird in Pfannkuchen gewickelt

Crêpes Suzettes

Schön: ein silberner Rechaud wie im Luxusrestaurant

❶Den Pfannkuchenteig wie angegeben anrühren. Zum Schluß außerdem den Likör, die Orangenschale und die haselnußbraun geröstete Butter unterrühren.

❷Aus diesem Teig hauchdünne Pfannkuchen backen und auf einer Platte zugedeckt bis zum Servieren aufbewahren.

❸Für die Sauce die Butter, Zukker, die abgeriebene Schale einer Orange sowie den Saft beider Orangen und den Orangenlikör aufkochen.

Duftend: die konzentrierte Sauce

❹Die Crêpes zuerst halb, dann geviertelt zusammenklappen und in dieser Sauce erwärmen. Zum Schluß mit dem vorgewärmten Cognac übergießen und anzünden. Sofort servieren.

Für 4 bis 6 Personen:
1 Grundrezept Pfannkuchen, 2 EL Grand Marnier (Orangenlikör), die abgeriebene Schale einer halben Orange, 60 g Butter, Butter zum Backen
Außerdem:
100 g Butter,
100 g Zucker, 2 Orangen, 1/8 l Grand Marnier, 3 EL Cognac zum Flambieren

Geschickt: Crêpes einfach falten

Vorsicht: Den Cognac an der offenen Flamme entzünden

Und so wird serviert

Das Flambieren ist eine spannende Sache und für Ihre Gäste als besonderes Spektakel hübsch zu beobachten. Deshalb sollten Sie die Pfannkuchen vor ihren Augen fertig zubereiten. Dafür brauchen Sie ein Rechaud und eine große, leichte Pfanne – sie sollte mindestens 28 Zentimeter im Durchmesser haben, besser sogar mehr, damit die geviertelten Crêpes alle miteinander darin Platz finden. Stellen Sie die gebackenen Pfannkuchen bereit, außerdem alle Zutaten, die Sie für die Sauce benötigen, und dann kann's losgehen.
Aber beachten Sie bitte:

❶ Niemals in der Nähe von Vorhängen oder unter einer Lampe flambieren!

❷ Auf keinen Fall unter einer Dunstabzugshaube; sie könnte besonders leicht Feuer fangen, weil das in ihr oder an ihr abgelagerte Fett sich entzünden kann.

❸ Achten Sie auch darauf, daß keine hohe Stichflamme entsteht, verwenden Sie deshalb immer nur wenig Alkohol.

Edel: silberner Rechaud

Die Sauce ist auf dem Rechaud im Handumdrehn gekocht, die Crêpes darin sofort erwärmt und zum Schluß wird mit Cognac flambiert. Vergessen Sie nicht, das Licht zu löschen und womöglich für dramatische Musikuntermalung zu sorgen!

ZUSATZREZEPTE

Hackfleischsauce

Paßt immer, kann auch als Rest in einen Pfannkuchen gepackt wieder ganz neu wirken. Nach Belieben die hackfleischgefüllten Pfannkuchen mit geriebenem Käse bestreuen und überbacken.

❶ Das Würzgemüse sehr fein gehackt in einem weiten, flachen Topf oder in einer tiefen Pfanne im heißen Öl andünsten.

❷ Das Hackfleisch zufügen und unter Rühren krümelig braten. Tomaten samt Saft zufügen (falls Sie frische Tomaten verwenden, sie zuvor häuten und entkernen), außerdem Rotwein, Lorbeerblatt und Salbei.

❸ Mit Salz, Pfeffer und Origano nach Geschmack würzen. Ohne Deckel eine Stunde leise köcheln lassen. Falls dabei zu viel Flüssigkeit verdampfen sollte, immer wieder einen Schuß Wasser, Wein oder Brühe angießen.

Für 6 Personen:
1 Zwiebel, 2 Knoblauchzehen, 1 Selleriestange, 1 Möhre, 1 Bund Petersilie, 3 EL Olivenöl, 300 g Hackfleisch, 1 Dose geschälter Tomaten (420 g), 1 Döschen Tomatenmark, 1 Glas Rotwein, 1 Lorbeerblatt, eine Handvoll Salbeiblätter, Salz, Pfeffer, Origano

Weiße Bohnen mit Thunfisch

Für 6 bis 8 Personen:
1 große Dose weiße Bohnenkerne (oder 250 g getrocknete weiße Bohnen zum Selberkochen: Salz, 1 Salbeistengel, 3 – 4 Knoblauchzehen, 2 Lorbeerblätter), 1 Dose (ca. 300 g) Thunfisch in Olivenöl, 2 junge, weiße Zwiebeln (möglichst mit Grün – falls nur Frühlingszwiebeln vorhanden sind: 4 Stück), 20 schwarze Oliven, Salz, Pfeffer, 1 reife Tomate, 2 – 3 EL Olivenöl, 2 EL Weißweinessig, frisches Basilikum

❶ Die Dosenbohnen in ein Sieb schütten, mit einem sanften Strahl lauwarmen Wassers abspülen.

❷ Getrocknete Bohnen über Nacht einweichen. Mit Salz, Salbeiblättern und Knoblauchzehen in einen Topf füllen, mit Wasser zweifingerhoch bedecken und in etwa 30 bis 45 Minuten weich kochen.

❸ Die garen Bohnenkerne abtropfen lassen, die Hälfte davon in einer Schüssel mit dem Thunfisch, den in Ringen geschnittenen Zwiebeln, feingeschnittenem Zwiebelgrün und den Oliven mischen, dabei leicht salzen und pfeffern.

❹ Die Tomate brühen, häuten, entkernen, das Fleisch winzig fein hacken, mit dem Öl unter den Essig rühren. Zusammen mit dem Rest weißer Bohnen im Mixer pürieren. Mit Salz und Pfeffer würzen.

❺ Unter die Bohnen und den Thunfisch mischen. Pfannkuchen damit füllen. Man kann sie warm oder auch kalt servieren.

Frische Sardellen in Zitronensaft

Für 6 bis 8 Personen:
1 kg frische Sardellen, Saft von zwei Zitronen, Salz, Pfeffer, 1 Bund Petersilie, 3 – 5 Knoblauchzehen, 4 – 6 EL Olivenöl, Schnittlauch

In Fischgeschäften immer öfter zu finden: Frische Sardellen, kleine silbrige Fischchen, die ganz billig sind. Sie kosten nicht viel, weil sie häufig vorkommen und ein bißchen Arbeit machen.

❶ Die Sardellen waschen, entgräten und den Kopf entfernen. Das geht ganz einfach, indem man den Fisch mit dem Daumen vom Kopf her aufschlitzt, Kopf und Mittelgräte faßt und vorsichtig abzieht. Dabei lösen sich auch die Seitengräten wie von selbst.

❷ Die Sardellenfilets nochmals waschen, sehr gründlich auf Küchenpapier abtropfen und, die schöne Rückenseite nach oben, in eine flache Schale breiten.

❸ Die Sardellen mit Zitronensaft beträufeln, salzen, pfeffern und einige Stunden marinieren. Vor dem Servieren mit durchgepreßtem Knoblauch würzen, mit feingehackter Petersilie bestreuen und großzügig mit Olivenöl begießen.

❹ Je ein oder zwei Sardellen in einen hauchdünnen Pfannkuchen packen und zum Beutelchen verschnüren – zum Zusammenbinden einen stabilen Schnittlauchhalm verwenden.

❺ Diese Sardellenbeutelchen sind ein delikates Häppchen zum Aperitif oder eine hübsche Vorspeise.

Chinesische Hackfleischfüllung

Für 4 bis 6 Personen:
2 weiße Morcheln, 1 Schalotte, 1 Scheibe frischer Ingwer (ca. 1 cm), 2 Knoblauchzehen, 1/2 grüne Paprikaschote, 1 Frühlingszwiebel, 250 g Hackfleisch, 1 EL neutrales Öl, 1 TL Sesamöl, 3 EL Sherry, 3 EL Brühe, 1 EL Soja-Sauce, Salz, Pfeffer, Zucker

❶ Die Morcheln mit kochendem Wasser überbrühen und einweichen. Schalotte, Ingwer, Knoblauch fein hacken. Die Paprikaschote dünn schälen und in winzigkleine Würfel, die Frühlingszwiebel in Ringe schneiden.

Tip: Man kann Hackfleischsauce und Pfannkuchen auf Vorrat herstellen und sie dann fix und fertig gefüllt in der Mikrowelle oder über Dampf wieder aufwärmen. Es sieht besonders hübsch aus, wenn man auch für diese Anrichtung aus den Pfannkuchen kleine Beutel macht, die mit einem Schnittlauchhalm verschnürt werden.

❷ Das Hackfleisch im heißen Öl (beide Sorten gemischt) krümelig braten. Sobald es seine rohe Farbe verloren hat, Schalotte, Knoblauch und Ingwer darüberstreuen. Erst nach einigen Minuten auch die Frühlingszwiebel, gehackte Morcheln und Paprikawürfel zufügen.

❸ Schließlich mit Sherry, Brühe und Soja-Sauce ablöschen und köcheln, bis kaum mehr Flüssigkeit vorhanden ist. Mit Salz, Pfeffer und Zucker abschmecken.

❹ Jeweils einen Löffel Hackfleischfarce in die Pfannkuchen füllen, sie einmal längs zusammenklappen oder aufrollen und servieren.

Garnelen mit Knoblauch und Petersilie

Für 6 bis 8 Personen:
800 g frische oder tiefgekühlte Garnelen, 5 Knoblauchzehen, 1 dicker Bund Petersilie, 4 EL Olivenöl, 1 kleines Glas Weißwein, Zitronensaft

❶ Die Garnelen gründlich waschen und abtrocknen.

❷ Die Knoblauchzehen und Petersilie fein hacken, im heißen Öl andünsten, bevor die Garnelen hinzugefügt werden.

❸ So lange unter Rühren und Schwenken braten, bis alle Garnelen rosa leuchten.

❹ Mit etwas Weißwein und Zitronensaft beträufeln, gründlich durchschwenken und mischen. In Pfannkuchen füllen, die man nur halb zusammenklappt und lauwarm oder auch kalt servieren.

Herzhafter Pfannkuchenauflauf

Für 4 bis 6 Personen:
1 Grundrezept Pfannkuchen
Füllung: 1 Zwiebel, 2 Knoblauchzehen, 2 EL Öl, 2 Kartoffeln, 1 Bund Petersilie, 1 EL Tomatenmark, 100 g fetter, ungeräucherter Speck, 300 g ausgelöstes, gekochtes Kaßler, 250 g Champignons, Salz, Pfeffer, 1/2 TL Delikateßpaprika, 1 TL getrockneter Majoran, ca. 1/8 l Brühe
Außerdem: Butter für die Auflaufform, 1 Ei, 50 g geriebener Käse, 1/8 l Sahne

❶ Die Pfannkuchen nach dem Grundrezept zubereiten.

❷ Für die Füllung Zwiebel und Knoblauch grob hacken und im Öl andünsten. Die Kartoffeln schälen, reiben oder klein würfeln und zufügen. Mit etwas Wasser besprenkeln und zugedeckt weich dünsten.

❸ In einen Mixer füllen, Petersilie, Tomatenmark, in grobe Würfel geschnittenen Speck und Kaßler, die Pilze sowie die Gewürze zufügen. Alles zu einem glatten Püree mixen, dabei mit so viel Brühe verdünnen, daß eine streichfähige, jedoch nicht zu flüssige Paste entsteht.

❹ Gleichmäßig auf die Pfannkuchen verteilen, sie aufrollen und dicht an dicht nebeneinander in eine eingefettete Auflaufform setzen.

❺ Ei, Käse und Sahne verquirlen und gleichmäßig über die Pfannkuchenrollen gießen. Im 220 Grad vorgeheizten Backofen etwa 15 bis 20 Minuten backen, bis die Oberfläche appetitlich golden geworden ist.

Pfannkuchentorte mit Blumenkohl und Broccoli

Für 4 bis 6 Personen:
1 Grundrezept Pfannkuchen, 1 Blumenkohlkopf, 500 g Broccoli, Salz, 2 EL Butter, 1 gehäufter EL Mehl, 1/4 l Sahne, Pfeffer, Muskat, Worcestershiresauce, Cayennepfeffer, Zitronensaft, 200 g gekochter Schinken, 100 g frisch geriebener Käse

❶ Die Pfannkuchen nach dem Grundrezept zubereiten.

❷ Blumenkohl und Broccoli in Röschen teilen, die Strunkstücke in feine Scheiben oder kleine Würfel schneiden. In wenig Salzwasser knackig gar kochen.

❸ Für die Sauce die Butter erhitzen, das Mehl darin andünsten, das Gemüsekochwasser und die Sahne angießen. Die Sauce sehr dick einkochen. Mit Salz, Pfeffer, Muskat, Cayenne und Zitronensaft abschmecken.

❹ Die Pfannkuchen auf einer feuerfesten Platte aufeinanderstapeln, dabei jeweils Blumenkohl und Broccoli darauf verteilen, den geschnittenen Schinken und so viel Sauce, daß alles schön von ihr umhüllt ist, sowie etwas geriebenen Käse. Zuoberst einen Pfannkuchen breiten. Ihn mit dem restlichen Käse bestreuen. Die ganze Torte im 220 Grad heißen Ofen etwa 15 bis 20 Minuten erhitzen, bis die Torte durch und durch warm ist und der Käse schmilzt.

Für 6 bis 8 Personen:
1 Zwiebel, 2 – 4 Knoblauchzehen, 4 EL Olivenöl, 500 g Champignons oder Egerlinge, Salz, Pfeffer, 200 g Crème fraîche, 1 Bund Petersilie, Saft einer Zitrone, Parmesan

Pilzragout

Wenn keine wilden Pilze aus dem Wald verfügbar sind, nimmt man eben Champignons. Die dunklen Egerlinge sind mit ihrem kräftigen Aroma sogar ein durchaus ebenbürtiger Ersatz.

❶Die Zwiebel und Knoblauchzehen sehr fein hacken. In zwei Eßlöffeln heißem Öl in einer geräumigen Pfanne oder einem flachen Topf weich dünsten.

❷Die Pilze putzen, vierteln oder halbieren – je nach Größe – zufügen, salzen und pfeffern und etwa zehn Minuten dünsten. Die Crème fraîche zufügen und nun weitere etwa 10 Minuten köcheln lassen. Die feingehackte Petersilie unterrühren, die Sauce mit Zitronensaft würzen.

❸In die Pfannkuchen füllen und mit geriebenem Käse bestreuen.

Für 4 bis 5 Personen:

Füllung:
50 g Rosinen, 3 EL Rum, 2 Eigelb, 2 – 3 EL Zucker, 250 g Quark, Zitronensaft und Zitronenschale

Außerdem:
1 Grundrezept Pfannkuchen, 2 EL Zucker, 1 Tütchen Vanillezucker, ca. 1/8 l Sahne, Puderzucker zum Bestäuben

Topfen-Palatschinken

❶Die Rosinen im Rum einweichen.

❷Eigelb mit dem Zucker dick und schaumig rühren, den Quark, Zitronensaft und Zitronenschale sowie die Rosinen mitsamt dem Rum untermischen.

❸Den Pfannkuchenteig nach dem Grundrezept herstellen, mit dem Zucker und einer Salzprise würzen. Hauchdünne Pfannkuchen backen.

❹Die Pfannkuchen mit dieser Quarkmasse füllen und aufrollen. Nebeneinander in eine feuerfeste, flache Form schichten. Mit der Sahne übergießen und im 250 Grad heißen Ofen zehn Minuten überbacken.

❺Mit Puderzucker bestäuben und heiß servieren.

Stichwortverzeichnis

Stichwortverzeichnis

A

B

C

D

E

F

G

H

J

K

L

Rezeptverzeichnis

1. VORSPEISEN

2. SAUCEN/FONDS

3. SUPPEN

4. SALATE

5. GEMÜSE

6. NUDELN UND KARTOFFELN

7. FISCH

8. GEFLÜGEL

9. FLEISCH

10. OFENGERICHTE/AUFLÄUFE

11. MEHLSPEISEN

12. BROT/GEBÄCK

13. DESSERTS

14. GETRÄNKE